JOHANNES HARTL

Eden Culture

JOHANNES HARTL

Eden Culture

Ökologie des Herzens für ein neues Morgen

HERDER

FREIBURG · BASEL · WIEN

MIX
Papier | Fördert gute Waldnutzung
FSC® C014496
FSC
www.fsc.org

Hermann-Herder-Straße 4, 79104 Freiburg

www.herder.de

Bei Fragen zur Produktsicherheit wenden Sie sich an
produktsicherheit@herder.de

Satz: Carsten Klein, Torgau
Herstellung: GGP Media GmbH, Pößneck

Printed in Germany

ISBN Print 978-3-451-03308-7
ISBN E-Book Epub 978-3-451-82607-8
ISBN E-Book PDF 978-3-451-82608-5

INHALT

Teil 0: Sehnsucht nach Eden 9

Einleitung: Unser alter Garten 11
Alte Mythen. 12
Sehnsucht nach Eden. 21
Eine Reise zu den Ursprüngen 24

Geheimnis 1: Verbundenheit. 35

Etty und das große Glück. 37
»Die Welt dreht sich nicht um dich«. 58
Waren unsere Großeltern zufriedener?. 61
Vier Feinde der Verbundenheit. 65
Fünf Wege zurück in die Verbundenheit. 86

Geheimnis 2: Sinn 111

Sechs Eigenschaften von Sinn 118
Drei aktuelle Probleme. 136

Geheimnis 3: Schönheit 185

Der große Bruch 1: Entweihungen. 204
Der große Bruch 2: Kult des Funktionalen 208
Schönheit: wahr und unverzweckt. 216
Schönheit ist objektiv 220
Sieben Thesen für eine neue Renaissance. 232

Teil 4: Eden Culture 255

Was man »Sein« nennt 258
Zwei Lebensmodelle. 260

Die Liebe kennt das Sein ... 261
Eine nur allzu bekannte Party ... 262
Der große Turm ... 264
Gebaut auf Misstrauen ... 265
Berühmt und allgegenwärtig: Der Zeitgeist ... 266
Die Welt wird neu ... 268
Das Herz des Problems ... 269
Eine zweite Kindheit ... 270
The great reset ... 272
Besser als Eden ... 273

Dank ... 277

Anmerkungen ... 278

Am 12. November 2052 findet sich Jonas in einem Bunker wieder. Im Freien ausgebrannte Autos und ein Hinweisschild auf eine radioaktiv verseuchte Zone. Leute in Militärkleidung. »Willkommen in der Zukunft.« Das ist das Letzte, was er hört, bevor er bewusstlos geschlagen wird.

DARK *heißt die Serie, die dieses Bild zeichnet. Sie ist die erste komplett in Deutschland entwickelte »Netflix«-Produktion, international erfolgreich und von Kritiken gelobt. Noch bekannter ist die britische Serie »Black Mirror«. Jede Folge dieser Serie zeichnet ein anderes Bild der Zukunft. Künstliche Intelligenz, die perfekte Paare automatisch zueinander führt. Biotechnik, die in Verbindung mit gespeicherten Daten aus Social-Media-Interaktionen eine verstorbene Person scheinbar weiterleben lässt. Totale Überwachung. Programmierbarkeit des Gehirns. Vollständige und lückenlose Speicherung aller Erinnerungen. Verfolgung von Dissidenten durch Hunde-Kampfroboter.*

Das alles ist richtig gut gemacht und positiver als DARK. *Doch egal, wie viele Folgen man ansieht, es bleibt ein flaues Gefühl zurück. Soll das wirklich unsere Zukunft sein? Eine technische Welt, in der alles möglich ist? Eine Welt, in der alles beliebig geworden, in der alles sinnlos und hohl ist? Entwurzelte, einsame Menschen im ständigen Kampf in einer hypermodernen, hässlichen Welt? Egal, welcher Filmemacher sich die Zukunft ausmalt: Es sind allesamt Dystopien.*

»Willkommen« in der Zukunft?

TEIL 0:

SEHNSUCHT NACH EDEN

Einleitung: Unser alter Garten

Um das Haus, in dem ich aufgewachsen bin, stand ein alter Garten. Er schien mir so groß, dass man sich darin verlaufen konnte. Umfriedet von dichten Hecken barg er zahllose Geheimnisse. Der Geruch der trockenen Thujaäste, unter denen wir uns versteckten, frisch gemähter Rasen im August. Gefühlt endlose Sommerwochen beim Bau eines Baumhauses. Die Bretter legten wir mit Kissen und Decken aus und tranken Cocktails aus Fruchtsäften. Wohnlich und doch wild, das war unser Garten.

Heute, dreißig Jahre später, spielen meine Kinder in dem jetzt noch älteren Garten, wenn sie ihre Großeltern besuchen. Was seinen Zauber eigentlich ausmacht, das hab' ich mich oft gefragt, besonders, seit wir in der Stadt wohnen. Unser neues Haus steht zwar auch in einem Garten: ein kleines Rechteck in einer Neubausiedlung, abgegrenzt mit einem Metallzaun von den dreißig gleichgeschnittenen Rasenflächen in unserer Reihe. Das ist nicht dasselbe wie der große, alte Garten.

Als meine Eltern unser altes Haus kauften, stand es schon 80 Jahre. Als die Soldaten in den Ersten Weltkrieg zogen, da gab es diesen Garten schon. Vielleicht ist das sein erstes Geheimnis. Er ist so alt. Es gab da eine Fichte, deren Stamm nicht einmal drei Kinder mit ausgestreckten Armen umfassen konnten, und ihre Spitze ragte bis in den Himmel. Ich kann ihn nicht vergessen, den alten Garten, und immer wenn ich an ihn denke, überkommt mich leichte Wehmut.

Dieses Gefühl kennen Sie bestimmt: Opas Wohnzimmer und das Ticktack einer Wanduhr. Das grüne Laminat im Flur der Grundschule und wie das roch. Ein spezielles Essen, sein unnachahmlicher Geruch und Geschmack. Die Gegend, wo man einmal gewohnt hat und wie die Straßen dort aussahen. Und egal, ob es bei Ihnen Wohnzimmer, Laminat, Essen, etwas ganz anderes oder auch wie bei mir ein Garten ist: Unsere Wehmut ist verknüpft mit dem Gefühl, etwas verloren zu haben. Der Garten steht deshalb symbolisch für einen Zustand, in den wir uns zurücksehnen, weil ein Teil von uns weiß, dass wir etwas verloren haben. Genau einem solchen Sehnsuchtsort will sich dieses Buch annähern: einem Ort, der uns daran erinnert, dass das Leben einmal anders war – oder uns zumindest anders schien und auch wieder anders werden könnte. Eine Erinnerung daran, wie wir eigentlich leben wollen. Aber keine Nostalgie, sondern ein Sehnsuchtsort einer Welt von morgen.

Alte Mythen

Dieses Gefühl des Verlustes ist ein Grundgefühl der Menschheit. Wie ist es sonst zu erklären, dass die Mythen und Legenden so vieler Kulturen die Geschichte der verlorenen Unschuld erzählen? »Aurea prima sata est«, so beginnt die Dichtung von den Menschenaltern in den *Metamorphosen* des lateinischen Dichters Ovid (43 v. Chr.–17 n. Chr.). Und der Satz bedeutet: »Am Anfang gab es ein goldenes Zeitalter.« Dort herrschten Harmonie und Friede und es gab noch keine Städte. »Auch die Erde selbst gab alles von sich aus ohne Zwang, von keiner Hacke berührt noch aufgerissen von irgendwelchen Pflugscharen.«[1] Beschrieben werden auch die köstlichen Früchte, die dort wie von allein wuchsen. Mit solchen Vorstellungen steht Ovid durchaus nicht allein. Die Götter des antiken Griechenlands bewohnten der Legende nach Elysion, eine Insel der Seligen, wo sich Gärten voll singender Vögel weit ausbreiten, Bäume blühen und köstliche Früchte wachsen. Im Alten Testament beginnt die Geschichte der Menschheit mit Adam und Eva im Garten Eden – paradiesische Landschaft, genug zu essen, ein Mann und eine Frau, beide nackt.

Sind diese Vorstellungen naiv? In der Tat neigen wir Menschen allgemein dazu, die Vergangenheit zu verklären. So wie ich den Garten meiner Kindheit. Denn paradiesisch war dort natürlich auch nicht alles. Immerhin wurden in eben diesem Garten nicht weniger als zwei (!) meiner geliebten Zwergkaninchen Opfer des Nachbarhunds. Ebenso unklar ist, ob es das goldene Zeitalter je gegeben hat. Doch die Sehnsuchtsbilder lassen sich nicht leugnen. Welche Funktion erfüllen sie? Warum tauchen sie mit solcher Regelmäßigkeit in unserer ältesten kulturellen Überlieferung auf?

Als Geisteswissenschaftler habe ich die Bedeutung solcher Bilder und Metaphern untersucht und glaube: Sie haben uns Existenzielles zu sagen. In ihnen hat sich Menschheitswissen codiert und sie prägen unbewusst unser Denken und Fühlen. Daran haben Aufklärung und Wissenschaft nichts geändert – nur dass uns die lebensfreundlichen Bilder für die Zukunft mehr und mehr fehlen. Nicht ohne Grund:

Die antiken Kulturen hatten eine Idealvorstellung von der Welt und eine Ahnung davon, wie sie eigentlich aussehen sollte. Unsere modernen Geschichten dagegen erzählen uns nur, wie wir *nicht* leben wollen. Die gruselige Faszination der dystopischen Filme lebt ja davon, dass wir vor der Zukunft erschaudern, die vor uns ausgebreitet wird. Das einzige Problem: Wir arbeiten mit Hochdruck an der Erschaffung genau dieses Zustandes, daran, dass die Dystopie zur Realität wird.

Aufwachen in Dystopia – oder wird die Welt immer besser?

Die dystopischen Filme scheinen zur Realität nicht zu passen: Glaubt man den Zahlen, so wird die Welt nämlich immer besser, die Statistiken zeichnen ein ermutigendes Bild. So hat sich global betrachtet zum Beispiel der Anteil unterernährter Menschen in den letzten vier Jahrzehnten mehr als halbiert. Der Soziologe Thomas Robert Malthus (1766–1834) hatte vorausgesagt, dass das Bevölkerungswachstum zu massenhaftem Aussterben durch Hungersnöte führen werde. Er lag falsch. Denn seit der Industrialisierung werden die Ernten immer besser und die Hungersnöte seltener.

Auch der Wohlstand, gemessen am Pro-Kopf-Einkommen, ist weltweit am Steigen. War bittere Armut für alle, die nicht zur Oberschicht gehörten, vor Beginn der Industrialisierung die Regel, lebten Anfang der Achtzigerjahre noch ca. 40% der Weltbevölkerung in absoluter Armut. Heute liegt dieser Anteil bei nur noch 10%.[2]

Lust auf weitere gute Nachrichten? Tote durch Katastrophen, Flugzeugabstürze und Kriege sind weltweit ebenso stark am Abnehmen wie die Kindersterblichkeit, die Feinstaubbelastung und die Atomwaffen. Zugenommen haben die Alphabetisierung (seit 1800 von 10% auf heute 86%), der Zugang zu sauberem Trinkwasser (seit 1980 von 58% auf heute 88%), die Schulbildung bei Mädchen, das Überleben bei Kinderkrebs, die Lebenserwartung.[3]

Uns geht es aber nicht besser – die Seele weint

Betrachtet man die eben vorgestellten Zahlen, hätten wir eigentlich allen Grund zum Optimismus. Nur erleben wir das oft ganz anders. Ein ganz normaler Montagabend auf Instagram. Mein Postfach quillt über von Antworten. »Müde«, »traurig«, »keinen Bock«. Vanessa ist 32 und schreibt, sie fühle sich ausgelaugt und überfordert. All das sind Antworten auf einen Post, in dem ich meine rund 50.000 Follower frage, wie sie sich gerade fühlen. Das ist natürlich nur eine Momentaufnahme, doch nicht die einzige. Seit Jahren veröffentliche ich Vorträge zu ganz unterschiedlichen Themen auf YouTube. Unter all den hochgeladenen Videos wurde eines mit großem Abstand am meisten angesehen. Es trägt den Titel *Wenn die Seele weint*, und knapp eine Million Menschen haben es gesehen, obwohl es von 2013 und technisch nicht besonders gut gemacht ist. Der Bedarf an Antworten auf dieses Thema ist offensichtlich groß. Geht es so vielen Menschen wirklich schlecht? Und zwar so schlecht, dass sich viele junge Menschen die Frage stellen, ob es ethisch verantwortlich sei, noch Kinder in die Welt zu setzen? »Fortschritts-Paradox« nennt Gregg Easterbrook seine Beobachtung: »In westlichen Nationen leiden zehnmal mehr Menschen unter Depressionen oder anderen dauerhaft negativen Gefühlen ohne spezifische Ursache als noch vor einem halben Jahrhundert. Amerikaner und Europäer haben immer mehr von allem, außer Glück.«[4] Das trifft sicher nicht auf jeden Einzelnen zu, doch der Trend ist deutlich.

Seit 1997 hat sich die Zahl der Tage verdreifacht, in denen Arbeitnehmer in Deutschland wegen Depressionen und Angst- oder Belastungsstörungen nicht zur Arbeit gehen konnten, weiß der Psychoreport der *DAK* für das Jahr 2020.[5] Auch bei Jugendlichen sieht es nicht besser aus. Das *Robert-Koch-Institut* gibt an, etwa ein Drittel der Mädchen und ein Fünftel der Jungen leide unter mehreren psychosomatischen Beschwerden.[6] Aber nicht nur das psychische Wohlbefinden scheint abzunehmen. Auch um die Fähigkeit zur Empathie ist es zunehmend schlechter bestellt. Nach einer Metaanalyse von Daten aus 72 Studien zu der Persönlichkeitseigenschaften von nahezu 14.000 amerikanischen College-Studenten hat sich deren durchschnittliche Fähigkeit und Bereitschaft zur Empathie zwischen 1979 und 2009 um 40% verringert.[7] Diese alarmierenden Zahlen zeigen, dass etwas fundamental nicht in Ordnung ist. Die langfristigen Auswirkungen der Corona-Pandemie und der höchst belastenden Lockdown-Erfahrungen beginnen wir erst zu erahnen, doch sie haben all diese Trends mit Sicherheit weiter verstärkt. Was nützt es einem Menschen, wenn er immer erfolgreicher oder mächtiger wird, wenn er dabei immer deprimierter und einsamer wird? Und genau das ist offensichtlich der Weg, auf dem wir uns als Gesamtgesellschaft befinden.

Die fehlende Utopie

Der Blick ist durchdringend. Er pausiert und blickt sein Gegenüber unverwandt an, als müsse er diesem Zeit gewähren, das Gesagte in all seiner Tragweite zu erfassen. Wenn es jemanden gibt, der etwas von Zukunft versteht, dann er: Elon Musk.

Musk ist der Chef von Tesla. Er ist Pionier in den Bereichen Elektromobilität und automatisiertes Fahren und plant den ersten Flug zum Mars. Klingt utopisch, doch das klang es auch, als Musk Mitte der Neunziger die Idee hatte, man könne per E-Mail bezahlen, und *PayPal* gründete. Im Jahr 2018 sitzt er mit dem YouTube-Star Joe Rogan im Studio, trägt ein schwarzes T-Shirt, auf dem »Occupy Mars« steht, und raucht einen Joint. High ist er nicht, als er schon zu Beginn des Gesprächs lapidar darlegt, welche Zukunft er erwarte. Die Verschmelzung von Mensch und Maschine werde zu transhumanen Intelligenzen führen, die die Menschheit übertreffen. Das sei keine Frage des Ob, sondern nur des Wann. Maschinen, die von menschlichen Gehirnen gesteuert werden, und Maschinen, die menschliche Gehirne steuern können. Einziges Problem: Die Maschinen werden siegen, da sie unendlich schneller sein werden.

Musks eigene Firma *Neuralink* ist weltweit führend in der Erforschung der Mensch-Maschine-Technologien. Zehn Jahre lang habe er Politiker vor den kommenden Problemen gewarnt, dann habe er aufgegeben. Nun sehe er der unabwendbaren Herrschaft der Maschinen mehr oder weniger resigniert entgegen.[8] Diese pessimistische Sicht teilt auch Richard David Precht in seinem neuesten Buch *Künstliche Intelligenz und der Sinn des Lebens*[9]. Er befürchtet ein posthumanistisches Zeitalter, auf das wir zusteuern, obwohl es eigentlich keiner will.[10] Die Frage, die Precht jedoch stellt, ist: Was ist der Sinn des Lebens, wenn Roboter und Technik effizienter werden als wir? Und entgegen dem Versprechen des Titels wird das Buch dann etwas vage. Das menschliche Leben selbst sei der Sinn. Noch blasser klingt es bei Elon Musk, auch er findet keine echte Antwort auf das Problem: Es sei abzuwarten, ob die künftig weltbeherrschenden Maschinen etwas an der Menschheit finden würden, das sie als guten Grund gelten ließen, die technisch überwundene Menschheit am Leben zu lassen.

So wie wir die Schimpansen ja auch leben lassen, obwohl wir ihnen überlegen sind. Tatsächlich? Ist es das, was wir Menschen von uns Menschen denken?

Mehr als nur Fortschrittsskepsis

Schuld an dem ganzen Schlamassel tragen Technik und Kapitalismus. Jedenfalls dann, wenn man Richard David Precht und vielen anderen Kritikern der Moderne glaubt.[11] Gerade unter jungen Leuten populär ist zum Beispiel die *Degrowth-Bewegung*: Nicht Wirtschaftswachstum, sondern dessen Begrenzung wird als die Lösung betrachtet.[12] Doch der menschliche Drang nach Fortschritt ist so alt wie die Menschheit selbst. Und Industrialisierung, Technik und freie Marktwirtschaft haben dazu beigetragen, dass es uns materiell besser geht als je zuvor. Deshalb dürfen sie nicht verteufelt werden.

Die Frage lautet daher nicht, *ob* Fortschritt gestaltet wird, sondern *wie*: wie Fortschritt menschlich bleibt. Mich treibt um, wie wir weder naiv noch fortschrittsskeptisch auf die Gegenwart und zukünftige technische Möglichkeiten blicken können und zugleich die Frage nicht aus dem Blick verlieren, welche Art von Fortschritt wir überhaupt anstreben. Zwar bringt die menschliche Vernunft immer neue Erfindungen hervor, zugleich bedeutet Vernunft aber auch, Nein sagen können. Auch die Erkenntnis, dass eine eingeschlagene Richtung falsch ist, ist eine Form des Fortschritts.[13]

In den letzten Jahren erregte der Begriff der *Resonanz* Aufsehen. Damit umschreibt der deutsche Soziologe Hartmut Rosa ein gelingendes Verhältnis des Menschen zur Welt. In der Moderne gehe alles immer schneller und man könne auch immer mehr erleben. Doch irgendwie berührt uns all das immer weniger.[14] Wer Rosa reden hört, spürt, dass sein Forschen von der Sehnsucht nach einem anderen Lebensmodell getrieben ist. Bei einem gemeinsamen Abend im Restaurant vergaß ich fast das Essen, so engagiert kreiste das Gespräch um die entscheidende Frage: Wie wollen wir stattdessen leben? Rosa meint, dass »uns individuell und kulturell keine Gestalt gelingenden Lebens mehr vor Augen steht«.[15] Deshalb seien wir auch kaum imstande, uns ein anderes Leben überhaupt noch vorzustellen oder zu benennen, wie wir nicht leben wollen.

Natürlich ist es immer leichter zu sagen, wogegen man ist. Doch wofür sind wir?

Bei unserem Abendessen konnten wir das natürlich nicht abschließend klären, doch Rosas Konzept der *Resonanz* hat mich seither begleitet. In Resonanz mit der Welt und anderen Menschen zu leben, berührt zu werden und berührbar zu bleiben – das klingt wirklich viel besser als die kalte, technische Welt von *DARK* und Elon Musk.

In der *Positiven Psychologie* gibt es den Begriff Flourishing. Während sich viele klassische psychologische Schulen auf das Heilen seelischer Leiden fokussiert haben, nimmt die Positive Psychologie das in den Blick, was ein Mensch braucht, um ganzheitlich zu gedeihen, aufzublühen. Und natürlich gehört nicht jede neue Erfindung dazu!

Es waren die Vordenker der »Frankfurter Schule«, die nach der Hölle des Zweiten Weltkriegs das Wort von der »Dialektik der Aufklärung« prägten. Aufklärung also als etwas, das Gutes und Schlechtes befördern kann. Der technische Fortschritt des Menschen kann Dinge hervorbringen, die unmenschlich sind. Die Alternative ist aber nicht der Rückschritt, sondern die Besinnung auf das, was Menschsein ausmacht. »Nicht um die Konservierung der Vergangenheit, sondern um die Einlösung der vergangenen Hoffnung ist es zu tun«, heißt es in der Vorrede der *Dialektik*, geschrieben im Jahre

1944.[16] Die Hoffnung treibt die Geschichte voran und genau diese Hoffnung gilt es wachzuhalten.

Ökologie des Menschen

Ein blauer Pulli. Der Blick ist starr, die Stimme bebt. Die einen verehren, die anderen hassen sie. Neutral bleibt kaum jemand, wenn Greta Thunberg spricht. Ihre Worte tragen das Gewicht eines unausweichlichen Schicksals. Keine Bewegung der letzten Jahrzehnte kann es an Prägekraft und Reichweite mit der ökologischen Bewegung aufnehmen.[17] Sie hat bewirkt, dass wir komplett anders über den Planeten denken.

Fridays for future lockte Millionen überwiegend junger Menschen auf die Straße, und der Klimawandel wird von einer überwältigend großen Mehrheit als große Bedrohung angesehen. Obwohl ein *for* im Titel steht, definiert sich die ökologische Bewegung in erster Linie aber als Bewegung *gegen* etwas: gegen Klimawandel und ökologische Zerstörung. Klar, wir wollen nicht aussterben. Oder doch?

Während alle weitgehend darin übereinstimmen, dass bedrohte Tierarten schützenswert sind, ist das beim Menschen nicht so klar. Denn er ist doch das Problem des Planeten.

Klingt radikal, und ist es auch. »Die Lehrerin Verena Brunschweiger bezeichnet in ihrem Buch *Kinderfrei statt kinderlos. Ein Manifest* Kinder als das Schlimmste, was man dem Planeten antun könne, und fordert eine Prämie für Kinderlose. Die britische Sängerin Blythe Pepino findet mit ihrer Bewegung *Birth Strike*, die zur Reproduktionsverweigerung aufruft, bis das Klima gerettet ist, auch in Amerika Anklang.« Und als wohl prominenteste Stimme verkündete Prinz Harry, er und seine Frau Meghan wollten sich der Umwelt zuliebe auf zwei Kinder beschränken.[18] »Sich beschränken« – das Kinderkriegen sehen sie also als eine potenziell gefährliche Sache. So wie man nicht zu viel Auto fahren oder zu viel Fleisch essen sollte.

Der blinde Fleck von Teilen der ökologischen Bewegung ist also ausgerechnet der Mensch. Warum wollen viele den Planeten schützen, wenn sie nicht einmal sicher sind, ob das menschliche Leben es verdient, weitergegeben zu werden? Wir brauchen eine neue Ökologie des Menschen. Ansonsten wird die Welt von morgen so sein, wie es die radikale *Extinction-Rebellion-Bewegung* auf ihrer Homepage klassisch dystopisch ankündigt: »HALLO, DEINE ZUKUNFT SIEHT SCHEISSE AUS.«[19]

Hoffnung

Ich glaube nicht, dass deine, meine und unsere Zukunft scheiße aussieht. Deshalb ist dies ein Buch der Hoffnung – der feurigen und zornigen Hoffnung, die einfach nicht glaubt, dass es kein anderes Leben geben kann! Sie mögen mich einen Träumer nennen? Nun, meinetwegen. Mir scheint, es gibt zu wenig Träume und zu wenig Visionen. Zu viel Pragmatismus. Ein Sich-Abfinden mit einer Welt, von der wir uns nicht einmal mehr sicher sind, ob wir es verantworten können, noch Kinder hineinzusetzen. Ich habe vier Kinder. Als meine Tochter Anna zehn Jahre alt war, spazierten wir durch eine Gasse in der schönen Augsburger Altstadt. Beim Blick auf die historischen Häuser stellte sie mir plötzlich eine Frage, die mich seither nicht mehr loslässt: »Papa, warum sind die alten Häuser alle so schön und die modernen alle nur weiße Betonklötze?« Mit dieser Frage im Kopf begann ich tatsächlich anders auf die Stadt zu sehen. Natürlich ist die Fassade des Renaissance-Rathauses ansprechender als jene der nahe gelegenen Wohnblocks aus den Siebzigerjahren, die alten Handwerkshäuser mit ihren hohen Giebeln und geschnitzten Balken heimeliger als die Bankfiliale gegenüber. Warum das so ist, warum das Frühere tatsächlich freundlicher und schöner wirkt, weiß ich nicht. Doch es liegt etwas Weises in der Frage meiner Tochter, denn sie führt zu der noch wichtigeren: An welcher Zukunft wollen wir bauen? Und woran erkennen wir, dass sie besser ist als das, was wir heute vorfinden? Es wäre fatal, wenn wir diese Frage nicht stellen würden.

Dieses Buch ist beseelt von der Überzeugung, dass es eine gute Zukunft für die Menschheit gibt – und dass Menschen etwas sind, was Maschinen niemals sein werden. Um dieses Menschliche gilt es zu kämpfen. Dieses Menschliche braucht Visionen und ein klares Leitbild – noch dringender als wirtschaftliches Wachstum oder Schutz der Natur. Denn es gibt Ressourcen des Menschlichen, deren Zerstörung mindestens so gefährlich ist wie der Klimawandel. Ihn kann man nicht leugnen, das wäre ignorant und fatal. Wenn nach der internationalen Studie *European Perceptions of Climate Change* (*EPCC*, 2016) 16% der Befragten in Deutschland den Klimawandel anzweifeln, dann ist das besorgniserregend. Zugleich aber ist auch evident, dass ein nachhaltiger Umgang mit Wasser und Luft allein uns auch nicht retten wird, wenn das ausstirbt, was uns als Menschen ausmacht. Auch in einer CO_2-neutralen Welt kann das menschliche Herz ersticken.

Doch so müssen wir nicht leben. So wollen wir nicht leben. Wir brauchen eine neue Ökologie, die über die Ökologie des Menschen noch hinausgeht: die Ökologie des Herzens. Ihr begegnen wir in den Mythen und Bildern, die uns an das erinnern, was Menschsein ausmacht. Das Geheimnis für ein gelingendes Leben ist nämlich etwas ganz Einfaches, etwas, das buchstäblich vor unserer Haustüre beginnt.

Sehnsucht nach Eden

Mutter Natur

Zu den erfolgreichsten Sachbüchern der letzten Jahre gehört *Das geheime Leben der Bäume* von »Deutschlands beliebtestem Förster« (ZEIT) Peter Wohlleben. Wie Bäume miteinander kooperieren, in welcher Biodiversität sie gedeihen, all das wird bei Wohlleben zum

Bild für gelingendes menschliches Leben. Meine Frau und ich haben uns den Film dazu angesehen und fühlten uns tatsächlich gleich entspannter.

»Glück kann man pflanzen«, behauptet Kathrin Schumann in ihrem Buch über den eigenen Garten als Schlüssel zum Lebensglück. »Als Gärtner oder Gärtnerin weiß man mehr als alle anderen, wie gut das Leben es eigentlich mit uns meint«, schreibt sie und erklärt, dass nichts umsonst oder überflüssig sei, sondern alles seinen Sinn habe.[20] Die Zeitschriften *Landlust* und *Landidee* gehören zu den auflagenstärksten Kaufzeitschriften in Deutschland, die jüngere und internationalere Kundschaft greift zu dem ästhetisch überaus ansprechenden Magazin *KINFOLK*.

Was macht die Anziehungskraft dieser Publikationen aus? Sie alle zeichnen das Bild eines reichen, stimmigen Lebens. Bei »Mutter Natur« ist alles noch einigermaßen in Ordnung. Nur wir Menschen passen nicht so recht ins Bild. Doch im Kontakt mit der Natur scheint ein anderes, harmonischeres Leben möglich. Dass gerade moderne Städter sich zur Landidylle hingezogen fühlen, unterstreicht die These, dass das Sehnsuchtsmotiv als Gegenmittel zu der Gesellschaft wirkt, von der wir uns tatsächlich mehr und mehr umgeben sehen. Derweil bleibt es nicht immer bei bloßen Fantasien.

Das »neue Traditionelle«

Es war ein sonniger Tag in Warschau und wegen Corona war die Veranstaltung ausgefallen, auf der ich sprechen sollte. Durch Zufall war mir ein Buch in die Hände gefallen, das ich in meinen nun freien Stunden im Hotel durchblätterte. Auf einmal fand ich mich umgeben von Beispielen, wie die Sehnsucht nach einem anderen Leben zu sehr konkreten Schritten treibt. Der gerade frisch erschienene Bildband zeigte eine faszinierende Vielzahl innovativer Menschen, die lokale Traditionen wiederbeleben.

Malena und ihr Bruder Virgilio Martínez zum Beispiel graben in der Erde Knollen aus, die man essen kann. Seit Jahren beschäftigen sie sich mit verschiedenen Ökosystemen in Peru und entdecken alte und neue Lebensmittel, die sie mit Respekt vor der Natur zubereiten. Die San-Pellegrino-Liste führt ihr Restaurant Central derzeit auf Platz 6 der besten Restaurants der Welt. Ihr Geheimnis? Sie glauben, dass es einen kulturellen Wandel gibt hin zu einer Landwirtschaft der Symbiose.[21] Nun wäre ich tatsächlich gerne in Peru. Doch ich war in Warschau, blätterte neugierig weiter und stieß auf Bilder, die mir von meinen Islandreisen her bekannt vorkamen. Ein junger Unternehmer entdeckt dort gerade traditionelle Methoden der Salzgewinnung aus der Zeit seiner Vorfahren wieder. Ich las weiter und fand farbenfrohe Bilder einer rauen Küste. Auf der Insel Fogo in Ost-Kanada arbeiten junge Designer und Künstler mit traditionellen Fischern zusammen, um die örtliche Wirtschaft zu erneuern. Das sah großartig aus! Lokales Essen, das Design in die Landschaft eingepasst, die innovative Herangehensweise der vorgestellten Pioniere – all das weder rückwärtsgewandt noch fortschrittsfeindlich, sondern uralte mit modernen Techniken kombiniert. In einer Zeit, in der alles machbar und manipulierbar geworden ist, entdecken junge Menschen den Respekt vor dem, was schon da ist. Ich staunte.

Kurz darauf war ich zurück in Deutschland und telefonierte mit Carsten Waldeck. Wenn er erzählt, beginnt man selbst zu träumen. Seine Begeisterung steckt an, wenn er beschreibt, wie er sich in Homberg (Nordhessen) mit anderen jungen Unternehmern (den HOMEbergern) das Ziel gesetzt hat, eine nachhaltige Zukunft auf dem Land zu schaffen. Die Verbundenheit mit der Natur ist dabei ebenso wichtig wie die christlichen Wurzeln von Carsten Waldeck. Er selbst hat SHIFT gegründet, ein Start-up, das mit dem komplett modular und nachhaltig gebauten SHIFT-Phone schon internationale Preise für Innovation und Technik gewonnen hat. Ein Smartphone, das im ländlichen Raum entwickelt und unter fairen Bedingungen gefertigt wird, das die Natur nicht belastet: Auch das ist eine Form von »neuem Traditionellem«.[22] Nach dem Telefonat mit Carsten Waldeck fühle ich mich so belebt wie nach einer frischen Dusche. Beim Nachdenken zeichnet sich ein Muster ab. In all den Beispielen vom alternativen Leben der *new traditionals* kehren drei Elemente wieder: Verbundenheit (mit Tradition, Menschen und Natur), Sinnorientierung und Ästhetik.

Die Sehnsucht danach ist groß in unserer Gesellschaft, das zeigt sich an vielen Orten. Kein Wunder, denn die Sehnsucht weist fast immer auf etwas zutiefst Wichtiges hin, das unser Menschsein bestimmt.

Eine Reise zu den Ursprüngen

Wo wir herkommen

Wie sieht ihr persönliches Paradies aus? Bei mir ist es das klassische Postkartenidyll aus weißem Sandstrand, Palmen und blauem Meer. Nach einer internationalen Studie bin ich damit nicht repräsentativ. Egal, ob sie in der Großstadt, in eisigen Steppen oder im Gebirge leben: Menschen mögen statistisch gesehen am häufigsten grasbewachsene Landschaften mit vereinzelten niedrigen Bäumen, mit Wasserstellen oder Flüssen und Wegen. Woher kommt diese ästhetische Vorliebe? Sie könnte mit unserer Herkunft zu tun haben, der Savanne.[23] Genetisch gibt es Hinweise auf eine gemeinsame Abstammung aller Menschen von einer kleinen Gruppe von Vorfahren in Afrika vor etwa 200.000 Jahren.[24] Dort lebten sie als Jäger und Sammler und die Savanne mit ihren Wasserstellen, Bäumen und Grasflächen war der optimale Lebensraum.

Später kam die Entwicklung des Ackerbaus dazu. Bestimmte Pflanzen zu kultivieren und andere zu beseitigen wurde nun entscheidend. Diese tiefe Erfahrung ist eine Erklärung, warum wir Gärten und Parks so lieben, und zwar schon sehr lange.

Der Totentempel der ägyptischen Königin Hatschepsut in Deir el-Bahari bei Luxor wurde zum Beispiel 1470 v. Chr. erbaut. Als wir ihn als Familie zum ersten Mal besuchten, hatten wir gerade mehrere Stunden in einem holprigen Bus durchs Gebirge mit einem ständig erbrechenden Kleinkind hinter uns. Dennoch wirkte die prächtige Anlage sofort auf uns. Obwohl direkt an die Wüste grenzend, zierte sie ursprünglich ein weitläufiger, prächtiger Garten mit Balsambäumen und Springbrunnen. Ein architektonisches Meisterwerk.

Auch in anderen Teilen der Alten Welt finden wir solch beeindruckende Anlagen. Die hängenden Gärten der Semiramis in Babylon beispielsweise galten schon in der Antike als ein Weltwunder und wurden von zahlreichen Reisenden beschrieben. Eine ähnlich lange Geschichte dürften die chinesischen Ziergärten haben, denen die reiche Tradition der japanischen Zen-Gärten folgt.

Doch was steckt hinter diesen Anlagen, die viel Mühe, Geduld und Detailversessenheit verlangen? Der Garten ist kein zufälliger Ort, er wird vom Menschen kultiviert. In der Liebe zum Garten verbindet sich die menschheitsgeschichtliche Erinnerung an die Ursprünge in der Savanne mit der zutiefst prägenden Erfahrung der Sesshaftwerdung.

Die weltweit bekannteste Erzählung von der Urgeschichte des Menschen ist die alttestamentliche Geschichte von Adam und Eva im zweiten Kapitel des Buches *Genesis*. Gott erschafft den Menschen als sein Abbild und setzt ihn in einen Garten in Eden. In diesem Garten wachsen viele Bäume, die schön sind und essbare Früchte tragen. Ein Strom entspringt in Eden und fließt in verschiedene Richtungen. Unter den Gegenden, an die sein Wasser reicht, werden solche genannt, in denen es Gold, Edelsteine und duftenden Weihrauch gibt. Dem Menschen wird von Gott der Auftrag gegeben, den Garten zu bebauen und zu bewahren. Außerdem darf er allen Tieren Namen geben. Gegen seine Einsamkeit hilft Gott mit der Erschaffung eines zweiten Menschen aus: Eva entspringt der Seite Adams. Die beiden sind »Fleisch von einem Fleisch«, leben also in enger Verbundenheit und Harmonie. Trotz ihrer Nacktheit schämen sie sich weder voreinander noch vor Gott. Auch die Beziehung zu Gott scheint entspannt zu sein: Gott und Mensch reden unbeschwert miteinander, von religiösem Zwang keine Spur.

Der ganze Garten ist voll köstlicher Früchte und prächtiger Bäume. Nur ein einziger davon ist dem Menschen vorenthalten: Er soll sich nicht anmaßen, vom Baum der Erkenntnis von Gut und Böse zu essen.

Das Schöne an der Geschichte von Eden ist, dass sie Zentrales über den Menschen aussagt, egal, ob man an Gott glaubt oder die Bibel für ein Märchenbuch hält. So lesen der Evolutionsbiologe Carel van Schaik und der Historiker Kai Michel die Bibel unter evolutionärem Gesichtspunkt. Sie sind beide nicht religiös und kommen zu erstaunlichen Erkenntnissen. Indem sie die Bibel nicht als »Gottes Wort« lesen, sondern ausgerüstet mit den neuesten Erkenntnissen der Evolutionswissenschaften, entdecken sie in der Bibel etwas ganz anderes: das »Tagebuch der Menschheit«.[25] Ihre Aussagen über die Geschichte der Menschheit hätten noch lange nicht die Aufmerksamkeit erhalten, die sie eigentlich verdienten. So erzähle Eden vom uralten Sehnsuchtsort der menschlichen Gemeinschaft vor der Sesshaftwerdung. In Bilder und Geschichten codiert, komme darin zum Ausdruck, was uns Menschen eigentlich ausmacht: »Die anthropologische Bibellektüre verrät uns auch, was unserer ersten Natur guttut: Gemeinschaft, gemeinsame Erlebnisse, Gleichheit, Gleichberechtigung und natürlich Geschichten und noch bessere Geschichten. Also all das, was uns ein Stück des verlorenen Paradieses zurückgibt.«[26]

Mich erinnert unser alter Garten an meine Kindheit. Welche sind die Grundbestandteile des menschlichen Lebens, an die uns die alten Gartenerzählungen erinnern? Und in welchem Verhältnis stehen sie zur tatsächlichen Urgeschichte der Menschheit?

Die menschliche Natur – oder: Was uns ausmacht

»Das sonderbare Wesen: mit den Füßen im Schlamm und mit dem Kopf in den Sternen«, so beschrieb die deutsche expressionistische Lyrikerin Else Lasker-Schüler (1869–1945) den Menschen. Ein Tagewesen sei der Mensch, der »Schatten eines Traums«, dichtet der frühgriechische Dichter Pindar (522–446 v. Chr.), und doch sei es ihm eigen, den Göttern selbst gleich sein zu wollen.[27] Die Spannung zwischen den biologischen Anlagen des Menschen und seinen von anderen Primaten deutlich verschiedenen Eigenschaften durchzieht die philosophische Beschäftigung mit dem Menschen seit ihren Anfängen. Einer der Begründer der modernen philosophischen Anthropologie, Arnold Gehlen (1904–1976), nennt den Menschen ein »biologisches Sonderproblem«.[28]

Weshalb? Während ein Schwein oder ein Pferd ihr Geburtsgewicht innerhalb weniger Wochen verdoppeln, braucht der Mensch dafür ein halbes Jahr. Geschlechtsreif wird er als Teenager, das Hausschwein bereits mit sechs Monaten.

Dieses langsame Heranwachsen ermöglicht jedoch die Ausprägung wichtiger sozialer Fähigkeiten, besonders der Sprache. Zwar können auch Tiere Lautzeichen lernen, aber nur Menschen können auf die Beweggründe anderer Personen schließen.[29] Diese Fähigkeit ist grundlegend für unser Sozialverhalten.[30]

Menschen sind auf eine Weise Wesen der Verbundenheit, wie Tiere es nicht sind.

Was ein Wesen ausmacht, ist eine andere Frage als die, wie es zu dem wurde, was es ist.[31] Und nur durch den Hinweis, wie er sich entwickelte, ist die entscheidende Frage noch nicht beantwortet: was der Mensch ist.[32] Fest steht, dass er sich grundlegend vom Tier unterscheidet.

Es ist kein Zufall, dass nur Menschen Grabstätten anlegen und ihre Toten mit rituellen Grabbeigaben versehen. Die ältesten Funde verzierter Begräbnisstätten deuten auf eine Zeit vor 100.000 v. Chr. hin.[33] Nur Menschen interessieren sich für den Tod, nur Menschen sind religiös. Und nur Menschen bemalen Höhlen oder Körper und schmücken sich mit Muschelketten. Faustkeile sind die ältesten bekannten Werkzeuge des Menschen. Ihre Verwendung hat vor über einer Million Jahren begonnen. Interessant ist, dass viele der gefundenen Exemplare symmetrisch sind. Für die Funktion hat das keinen Sinn: Einen Säbelzahntiger kann man ebenso gut mit einem asymmetrischen Faustkeil töten. Der Philosoph Dennis Dutton ist der Meinung, die Steinzeitmenschen hätten symmetrische Faustkeile einfach schöner gefunden.[34] Das passt zu der Tatsache, dass Menschen schon vor 100.000 Jahren in Afrika im großen Umfang Pigmente abbauten, weil sie sie zum Malen brauchten.[35] Unsere genetische und kulturelle Entwicklung zeigt, dass sich der Mensch von der Tierwelt, ja vom Rest der Natur unterscheidet. Zum Menschsein, zur menschlichen Natur gehören komplexes Sozialverhalten, Religiosität und Kreativität. Diese Einsicht ist zentral – und mit Blick auf die Geistesgeschichte nicht unbedingt selbstverständlich.

Nicht nur ein Tier

Aristoteles hatte noch keine Hemmungen, von einer menschlichen Natur zu sprechen. Für ihn ist die Frage nach der Natur, der Physis, einer Sache oder eines Lebewesens zentral. Dass aus einer Eichel ein Eichenbaum wird, liegt in ihrer Natur. In der Natur des Menschen liegt es für Aristoteles, ein vernunftbegabtes Wesen zu werden, das im Unterschied zu den Tieren Geist (Nous) und sittliche Verantwortung hat.

Heute liegen die Dinge etwas komplizierter.

Wie konnte es so weit kommen? Als Charles Darwin 1871 in seinem bahnbrechenden Werk *The Descent of Man* die Abstammung des Menschen gemäß jenen Prinzipien erklärte, die er zuvor schon bei Pflanzen und Tieren beschrieben hatte, löste er eine anthropologische Revolution aus. Unterschied sich der Mensch nur graduell, nicht aber kategorisch von den Tieren? Und welche Konsequenzen hatte das? Darwins direkter Einfluss auf die nationalsozialistische Rassenlehre ist zwar umstritten,[36] doch fest steht, dass die Vorstellung vom Menschen als Tier perfekt zur Ideologie des Faschismus passte. Dazu kam die bald überaus populäre Philosophie Friedrich Nietzsches, der von Darwin den Gedanken des Kampfes als Motor der Höherentwicklung übernahm. Der Mensch ist ein Tier und das Schwache hinderlich.[37] Nach Nietzsche sind Moral und Religion das, was den Menschen zurückhält, der Wille zur Macht sei der eigentliche Motor nach vorne.[38] Im Denken der Rassenideologie der Nazis ist der Mensch ein Raubtier, die Ausrottung »minderwertiger Rassen« eine biologische Notwendigkeit.

Ebenfalls vom darwinistischen Menschenbild geprägt ist die zweite große Ideologie des frühen 20. Jahrhunderts. Im Mai 1905 besuchte ein junger Russe mit weiteren Mitstreitern London. Sie diskutierten über die politische Zukunft der Welt. Wladimir Iljitsch Uljanow sollte später besser bekannt werden unter seinem Revolutionsnamen Lenin. Auf dem Programm stand auch ein Besuch im berühmten Natural History Museum, in dem sich bis heute viele Originalfunde von Darwins Forschungsreisen auf der HMS Beagle befinden. Die Skelette der längst ausgestorbenen Dinosaurier passten als Anschauungsmaterial perfekt zum Gesprächsthema der jungen Kommunisten. So wie sich neue Lebensformen gegenüber älteren durchgesetzt haben, würde sich auch eine neue Gesellschaftsordnung gegen die herrschenden Klassen durchsetzen. Neben dem Museum gab es noch einen zweiten wichtigen Ort in London zu besuchen: das Grab des Verfassers des *Kommunistischen Manifests*, Karl Marx. Bei dessen Beerdigung hatte sein Mitstreiter Friedrich Engels vor dem offenen Grab gesagt, so wie Darwin das Gesetz der Evolution in Bezug auf die Materie entdeckt habe, habe Marx das Gesetz der Evolution im Bezug auf die menschliche Geschichte entdeckt.[39]

Ob Materie oder menschliche Gesellschaft: rein natürliche Gesetze. Vom Menschsein und der Menschlichkeit bleibt da nicht mehr viel übrig.

Unterschiede und Parallelen

Auffällig bei den Versuchen, die menschliche Natur oder die ganze Geschichte unter dem Gesichtspunkt der Evolution zu betrachten, ist ihr Hang zum Reduktionismus. Dass der Mensch ein Lebewesen unter anderen sei, das haben auch die alten Philosophen nicht bestritten. Der zweite Schöpfungsbericht in der Tora geht sogar noch weiter: Gott macht den Menschen aus Erde, er ist Materie neben Materie, der Name Adam kommt vom hebräischen Wort für Erde, das lateinische *homo* von *humus*. Logisch folgt daraus aber noch nicht, dass sich das Menschsein im Lebewesensein erschöpft. Vielmehr entspringt die Überzeugung, es gebe außer Materie und Energie nichts und der Mensch sei nur ein Tier, dem Reduktionismus, der einen komplexen Gegenstand als »nichts weiter als« das betrachtet, was in die anvisierte Kategorie passt. Selbstverständlich ist Verliebtsein auch eine Hormonreaktion. Doch wer sagt, es handle sich beim Verliebtsein um nichts weiter als Hormone, der hat wenig von der Liebe verstanden. Beethovens Fünfte Sinfonie ist auch ein akustisches Phänomen. Doch wer meint, sie sei nichts weiter als Geräusch, der weiß nicht, wovon er redet.

Niemand bestreitet die großen Parallelen zwischen Mensch und Tier. Noch wichtiger aber sind die Unterschiede. Der britische Essayist G. K. Chesterton (1874–1931) formulierte das in seinem süffisanten Ton so: »Dass Menschen und Tiere sich ähneln, ist eigentlich eine Binsenweisheit; aber dass derart ähnliche Lebewesen so wahnsinnig unähnlich sein sollen – das schockiert und gibt Rätsel auf. Dass ein Affe Hände hat, ist für den Philosophen weit weniger interessant, als dass er mit seinen Händen so gut wie nichts anfängt; weder Karten noch Violine spielt; weder Marmor noch Hammelfleisch behaut. Man spricht heute gern von barbarischer Baukunst und minderwertiger Malerei. Aber Elefanten errichten nicht einmal riesige Elfenbeintempel im Rokoko-Stil; Kamele malen nicht einmal schlechte Bilder, obgleich sie mit dem Material für viele Kamelhaarpinsel ausgestattet sind. Moderne Träumer behaupten, Ameisen und Bienen besäßen Gesellschaften, die den unseren überlegen sind. In der Tat besitzen sie eine Zivilisation; aber so sehr das zutrifft, es erinnert nur daran, dass ihre Zivilisation minderwertig ist. Wer hat je einen Ameisenhügel gesehen, der mit den Standbildern berühmter Ameisen geschmückt war?«[40]

Wenn wir über die menschliche Natur sprechen, sollten wir uns weigern, die Reduktion auf das Biologische mitzumachen. Der Mensch ist nicht nur ein Tier und das Leben ist nicht nur Materie. Das Gehirn ist kein Computer, denn Ich-Bewusstsein ist etwas, das sich jeder materialistischen Beschreibung entzieht. Wir sind nicht nur Überlebensmaschinen, Roboter, die von egoistischen Genen blind programmiert wären, Gene weiter zu verbreiten, wie der atheistische Evolutionsbiologe Richard Dawkins einmal schrieb.[41] Nein, vielmehr können wir mit dem amerikanische Philosophen Thomas Nagel festhalten: »Der Materialismus ist sogar als eine Theorie der physikalischen Welt unvollständig, da die physikalische Welt bewusste Organismen zu ihren erstaunlichsten Bewohnern zählt.«[42]

Drei Geheimnisse

Wenn wir nicht nur Materie oder Energie sind, wenn wir uns nicht auf das Biologische reduzieren lassen, was macht dann unsere menschliche Natur aus? Nach dem kürzlich verstorbenen Sir Roger Scruton ist es auffallend, dass nur Menschen über Witze lachen. Das Lachen habe dabei, wie das Weinen, einen sozialen Aspekt, so der britische Philosoph in seinem Buch *On Human Nature*. Doch nur Wesen, die auch rationale Schlüsse ziehen können, seien imstande, einen Witz zu verstehen.[43] Ist es ein Zufall, dass der Android Lieutenant Commander Data im Raumschiff Enterprise nie versteht, warum die anderen in Gelächter ausbrechen? Man muss den Sinn eines Witzes auch richtig deuten. Und schließlich kann man einfach Gefallen an einem Witz haben, ihn ansprechend finden. Im Lachen finden wir einen Schlüssel zu den drei entscheidenen Dimensionen der menschlichen Natur, den drei Geheimnissen: Verbundenheit, Sinn und Schönheit. Sie korrespondieren mit dem, was wir vorher angesprochen haben: Sozialverhalten, Religiosität und Kreativität.

Das tiefe Wissen um das, was menschliches Leben ausmacht, findet sich nun nicht nur im Lachen oder der vorher beschriebenen Kulturgeschichte sondern in codierter Form auch in den alten Geschichten vom Garten. Unsere Sehnsucht nach Eden besagt mehr als die unbewusste Erinnerung an die afrikanische Savanne. Gärten faszinieren uns so, weil in ihnen etwas aufleuchtet, was uns für das menschliche Leben allgemein mehr und mehr aus dem Blick gerät: der Rhythmus der Jahreszeiten; dass manches nicht sofort funktioniert, dass alles seine Zeit hat; dass auch Tiere und Pflanzen, die weniger schön sind, ihren Sinn haben, weil sie für andere Organismen wichtig sind; dass wir nicht alles machen und kontrollieren können, aber dennoch Verantwortung haben. Gärten sind nicht auf ihren Zweck reduziert: Zwar kann man dort auch etwas anbauen, doch sie sind etwas ganz anderes als eine Fabrik oder ein Feld. Sie erwecken Freude, und dadurch werden sie zum Ort der Begegnung zwischen Menschen.

Der Landschaftsarchitekt Dieter Kienast drückt das so aus: »Der Garten ist der letzte Luxus unserer Tage, denn er fordert das, was in unserer Gesellschaft am kostbarsten geworden ist: Zeit, Zuwendung und Raum.«[44]

Verbundenheit, Sinn und Schönheit sind die Nährstoffe, die den Garten des Menschlichen vital halten. Sie geraten leicht aus dem

Blick. Tatsächlich betreiben wir mit großer Geschwindigkeit Raubbau an ihnen. In den folgenden drei Teilen versuche ich das aufzuzeigen – und mögliche Lösungswege. Dabei beleuchte ich zunächst immer die Bedeutung eines dieser Geheimnisse für das menschliche Leben anhand konkreter Beispiele und der relevanten Forschungsergebnisse aus Psychologie und Philosophie. Danach zeige ich auf, in welcher Hinsicht das entsprechende Geheimnis gerade bedroht ist und wie es dazu kam. Schließlich geht es jeweils um sehr konkrete Schritte, was jeder von uns selbst tun kann, damit wir gemeinsam an einer Zukunft bauen, die wir auch tatsächlich erstrebenswert finden.

Uns modernen Menschen ist relativ klar, wogegen wir sind. Wir wollen keine Umweltzerstörung, keinen Rassismus, keinen Terrorismus. Doch wofür sind wir? Welches Prinzip Hoffnung (Ernst Bloch)[45] könnte für die heutige Gesellschaft echte Impulse zur Erneuerung beisteuern? Fragen Sie sich, wie das menschliche Leben anfangen könnte, wieder mehr nach Eden zu schmecken?

Dann lesen Sie weiter!

GEHEIMNIS 1:

VERBUNDENHEIT

Seine Zukunftsprognosen finden Millionen Leser. In seinen Bestsellern *Homo Deus* und *21 Lektionen für das 21. Jahrhundert* zeichnet der israelische Geschichtsprofessor Yuval Noah Harari kein allzu optimistisches Bild von der Zukunft. Auch er geht davon aus, dass künstliche Intelligenzen und Algorithmen unser Leben schon bald in kaum vorstellbarem Maße prägen werden. Der Besitz von Daten werde in Zukunft der entscheidende Machtfaktor sein. Mit ihnen kann das Denken und Fühlen eines Menschen vorhergesagt werden. Es ist also kein Wunder, wenn Zalando genau jene Schuhe zum Kauf vorschlägt, die Ihnen auch tatsächlich gefallen (und Sie gerade auch wirklich nach neuen Schuhen suchen): Zalando erfährt das anhand immer besserer Algorithmen durch Ihre Daten.

Mit dem Wissen um diese Daten wächst auch die Gefahr der Manipulation. Interessant ist, was Harari auf die Frage antwortet, welche Fertigkeiten in einer solchen Zukunft noch zählen werden, zumal die Roboter in den meisten Tätigkeiten besser sein werden: Es werde die mentale Gesundheit und emotionale Intelligenz gefragter sein denn je.[46] Denn genau sie machen einen Menschen fähig, sich gegen Manipulation zu wehren und das eigene Denken und Fühlen nicht aufzugeben. Die Fähigkeit, eine Situation emotional zu erfassen und die eigenen Gefühle und Gedanken wahrzunehmen und auszudrücken: Das wird ein entscheidender Erfolgsfaktor der Zukunft sein. Man könnte auch sagen: Genau darin wird unser Vorsprung vor den Computern bestehen. Wer an der Zukunft der Menschheit interessiert ist, kommt an diesem Thema nicht vorbei. Doch worin besteht diese innere Stabilität und woher kommt sie?

Etty und das große Glück

Einige ihrer Bekannten sind schon verhaftet worden. Man hört im von den Nazis besetzten Amsterdam im Sommer 1941 Schreckliches von tagelangen Transporten auf Viehwaggons und Todeslagern weit im Osten. Etty Hillesum macht sich keine Illusionen, sie weiß, dass die Vernichtung und das Leiden nur einen Tag entfernt sein könnten. Doch am Abend des 23. August sitzt sie in einem Bummelzug, lässt ihren Blick aus dem Fenster über die sommerliche Landschaft schweifen und findet alles gut, das Leben und die Menschen. Die jüdische Studentin ist 27 Jahre alt und wird am Abend im dämmrigen Licht ihres Schlafzimmers folgende Sätze in ihr Tagebuch schreiben: »Ich war allein, und doch war mir, als bestünde ich aus zwei Personen, die sich innig aneinanderschmiegten und sich wohltuend wärmten. Sehr enger Kontakt mit mir selbst und dadurch große Wärme in mir.« Als sie zuvor vergnügt eine Allee hinunterspaziert war, habe sie festgestellt, »dass ich allein mit mir selbst in guter Gesellschaft bin und sehr gut mit mir auskomme«.[47]

Die Seelenruhe, ja dieses innere Glück, von dem Etty berichtet, war keineswegs immer in ihrem Leben gewesen. Als hochbegabte Tochter aus bildungsbürgerlichen, säkular jüdischen Verhältnissen hatte sie bald beschlossen, eigene Wege zu gehen. Die Lebensweise ihrer Familie kann sie nicht befriedigen, unter der Oberfläche einer resignierten Lebensphilosophie erspürt Etty das sinnlose Chaos. Ihre Eltern fördern sie umfassend und lassen ihr viel Bewegungsfreiheit, auch und gerade für erotische Abenteuer. Doch Halt konnten sie ihren Kindern keinen geben, da sie, so Etty, selbst keinen gefunden hatten. So begibt sich die junge Studentin auf eine intensive Suche. Heiße Affären und immer wieder neue Liebschaften lassen sie enttäuscht zurück. Die Quelle kann nicht in einem anderen Menschen zu finden sein. Zum Wendepunkt wird die Begegnung mit dem Psychoanalytiker Julius Spier, einem Schüler von Carl Gustav Jung. Seine stark körperbezogene Form der Psychologie fasziniert Etty. Der deutlich ältere Julius wird ihr Therapeut, Mentor und Geliebter. Durch die Beschäftigung mit der eigenen Seele, tiefe Sinnsuche und schonungslose Ehrlichkeit sich selbst gegenüber erkennt Etty, dass man nicht alles mit dem Verstand allein lösen kann. Ganz unverkopft erschließt sich ihr etwas Neues, Umfassendes.

Es sei der Durchbruch zu ihrer ganz eigenen Wahrheit: dass das Leben wert ist, gelebt zu werden; dass es Gott gibt und sie tief mit ihm verbunden sein kann wie mit einem Brunnen tief in sich selbst.

Etty erkennt, dass sie all die Jahre zuvor ohne Verbindung zu sich selbst gelebt hat. Sie hat Bücher um Bücher verschlungen, doch ihr Inneres ist dabei ausgetrocknet. Sie meint, so gehe es vielen Menschen: »Den größten Raubbau an uns treiben wir selbst. Ich finde das Leben schön und fühle mich frei. Der Himmel ist in mir ebenso weit gespannt wie über mir. Ich glaube an Gott, und ich glaube an die Menschen, das wage ich ohne Scham zu sagen. Das Leben ist schwer, aber das ist nicht schlimm. Man muß beginnen, sich selbst ernst zu nehmen, und das übrige kommt von selbst.«[48] So schreibt sie im Juni 1942. Und was ist das Übrige, das von selbst kommt? In Etty wächst ein immer tieferes Wissen um ihre Verbundenheit mit anderen Menschen. Sie beginnt, vom Leiden anderer tief angerührt zu werden und spontane Sympathie für Fremde zu empfinden: »Manchmal drängt sich mir eine Vision von giftgrünen Schlachtfeldern auf; ich bin bei den Hungernden, bei den Misshandelten und Sterbenden, jeden Tag bin ich dort, aber ich bin auch hier bei dem Jasmin und dem Stück Himmel vor meinem Fenster.«[49] Das ist mehr als Sentimentalität. Als die Deportationen zunehmen, meldet sie sich freiwillig für den Dienst in der Krankenbaracke im Durchgangslager Westerbork. Ein Untertauchen, das ihr aus dem Freundeskreis angeboten wird, lehnt sie nachdrücklich mit der Begründung ab, sie wolle »das Schicksal ihres Volkes teilen«. Auch im Lager ändert sich ihre innere Verfassung nicht. Während eines nächtlichen Gesprächs auf der Heide um das Lager gesteht sie einem Freund, kein Heimweh zu haben, denn sie sei ja zu Hause. In ihrem Inneren gibt es ein Glück, das niemand ihr rauben kann. »Unter dem Himmel ist man zu Hause. Auf jedem Fleck der Erde ist man zu Hause, wenn man alles mit sich trägt.«[50]

Im Herbst 1943 wird Etty Hillesum nach Auschwitz deportiert und dort ermordet, noch im Güterzug strahlte sie unter den Todgeweihten jene Freude aus, für die sie bekannt war. Sie teilt das Schicksal mit Anne Frank und Edith Stein, die beide ebenfalls aus Westerbork verschleppt wurden. Ettys Tagebuch ist bis heute Zeugnis ihres bemerkenswerten inneren Weges. Obwohl sie nur 29 Jahre alt wurde und ein grausames Schicksal erlitt, hatte sie von einem reichen und erfüllten Leben gekostet. Worin genau besteht dieses Geheimnis?

Das heile Herz

Satte Wiesen und summende Insekten, ein traumhafter Tag im Allgäu. Doch ich bin nicht zum Wandern hier; ich besuche einen Freund, nach Jahren höchst engagierten Berufslebens wurde bei ihm eine Erschöpfungsdepression diagnostiziert. In der psychosomatischen Klinik zwischen Kuhweiden und Bergwäldern findet er jetzt ins Leben zurück. »Die Tür steht offen, das Herz noch mehr«, steht auf Lateinisch über dem Eingang der *Adula-Klinik* in Oberstdorf. Irgendwie spüre ich, dass das stimmt. Ein Blumenstrauß steht am Empfangstresen. Zwei Frauen haben die Arme untergehakt und spazieren ins Gespräch vertieft an uns vorbei. Alles hier wirkt doppelt so langsam wie an anderen Orten. Irgendwie habe ich mir eine psychosomatische Klinik ganz anders vorgestellt. Natürlich gibt es hier auch ungewohnte Szenen. Ein erwachsener Mann sitzt mit einem Plüschtier auf einem Sessel. Zwei andere umarmen sich minutenlang. Aus einigen Gesichtern spricht tiefer Schmerz. Eine junge Frau wird von Schluchzen und Tränen geschüttelt, während eine ältere sie fest im Arm hält. »Hallo, bist du auch Gast hier?«, spricht mich ein junger Mann an. Ich komme mit ihm ins Gespräch und bin irgendwie beeindruckt, wie ruhig, ja gesammelt er wirkt. Alles in diesem Haus strahlt etwas Warmes aus. Wie die Menschen miteinander umgehen, fühlt sich so aufmerksam und sensibel an. Zwar kommen Menschen hierher, weil sie schwer leiden. Doch ihr Umgang miteinander wirkt auf mich viel gesünder als das »Normale« in unserer getriebenen Welt der angeblich Gesunden.

In den Stunden meines Besuchs spüre ich etwas, das mich zutiefst berührt, etwas, das Sehnsucht in mir weckt und Unzufriedenheit mit der emotionalen Kälte, die in unserer Gesellschaft herrscht. Dieser Samstag im Juni 2018 hat etwas in mir verändert, und seither treibt mich ein Thema um, mit fast körperlicher Macht. Ich nenne dieses Thema Verbundenheit. Um zu erklären, was ich damit meine und weshalb es für unsere Zukunft so wichtig ist, lade ich Sie zu einem Ausflug in die Welt der Psychologie ein.

Kein Mensch hat nur Glück im Leben. Emotionalen Schmerz kennt jeder. Wenn ich an mein eigenes Leben denke, fällt mir da einiges ein – bei Ihnen wird es nicht anders sein. Menschen können jedoch unterschiedlich gut mit den Härten des Lebens umgehen.

Die Resilienzforschung, also die Suche nach den Faktoren, die einem Menschen auch in Krisen innere Stabilität geben, ist mittlerweile ein eigener Zweig der Psychologie.[51] Was braucht ein Mensch, um psychisch gesund zu sein? Als Element emotionaler Gesundheit wird zum Beispiel genannt, dass man die eigenen Gefühle differenziert wahrnehmen und ausdrücken kann. Auch die Fähigkeit, die Gefühle anderer wahrzunehmen und eine Bindung einzugehen, ist ein wesentlicher Teil der emotionalen Gesundheit.[52]

Doch woher kommt die Fähigkeit, gut mit seinen Gefühlen umzugehen? Der Mensch ist ein Beziehungswesen und lernt durch Beziehungen erst, wie er selbst funktioniert. Wie sehr die frühen Beziehungserfahrungen das spätere seelische Leben prägen, wurde erst mit der Psychoanalyse Gegenstand wissenschaftlicher Erforschung. Die Bedeutung der Kindheit für die Psyche kann als die revolutionärste Entdeckung Sigmund Freuds (1856–1939) bezeichnet werden. In der Literatur gab es die Ahnung davon schon früher. So schildert Karl Philipp Moritz in seinem 1775 erschienenen *Anton Reiser*, dem wahrscheinlich ersten psychologischen Roman der Weltliteratur, einen seelisch zerrütteten jungen Mann. In der Schulzeit muss er eine prägende, zutiefst schmerzhafte Erfahrung machen, als er bei einer Einladung zum Essen nicht gemeint, nicht angesehen und überhaupt nicht beachtet wird. Anton ist am Boden zerstört. Die scheinbar beiläufige Situation offenbart ein viel tieferes Drama. Denn sie steht symbolisch für sein ganzes Leben. Der Autor analysiert: »Hätte Reiser irgend jemanden gehabt, der an seinem Schicksal wahren Antheil genommen hätte, so würden ihm dergleichen Begegnungen vielleicht nicht so kränkend gewesen seyn.«[53] Aber nur mit so schwachen Fäden an andere Menschen geknüpft, muss Reiser sich in eine Fantasiewelt flüchten und scheitert schließlich am Leben.

Wir brauchen Beziehungen

Carsten kauft sich an der Tankstelle eine Schachtel Zigaretten. »Raucher sterben früher« steht dort in großen schwarzen Lettern. Auf der anderen Seite sieht er einen halbtoten Patienten auf einem OP-Tisch. Vor dem Rauchen wird er gewarnt – nicht jedoch vor seiner Beziehungsarmut, die genauso tödlich sein kann. Wie schmerzhaft Social Distancing ist, hat die Coronakrise deutlich bewiesen. Dass Einsamkeit zutiefst gesundheitsschädlich ist, weiß die Forschung aber schon länger.

Im Jahr 2010 erregte eine Metaanalyse weltweit Aufsehen, die den Zusammenhang zwischen Beziehungsqualität und Sterblichkeit in 148 Studien mit über 300.000 befragten Personen darstellte. Die Ergebnisse waren durchaus frappierend: Zwischenmenschliche Beziehungen beeinflussen die körperliche Gesundheit in ähnlichem Maße wie Ernährung, Sport oder Alkohol.[54] Etwas plakativer: Einsamkeit ist etwa so gefährlich wie 15 Zigaretten am Tag und doppelt so gefährlich wie Fettleibigkeit.[55] Für die emotionale Stabilität trifft das erst recht zu. Oder wie der Titel des neuesten Buches des deutschen Hirnforschers Gerald Hüther zum selben Thema lautet: *Lieblosigkeit macht krank*.[56]

Die Psychologen Klaus und Karin Grossmann gehören zu den internationalen Top-Experten in der Bindungsforschung und haben

Langzeitstudien durchgeführt, die Menschen in ihrer Entwicklung teilweise über mehr als fünf Jahrzehnte hinweg untersuchten. Am Ende ihres gut 600 Seiten starken Standardwerks zum Thema steht ihr Fazit: »Ob das Gefüge psychischer Sicherheit das eigene Leben dominiert, hängt weitgehend davon ab, ob die Bereitschaft und die Möglichkeit zu sicheren Bindungen bestehen.«[57] Bindung und Verbundenheit sind die Grundlage emotionaler Gesundheit.[58]

Das Tagebuch Etty Hillesums berührt bis heute so viele Menschen, weil ihre tiefe Lebensbejahung, ihre Liebe zur Menschheit und ihr strahlender Optimismus in so krassem Gegensatz zu der entsetzlichen Situation stehen, in der sie sich als Jüdin im Dritten Reich befand. Das geht weit über »psychische Gesundheit« hinaus. Doch die Form gelingenden Lebens, zu der sie fand, ist untrennbar von der Verbundenheit zu Menschen, zu sich selbst und zu Gott. Zunächst entdeckte sie in der Sicherheit der emotionalen Vertrauensbeziehung zu Julius Spier auch einen Zugang zu ihrem eigenen Seelenleben. Mit dem Zugang zu sich selbst war aber die Frage nach Gott untrennbar verbunden. Aus der Beziehung zu Gott heraus wiederum gewann sie eine neue Qualität der Verbundenheit zu ihren Mitmenschen: bis hin zur Solidarität im tiefsten Leiden. Die drei Dimensionen ließen sich bei ihr also nicht trennen, weil sie sich grundsätzlich nicht trennen lassen.

Verbundenheit in alle drei Richtungen ist nicht nur Etty Hillesums Geheimnis, sondern ein zentrales Geheimnis des Menschseins. Meistens erleben wir aber das Gegenteil.

Zwei Geschichten

Sitzt man Lydia K.[59] zum ersten Mal gegenüber, kann die tiefe Ruhe irritieren, die sie ausstrahlt. Auf dem Beistelltisch brennt eine Kerze, vor mir steht eine Tasse mit Ingwertee. Als ich sie das erste Mal in ihrer therapeutischen Einrichtung besuchte, war ich fast überfordert von so viel Ehrlichkeit. Gut, dass ich mich an der heißen Teetasse festhalten konnte. Hierher kommen junge Menschen, die nicht mehr mit ihrem Leben zurechtkommen. So wie A., deren Geschichte Lydia mir diesmal erzählt.

A. ist stark geschminkt und attraktiv und kommt in Begleitung einer Mitarbeiterin des Jugendamts zu ihrer neuen Therapeutin, nachdem sie mehrfach teils alkoholisiert, teils mit kleineren Mengen von Drogen erwischt worden war. Sie beginnt mit Small Talk und wirkt völlig unbeschwert. Nichts an ihrer betont autonom und unabhängig wirkenden Art lässt darauf schließen, dass sie Hilfe bräuchte. Mit farbigen Beispielen erzählt sie ihre Geschichte. Sie sei das einzige Kind reicher Eltern. Mit ihnen habe sie aber schon lange keinen Kontakt mehr. Angeblich sei sie künstlich gezeugt worden, doch eigentlich interessiere es sie ohnehin nicht, wer ihr Vater sei, denn Männer würden ja ohnehin völlig überschätzt. Geschenke habe sie als Kind im Überfluss bekommen, und an Highlights wie Besuche in Erlebnisparks erinnert sie sich lebhaft. So richtig da gewesen sei ihre Mutter aber trotzdem irgendwie nie. In der Pubertät schlitterte sie schon ziemlich jung von einer sexuellen Beziehung in die nächste. Unsterblich verliebt, zu Tode enttäuscht. Die Probleme begannen mit Feten und Alkohol, das Leben entglitt ihr zunehmend. Irgendwann begann sie, sich am Unterarm zu ritzen. A. spricht abgeklärt und distanziert von ihrer Geschichte. Erst nach zahlreichen weiteren Therapiesitzungen beginnt ein Trauerprozess, irgendwann die ersten Tränen. »Verdammt, natürlich hätte ich mir gewünscht, dass da irgendjemand da ist, der mich festhält. Aber das ist doch alles Quatsch«, bricht es aus ihr heraus.

Später kommt A. als Therapiegast dauerhaft in die von Lydia K. gegründete Einrichtung und lernt langsam, Nähe zu anderen zuzulassen. Als ich sie dort treffe, blickt mich aus ihren großen Augen ein so tiefer Schmerz an, dass ich innerlich erbebe.

Herr L. ist ein gut aussehender, gepflegt gekleideter Herr mittleren Alters. Er war erst in einen offenen Informationsabend gekommen und hatte dann um ein Gespräch gebeten, weil er auf der Suche nach Ratschlägen ist, um seine Konzentrationsstörungen wieder in den Griff zu bekommen. Er sucht nach einer schnellen Lösung und ist etwas irritiert, als die Therapeutin ihm eröffnet, dass es kein Patentrezept gebe. Erst nach längerer Zeit erwähnt Herr L. zögernd und in Bruchstücken, begonnen habe alles vor vier Monaten, als seine Frau plötzlich ausgezogen sei. Dies habe ihn aus heiterem Himmel getroffen. Ihr Familienleben mit zwei Kindern sei vorzüglich gewesen, finanziell habe es an nichts gefehlt. Er sei als Geschäftsmann sehr erfolgreich, allseits beliebt … nur seine Schlaf- und Konzentrationsstörungen hätten auf einmal rapide zugenommen. Nichts scheint ihm zu fehlen, mit einer Ausnahme: irgendein Mensch, zu dem er emotionale Nähe spürt. Das dahingehende Nachfragen der Therapeutin verunsichert Herrn L. und er lenkt vom Thema ab. Stattdessen verwickelt er sie lieber in intellektuelle Fachfragen – als würde er befürchten, dass in dem Gespräch sein ganzes auf Erfolg und Ansehen gebautes Lebenshaus zusammenbrechen könnte. In der Realität ist es das aber schon.

Ich nippe verlegen an meinem Ingwertee und höre gebannt zu, wie Lydia K. den weiteren Verlauf ihrer Gespräche mit Herrn L. schildert. Ein Treffen mit seiner Frau, bei dem es um die Trennung geht, bringt ihn aus der Fassung. Er fühlt sich zutiefst zurückgewiesen und spürt seine tiefe Einsamkeit. Zugleich wächst in ihm die schmerzhafte Erkenntnis, dass auch er seiner Frau und den Kindern nicht jene Nähe und Geborgenheit hatte schenken können, nach der er sich selbst jetzt sehnt. Dieser Schmerz konfrontiert ihn mit der Erinnerung an seine eigene Kindheit. Als Leistungsträger und Kronprinz sei er von seinen Eltern gefördert und bewundert worden. Doch seine wahren Bedürfnisse als Kind seien unbefriedigt geblieben. Mit Schrecken muss er feststellen, dass er selbst seine Kinder nach dem gleichen Grundsatz erzogen hat: dass Leistung und Erfolg das Wichtigste im Leben seien.

»Du glaubst überhaupt nicht, wie vielen Menschen es so geht«, beendet Lydia K. ihren Bericht und blickt mir fast unangenehm lange in die Augen. »Nach außen alles in Ordnung, doch unter der Fassade tiefe Verlassenheit.«

Reise aus einer anderen Welt

Bei meinem Besuch in der *Adula-Klinik*, einige Zeit nach besagtem Gespräch mit Lydia K., fühlte ich mich ein wenig wie auf einem anderen Planten, auf positive Weise. Wie wäre es, wenn sogar Zeitreisen möglich wären? Was würde einer Bäuerin aus dem Mittelalter, einem Fischer aus dem antiken Griechenland oder einem steinzeitlichen Jäger auffallen, wenn er oder sie sich auf einmal im Deutschland des 21. Jahrhunderts wiederfänden? Ich stelle mir die Gesichter vor, wenn ich sie durch unser Wohnviertel führen würde, mit den sorgsam durch Hecken und Zäune voneinander abgetrennten Parzellen. Jeder lebt sein eigenes kleines Leben, doch sorgsam getrennt von den Menschen, die nur wenige Zentimeter hinter der Hauswand ein fast gleiches Leben führen.

In all den genannten Epochen schliefen Großfamilien nicht nur in einem Raum, sondern aneinander angeschmiegt auf einem Lager. Rings um das Feuer musste man eng zusammenrücken. Kinder wurden lange gestillt und noch länger auf den Armen getragen. Gearbeitet wurde in der Gruppe, alle Generationen wohnten auf engem Raum zusammen. Ob Geburt, Tod oder Sex: Das ganze Menschenleben fand buchstäblich umgeben von anderen Menschen statt, und zwar von jenen Menschen, mit denen man weitgehend das ganze Leben verbrachte. Umgeben war das Menschenleben auch von den Göttern, Engeln und Verstorbenen, die die unsichtbare Welt rings umher bevölkerten. Heute leben wir in einem völlig anderen Universum.

Wie würden die Zeitreisenden dieses Universum erleben? Vermutlich entsetzt darüber, wie vereinzelt viele von uns leben. Zwar weisen die Shell-Jugendstudien den Wunsch, ein gutes Familienleben zu führen, seit Jahren als die mit Abstand wichtigste Wertorientierung Jugendlicher aus,[60] doch Realität und Wunschvorstellung klaffen an diesem Punkt auseinander. Noch nie zuvor hat eine Generation so selten zusammen mit der eigenen Familie gelebt wie die heute knapp 40-jährigen »Millennials«. Sie heiraten nur etwa halb so oft wie die Generation ihrer Eltern und haben deutlich weniger Kinder.[61] Sie sind auch deutlich weniger oft der Meinung, dass es ein Problem sei, wenn nur ein Elternteil für das Kind da ist.[62] Zugleich empfinden 66% aller jungen Eltern die Kindererziehung nicht zuletzt wegen der Verfügbarkeit digitaler Medien als heute komplizierter als noch vor Jahren.[63] Die Zeit, die Familien *face to face* miteinander verbringen, hat nach einer amerikanischen Studie innerhalb weniger Jahre nach der Erfindung des Smartphones von durchschnittlich 26 auf 18 Stunden deutlich abgenommen, nachdem sie zuvor jahrzehntelang etwa gleich geblieben war.[64] Doch auch außerhalb der Familie sieht es ähnlich aus. Die Anzahl der Teenager, die sich mehrmals die Woche mit ihren Freunden treffen, ist von 2000 bis 2015 um mehr als 40% gesunken, der Trend dürfte sich weiter verstärkt haben (und all das noch vor Corona).[65]

In deutschen Großstädten leben mehr Menschen als Single als in einer Beziehung, zum ersten Mal in der Geschichte. Es gibt mehr Pornografie, aber weniger Erotik und Sex in Partnerschaften, sodass manche Beobachter schon von einem »post-sexuellen Zeitalter« sprechen.[66] Junge Menschen berühren einander seltener, dafür das Handy rund 2617 mal pro Tag.[67] Was den Arbeitsplatz betrifft, so gaben nach einer amerikanischen Studie des *Deloitte Center for the Edge* 80% der Berufstätigen an, ihnen fehle »a sense of belonging«, das Gefühl, am Arbeitsplatz dazuzugehören.[68] 10% aller Menschen zeigen Elemente einer Burnoutsymptomatik, in einzelnen Berufen sogar 30%.[69] Einer der charakteristischen Verstärker von Burnout ist das Gefühl fehlender Verbundenheit, das Gefühl, dass nichts zurückkommt.[70] Die Folge ist extreme Einsamkeit statt Verbundenheit – und durch Corona ist all das noch schlimmer geworden.

Was also würden die Zeitreisenden wohl denken und was würden sie wählen: Wären sie begeistert über Internet, Flugzeuge und gefüllte Supermärkte? Oder fänden sie die Gegenwart kalt und einsam und würde nur allzu gern in die Vergangenheit zurückkehren, wo es noch kein elektrisches Licht gab, aber dafür viel mehr Nähe?

Und wie sieht es mit uns aus? Müssen wir uns für eines von beiden entscheiden oder gibt es so etwas wie »das Beste aus beiden Welten«?

Bindungskatastrophe

Almwiesen ziehen an meinem Autofenster vorbei. Auf der Rückfahrt von meinem Besuch im Allgäu kann ich die Frage nicht abschütteln, warum die Stimmung in dieser Klinik so anders war als das, was ich in der Gesellschaft sonst sehe.

Wie kommt es überhaupt, dass wir heute so wenig verbunden leben? Zurück an meinem Schreibtisch beginne ich zu forschen. Fest steht schon bald: Die Ursprünge liegen weit zurück. Die Geschichte ist trotzdem schnell erzählt.

Im 18. Jahrhundert revolutionieren Dampfmaschinen die Wirtschaft. Schon bald entstehen Fabriken, in denen Tag und Nacht produziert werden kann. Rauch aus hohen Schloten hüllt Großstädte wie London in dunkle Wolken. Das ist übrigens der Grund, warum sich damals Schwarz als Farbe für Herrenanzüge durchsetzte: Jede andere Farbe wäre einfach verrußt. Mitte des 19. Jahrhunderts müssen Frauen und Kinder zu Tausenden in den Webereien und Bergwerken schuften. Eine technische Megatransformation, die industriellen Fortschritt ermöglichte, doch zu unmenschlichen Lebensbedingungen führte.

Seit der Industrialisierung ist das Leben schneller, unabhängiger und sozial kälter geworden. Die digitale Revolution hat diese Entwicklungen in ungeahntem Ausmaß verstärkt.

Ganz ehrlich: Wer würde wirklich lieber im 17. Jahrhundert leben? Unsere Zeit hat viele Annehmlichkeiten zu bieten und viele

Errungenschaften, die das Leben äußerlich bequemer, sicherer und besser machen – doch alles hat seinen Preis.[71]

Als Alexis de Tocqueville nach einer langen Amerikareise im Jahre 1835 sein berühmtes Werk über die amerikanische Demokratie veröffentlichte, warnte er davor, dass eine individualistische, pragmatische Gesellschaft nach und nach zersplittern könne. Die gleichen Kräfte, die sie erfolgreich gemacht hätten, seien auch imstande, den Willen zur Aufrechterhaltung dieser Freiheit zu schwächen. Konkret befürchtete Tocqueville, eine Gesellschaft, in der jeder ganz frei nach seinem eigenen Glück streben darf, könne den Sinn für das Verbindende verlieren. Im Zeitalter des Internets bestätigen sich diese Befürchtungen mehr und mehr.

So glauben laut Statistik immer mehr Menschen, sie würden durch Medien und Internet manipuliert. Das Misstrauen gegen den Staat und andere Menschen allgemein ist am Zunehmen.[72] Dieses Klima sozialer Kälte wird durch die Digitalisierung noch verstärkt. Nicht nur die körperliche Berührung, auch ein Blick in die Augen ist virtuell nicht möglich: Bei Skype, Zoom und Facetime blickt man immer aneinander vorbei.

Der in Berlin lebende koreanische Philosoph Byung-Chul Han meint: »Wegen der Effizienz und Bequemlichkeit der digitalen Kommunikation meiden wir zunehmend den direkten Kontakt mit realen Personen, ja den Kontakt mit dem Realen überhaupt.«[73] Im digitalen Raum servieren die Algorithmen uns genau das, was wir sehen wollen. Bestehende Meinungen werden verfestigt, die Realität außerhalb der eigenen Filterblase verdunkelt. Die Fähigkeit, sich auf etwas Neues, Fremdes einzulassen, nimmt dadurch ab.[74]

Zugleich, und das ist eine paradoxe Folge, nimmt die »Sehnsucht nach Verbundenheit«, wie das Magazin *Psychologie Heute* seine Ausgabe vom Januar 2021 betitelt, zu – eine Sehnsucht, die während der Corona-Lockdowns überdeutlich spürbar war, trotz aller Zoom-Meetings. Sherry Turkle ist Professorin für Soziologie am *Massachusetts Institute of Technology* und untersucht, wie unser

Sozialverhalten sich durch die Digitalisierung verändert. *Alone together* heißt das Buch, und die Ergebnisse sind dramatisch. Die Zahlen belegen eindeutig, dass wir zwar vernetzter werden, das Mitgefühl und die Bereitschaft, den anderen zu verstehen, aber massiv abnehmen.[75] Die soziale Kälte wächst – und das spüren wir alle. Wir sind Bindungswesen, gestrandet in einer immer isolierteren Welt.

Von Fröschen und Affen

Ich weiß, wir haben gerade über den Unterschied zwischen Menschen und Tieren gesprochen. Trotzdem lohnt gerade bei dieser Thematik auch ein Blick in die Tierwelt, besser: in die Welt der Frösche und Affen. Sentimental geht es bei den Fröschen nicht gerade zu, wenn sie Nachwuchs bekommen. Bis zu 1200 Eier legt ein weiblicher Laubfrosch in einem Laichballen ab. Aus diesen werden etwa 100 Tiere irgendwann an Land gehen, zwei davon werden überleben. So ist das nun mal. Anders schon bei den Säugetieren: Es gibt nur wenige Junge, die mehr Brutpflege brauchen, doch dafür auch öfter überleben.[76] Am ausgeprägtesten ist das bei den Primaten. Die Jungen kommen ziemlich hilflos auf die Welt und sind in den ersten Lebensjahren auf intensive Unterstützung angewiesen. Doch dadurch lernen sie, mit den Anforderungen ihrer Gruppe umzugehen.

Erfährt das Äffchen, dass jemand auf die Hilfeschreie antwortet, dass Berührung und Nahrung gegeben wird, verfestigt sich eine Bindung an dieses eine besondere Individuum.[77] Diese sogenannte primäre Bindungsperson ist jetzt nicht mehr problemlos durch andere Gruppenmitglieder ersetzbar, eine Trennung von ihr löst emotionalen Stress aus. Kleine Affen brauchen Berührungen und emotionale Nähe mindestens so dringend wie Nahrung. Wird das Äffchen alleine gelassen, leidet es.

Es tut mir fast körperlich weh, die Videoaufnahmen von Versuchen zu sehen, die der amerikanische Verhaltensforscher Harry Harlow mit Rhesusaffen-Babys durchgeführt hat. In Experimenten zeigt er Affenbabys, die ohne ihre Mutter in einen Käfig gesetzt werden. Dort bleibt ihnen die Wahl zwischen zwei Attrappen: einer aus Draht nachgebildeten, Milch spendenden »Ersatzmutter« und einer gleich großen, mit weichem Stoff bespannten »Ersatzmutter«, die aber keine Milch gibt. Man könnte meinen, für das kleine Tier sei die körperliche Nahrung das Wichtigste. Doch stattdessen hielten sie sich bei der Milchspenderin stets nur zur Nahrungsaufnahme auf, kuschelten sich aber ansonsten auf die stoffbespannte Attrappe.[78]

Trennt man ein Äffchen von seiner Mutter, wird es unruhig. Kommt die Mutter längere Zeit hinweg nicht, hört das Baby zwar auf zu rufen, der Pegel des Stresshormons Cortisol im Blut steigt aber. Abhilfe schafft nur die Nähe der Mutter. Besonders das Gestilltwerden ist hilfreich: Neben der Nahrung bekommt das Kleine auch Wärme, den süßen Geschmack der Milch, den Geruch der Mutter, die Berührung und kann sich dadurch nachhaltig beruhigen. Das Bindungsbedürfnis ist bei Primaten stammesgeschichtlich genauso vorprogrammiert wie das Bedürfnis nach Nahrung oder Sexualität. Und das alles trifft auf besondere Weise auf den Menschen zu.

Pioniere der Bindungsforschung

Es waren raue Jungs, mit denen der Psychiater John Bowlby (1907–1990) arbeitete. Als Straßenkinder waren sie an das harte Leben der Kleinkriminellen im England der Zwischenkriegszeit gewöhnt. Diebstahl und Schlägereien gehörten zur Tagesordnung. Warum waren die von ihm untersuchten 44 Jungen kriminell geworden und 44 andere Gleichaltrige nicht? Bowlby selbst war ein Mann kräftiger Statur. Von außen sah man ihm nicht an, dass er selbst als Kind unter den strengen Bedingungen im Internat gelitten hatte, in das er schon mit sieben Jahren geschickt worden war. Könnte es sein, dass es schmerzhafte Erfahrungen auch in der Kindheit der 44 jungen Diebe gegeben hat? Er fand heraus, dass die 44 verhaltensauffälligen Jungen alle als Kleinkind schon früh längere Zeit von ihrer Mutter getrennt worden waren, die 44 anderen nicht. Das erregte sein Interesse und er begann, die Auswirkungen frühkindlicher Beziehungserfahrungen planmäßiger zu untersuchen.

Dass Babys Nähe brauchen, wussten Menschen schon, seit es Menschen gibt. Umso erstaunlicher ist es, dass Bowlbys Ansatz durchaus neu war.

In der Psychologie herrschte damals der Behaviorismus vor, der die Entwicklung des Gehirns in erster Linie als Lernen durch Konditionierung verstand. Dass das Kind in den ersten Lebensjahren überhaupt emotional bedürftig ist, wurde auch in den damals üblichen Erziehungsratgebern weniger behandelt. In den USA gab es *Dr. Spock's Baby and Child Care* und in Deutschland die berüchtigten Erziehungsbücher von Johanna Haarer (*Die deutsche Mutter und ihr erstes Kind* mit einer Gesamtauflage von weit über einer Million!). In beiden Erziehungsbüchern wurde vor dem Verwöhnen der Babys gewarnt, bei zu viel körperlicher Nähe sei man in Gefahr, einen Tyrannen heranzuzüchten. Stattdessen zeichnet Haarer die Mutter als tatkräftige, resolute Person, die darauf achtet, dass das Kind vor Infektionen geschützt und abgehärtet wird, um später in der Gesellschaft und im Heer gut zu funktionieren. (Kein Wunder, dass die Nationalsozialisten Haarers Bücher so schätzten. Sie blieben jedoch bis in die Achtzigerjahre populär.)[79]

Doch der Gegentrend wurde immer stärker. Der Psychoanalytiker Erik Erikson postulierte 1957, es könne kein »Urvertrauen« entstehen, wenn sich nicht zumindest eine Person zuverlässig und liebevoll um den Säugling kümmere. Genau dies konnte Bowlby immer genauer empirisch zeigen. Seine Kernthese war, dass es eine enge kausale Beziehung zwischen der Erfahrung eines Individuums mit seinen Eltern und seiner späteren Fähigkeit gibt, emotionale Bindungen einzugehen. »Der menschliche Geist ist von der Biologie zwar vorgesehen, verwirklicht aber wird er durch Bindungen mit besonderen, fürsorglichen Menschen, die stärker und weiser sind.«[80]

Die heutige Bindungsforschung konnte Bowlbys Grundannahmen durch zahllose Einzelstudien auf der ganzen Welt eindrucksvoll bestätigen.[81] Seit ich mich ausführlicher damit befasse, erschüttert es mich, wie wenige Menschen von diesen Erkenntnissen wissen. Ich denke an ein Gespräch mit einem Paar, das gerade ein Kind bekommen hat, beide beruflich erfolgreich und durchaus gebildet. Sie erzählen begeistert von ihren Karriereplänen und der Hoffnung, möglichst schnell einen Kita-Platz zu finden. Darüber, wie wichtig diese ersten Lebensmonate für ihren kleinen Sohn sind, scheinen sie aber kaum nachzudenken. So, als entstünde Verbundenheit einfach von allein. Doch dem ist nicht so.

Wie Bindung entsteht

Lina ist sechs Wochen alt.[82] Von außen betrachtet verläuft ihr Tag ruhig. Linas Gehirn jedoch bildet pro Sekunde rund 700 neue Synapsen. Nie wieder in ihrem Leben wird Lina so schnell so vieles lernen. Auf die Welt gekommen ist sie mit 100 Milliarden Gehirnzellen, die aber noch relativ wenig vernetzt waren. Im Alter von zwei Jahren werden sie rund 100 Billionen Verbindungen geknüpft haben; mehr wird Lina auch als Erwachsene nicht haben.

Das menschliche Gehirn ist das komplexeste System im Universum. In der ganzen Natur spielt Zusammenarbeit für die Entstehung von Ökosystemen eine viel größere Rolle, als die Pioniere der Evolutionsforschung angenommen hatten. Verbundenheit, nicht Überlebenskampf allein ist der Motor nach vorne.[83] Es gibt kein System, das von Geburt an so auf soziale Interaktion angewiesen ist wie das menschliche Gehirn. Es braucht sie wie die Luft zum Atmen.

Das erste, was Lina direkt nach ihrer Geburt suchte, war die Nähe ihrer Mutter. Ihre Stimme und ihr Herzschlag sind ihr schon aus der Zeit im Mutterleib bekannt. Findet das Baby eine feinfühlige Mutter vor, die auf seine Signale reagiert, die es stillt, streichelt, tröstet und liebkost, entsteht im Laufe des ersten Lebensjahres durch Tausende solcher Interaktionen eine Bindung. In dieser Phase befindet Lina sich gerade. In ihrem Gehirn passiert etwas Ähnliches wie beim Sich-Verlieben. Alles in ihr ist schon auf Beziehung ausgerichtet.

Sie betrachtet lieber menschliche Gesichter als andere Muster, hört konzentrierter auf die Stimme eines anderen Kindes als auf andere Geräusche. Die Stimme ihrer Mutter hört sie lieber als jeden anderen Ton, ihr liebster Geruch ist die Haut der Mama. Genau wie Lina über Sinnesorgane verfügt, hat sie eine Grundausstattung für den Kontakt zu anderen Menschen.[84]

In dieser Phase unterscheidet sich die Beziehung zur Mutter von allen anderen. Denn nicht nur das Baby, sondern auch der Organismus der Frau ist auf die symbiotische Lebensweise eingestellt. Er wurde durch die Schwangerschaft hormonell perfekt auf das Baby vorbereitet. So erhöht sich während des Stillens die körpereigene Endorphinausschüttung bei der Mutter, sodass es auch bei ihr zu einem Wohlgefühl kommt. Der Biorhythmus der Mutter und der des Babys stimmen sich mehr und mehr aufeinander ab. Mama ist der sichere Hafen, von dem aus Lina die Welt erforschen kann.

Sicher gebunden

Linas Mutter Clara hat sich schon lange auf das Baby gefreut. Freudentränen sind geflossen, als sie ihrem Mann Kai den Schwarzweißabzug vom ersten Ultraschall zeigte. Welches Wunder, dass da ein neuer Mensch in ihrem Bauch heranwächst! Berührende Worte über die Zeit im Mutterleib findet der jüdische Religionsphilosoph Martin Buber: »Diese Verbundenheit ist so welthaft, dass es wie das un-vollkommene Ablesen einer urzeitlichen Inschrift anmutet, wenn es in der jüdischen Mythensprache heißt, im Mutterleib wisse der Mensch das All, in der Geburt vergesse er es.«[85]

Nach der Geburt werden das Bindungshormon Oxytocin und körpereigene Opioide durch Claras Blutbahnen strömen. Auch Kai bekommt seinen Teil des Hormoncocktails ab, jedoch weniger und statistisch besonders dann, wenn die Beziehung zur werdenden Mutter gut ist.[86]

Clara hat Lina stets im Blick, reagiert prompt und erkennt, ob sie Durst hat, gewickelt werden muss oder unter Bauchweh leidet. Diese Fähigkeit nennt man Feinfühligkeit, also die Fähigkeit, die Signale des Kindes zu erkennen, sie richtig zu deuten und angemessen darauf zu reagieren.

Am wichtigsten ist für Lina, dass Mama überhaupt reagiert. Über Zeitgefühl verfügt sie noch nicht, was »morgen« bedeutet, wird sie erst mit 18 Monaten verstehen.[87] Für Lina ist Mama noch alles: ihre Sicherheit, ihre Wärme, ihr Zuhause. Kommt Mama nicht, versteht Lina ihre Welt nicht mehr. Ihr Körper reagiert mit Stresssymptomen, Cortisol durchflutet ihren kleinen Körper und sie schreit. Kommt die Mama innerhalb weniger Minuten wieder, ist alles gut, obwohl sie nicht einmal weiß, dass es nur Minuten waren. Für Erwachsene schwer vorstellbar ist aber, was in einem Babygehirn vor sich geht, wenn Mama nicht kommt. Eine andere Person kann zwar ein wenig Trost spenden, doch es ist nicht dasselbe. Lina beginnt erst mit acht Monaten zu verstehen, dass eine Person auch noch da ist, wenn sie einige Zeit nicht in der Nähe ist. Vorher fühlt die Verlassenheit sich für das Baby an wie ein tödlicher, schwarzer Abgrund. Nach Bowlby ist diese Erfahrung für ein Baby überwältigend negativ, weil es Trauer und Wut über die Person empfindet, nach deren Nähe es sich zugleich unendlich sehnt. Und Nähe bedeutet beim Baby körperliche Berührung. Es braucht Hautkontakt so dringend wie Nahrung. Frühgeborene, die dreimal am Tag für 15 Minuten gestreichelt werden, wachsen um 50% schneller als solche, die wenig Berührung bekommen.[88]

Lina hat eine emotional warme, feinfühlige Mutter, deshalb verfestigt sich in ihr ein positives inneres Bild von sich selbst:[89] Mir wird geholfen, wenn ich in Not bin, ich bin liebenswert und man freut sich über mich, ich darf meine Gefühle äußern. Sicher gebundene Kinder spielen bereits mit sieben Monaten ausdauernder und konzentrierter mit Spielzeug als andere. Erst mit dem Sprechen beginnt die Phase, in der Lina Abmachungen und Regeln verstehen lernt, doch in ihr ist die Bereitschaft zur Kooperation mit ihren Eltern schon grundgelegt, sodass »Erziehung« daran organisch anknüpfen kann und mit wenig Zwang und Druck auskommt. Im Kindergarten wird Lina es später leicht haben, Freunde zu finden, mit ihnen zu spielen und sich sozial zu verhalten. Diese Erfahrungen verstärken das positive Selbstgefühl.[90]

Das Gefühl der sicheren Bindung wird im Laufe der ersten zwei Lebensjahre grundgelegt und dann durch die Kindheit hinweg verfestigt. Es ist die Basis für emotionale Gesundheit und stabile Beziehungen bis ins hohe Alter. Keine Phase in Linas Leben ist so prägend wie diese. Nichts, was ein Mensch Lina jemals geben wird, ist vergleichbar mit der Zeit und der Feinfühligkeit, die Clara in diesen Jahren an Lina verschenkt hat.

Die Rolle des Papas

Die ersten gemeinsamen Stunden mit dem Baby auf dem Arm gehören für mich zu den schönsten Erinnerungen meines Lebens. Der Geruch der zarten Haut, die zaghaften Bewegungen dieses kleinen Bündels Leben … Und doch kommt ziemlich bald der Moment, wo ich ihm nicht mehr das geben kann, wonach es schreit.

In den ersten zwei Lebensjahren hat ein Baby genau eine primäre Bindungsperson, und in meinem Fall bin das nicht ich. Das Gehirn des Kindes ist nämlich noch nicht in der Lage, »umzuschalten«.

Meistens ist die primäre Bindungsperson die Mutter. In reichen Familien war es früher auch oft eine Amme, in ärmeren eine ältere

Schwester oder die Oma. Ohne Bindung an eine besondere Person kann ein Baby jedoch nicht überleben. Da der Körper der Mutter hormonell perfekt auf das Baby eingestimmt ist und durch das Stillen viel mehr weitergegeben wird als nur Nahrung, kann auch ich als Papa Mamas Rolle nicht voll ersetzen. Meine Bedeutung nimmt jedoch nach dem zweiten Lebensjahr rapide zu. Zahlreiche Forschungen belegen, was Menschen schon immer intuitiv wussten: Männer erziehen anders als Frauen und ein Kind braucht Vater und Mutter.

Hat ein junger Vater selbst ein positives Bild von seiner Rolle als Vater, ist die Wahrscheinlichkeit groß, dass er als Vater auch präsent und spürbar sein wird. Seine Gegenwart fördert den Erforschungsdrang des Babys. Es ist kein Zufall, dass Väter in allen Kulturen ihre Kinder gerne in die Luft werfen und wieder auffangen, natürlich ich auch.[91]

Väter, die bei der Geburt des Kindes dabei sein wollen, sind statistisch feinfühliger.[92] Die Feinfühligkeit des Vaters zeigt sich auf besondere Weise im gemeinsamen Spiel mit dem Kind. Dass Papa Freude daran hat, das Kind weder über- noch unterfordert und sich überhaupt mit ihm beschäftigt, wird lebenslange Auswirkungen auf die Entwicklung haben. Autoritäre Erziehung dagegen bewirkt das Gegenteil. Langzeitstudien zu dem Thema gibt es erst seit Kurzem, doch die Ergebnisse sprechen eine deutliche Sprache: Die Feinfühligkeit des Vaters beim gemeinsamen Spielen hatte langfristig starke Auswirkungen auf die Qualität von Freundschaften und die soziale Kompetenz von Schulkindern und Jugendlichen.[93] Noch im Alter von 42 Jahren konnten diese Auswirkungen nachgewiesen werden. Je weniger der Vater präsent oder feinfühlig war, desto öfter kam es später zu Verhaltensauffälligkeiten. Jugendliche, die im Alter von 18 Monaten eine sichere Bindung an ihren Vater gehabt haben, sind später mental lösungsorientierter und gehen die Probleme aktiv an, anstatt davonzulaufen oder sich abzulenken.[94]

Die Bindung an die Mutter und die an den Vater sind verschieden und haben beide extrem langfristige, aber unterschiedliche Auswirkungen. Auch die Tatsache, dass Clara und Kai eine zärtliche, harmonische Beziehung führen, färbt auf Lina ab. Eine Trennung der Eltern hat auf 43% der Kinder einen so gravierenden Effekt, dass ihre innere Welt aus den Fugen gerät.[95]

»Die Welt dreht sich nicht um dich«

Nicht alle Kinder haben so viel Glück wie Lina. Auch Nele hat sich vorgenommen, eine liebevolle Mutter zu sein. Doch dass der kleine Luca schon wieder schreit, ist einfach nur nervig. Sie legt den Säugling auf den Wickeltisch und spricht ihn mit gereiztem Tonfall an: »Jetzt ist es mal genug mit dem ständigen Schreien. Du bist ja echt ein Quälgeist!« Doch Luca hört nicht auf. Nele hält ihn fest und sagt deutlich genervt: »Hör endlich auf zu schreien! Du hast doch eben erst getrunken! Wenn du so weitermachst, komme ich zu gar nichts. Die Welt dreht sich schließlich nicht nur um dich!«[96]

Mütter können die Qualität ihrer Bindung zum Kind selbst nicht gut einschätzen. Sie neigen dazu, ihre eigene Rolle zu idealisieren. Aussagekräftig ist es jedoch, wie eine Mutter mit ihrem Kind spricht. Eine Mutter, die einfühlsam und zärtlich mit ihrem Baby spricht (auch wenn dieses noch nichts versteht), ist wahrscheinlich tatsächlich feinfühlig. Der Wortschwall einer dahinplappernden Kommunikation oder kühle Einsilbigkeit deuten jedoch meist auf fehlende emotionale Nähe hin.

Es gibt einen Standardtest zur Erprobung der Bindungsqualität zwischen Elternteil und Kind. Er brachte quer durch alle Kulturen vergleichbare Ergebnisse hervor. Der Test läuft so ab: Die Bindungsperson verlässt das Kind und kommt nach einiger Zeit wieder zurück. Je nach der Reaktion auf die Trennung und das Wiedersehen werden der sichere und drei Arten unsicherer Bindungsstile unterschieden (vermeidend, ambivalent, desorganisiert).

Ein sicher gebundenes Kind weint, wenn die Bindungsperson den Raum verlässt, beruhigt sich dann aber nach und nach und stürzt sich voller Freude auf die Bindungsperson, wenn sie wiederkommt. Ganz anders bei den unsicher gebundenen Kindern. Unsicher-ambivalente Kinder klammern sich an die Mutter, weil sie Angst haben, sie könnte auf einmal gehen, und lassen sich trotz ihrer Nähe nicht beruhigen. Unsicher-vermeidenden dagegen scheint es gar nichts auszumachen, dass Mama weg ist. Wenn sie wiederkommt, scheint es sie kaum zu interessieren. Was wie Anpassung aussieht, ist aber alles andere als harmlos. Misst man die Herzrate und den Cortisolspiegel eines solchen Kindes, so zeigt es körperliche Stresssymptome. Stress jedoch ist schädlich für die Entwicklung des kindlichen Gehirns. Die Nervosität steigt, auch wenn sie für sich alleine spielen (bei sicher gebundenen sinkt sie), sie sind weniger konzentriert und haben eine schlechtere Hand-Augen-Koordination.[97]

Der vermeidende Bindungsstil bewirkt langfristig, dass Kinder über weniger Flexibilität verfügen, ihre Aufmerksamkeit nicht schnell ändern können, wenn die Situation sich ändert, trotz großer emotionaler Belastung keine Hilfe suchen und eigenes Leid nicht zeigen.

Als Nele zwei Jahre nach seiner Geburt mit Luca an einer Untersuchung teilnimmt, zeigt sich genau dieses Bindungsmuster. Nele kann sich das Ergebnis nicht erklären, hat sie sich doch um alles gekümmert, was das Baby brauchte. Doch wenn sie über ihre Aufgaben als Mutter spricht, klingt das genervt. Sie ist auch besorgt, Luca nicht zu verwöhnen, deshalb fand sie es gut, dass er mit 12 Monaten in die Kita konnte. Nach anfänglichem Schreien habe das ja auch recht gut geklappt. Sie war sogar verwundert, dass Luca sich gar nicht für sie zu interessieren schien, wenn sie nach einem Arbeitstag zum Abholen kam.

Aktuelle Daten zeigen, dass gut 40% aller Kinder ein unsicheres Bindungsmuster aufweisen.[98] Doch Verletzungen in der Bindungsgeschichte sind noch viel häufiger. Sie sind ein entscheidender Grund dafür, dass wir es später schwer haben, Verbundenheit zu finden.

Erinnerungen erwünscht?

Wie es um die eigene Seele bestellt ist, erkennt man nicht immer selbst. So ist das jedenfalls bei mir: Meine Kinder spiegeln mir in schonungsloser Ehrlichkeit, dass ich zum Beispiel gerade genervt bin, auch wenn ich behaupte, nicht genervt zu sein. Dass ich manchmal abweisend auf sie wirke, merke ich selbst oft nicht.

Auch Erwachsene haben einen Bindungsstil und er lässt sich inzwischen mit einer hohen Zuverlässigkeit messen. Dabei zeigt sich häufig eine Übereinstimmung mit dem Bindungstyp, den die betroffene Person als Kind aufwies.[99]

Die gute Nachricht zuerst: Das in der Kindheit geformte Bindungsmuster kann sich im späteren Leben verändern. Die schlechte: Die Auswirkungen auf das weitere Leben sind dennoch immens – und oft, ohne dass uns das bewusst wäre.

Herr L., von dem Lydia K. mir erzählte, hätte zum Beispiel nie gedacht, dass er ein Problem mit Verbundenheit hätte. Im Gegenteil, er sei doch Mittelpunkt jeder Party und bei allen beliebt. Erst durch seine Beziehungskrise kam das tiefere Problem zum Vorschein. Nur: Herr L. hätte auch nie gesagt, er habe eine schlechte Kindheit gehabt, im Gegenteil. Seine Eltern haben ihm viel Liebe und Förderung gegeben. Viele Menschen erinnern sich bis ins hohe Alter sehr detailliert an ihre Kindheit und manche Erinnerung ruft starke Gefühle hervor. Die wichtigste Phase für die Entstehung der Bindung ist aber so früh, dass die direkte Erinnerung daran schwierig ist. Denn Erinnerungen aus der Zeit, bevor man sprechen lernte, sind unbewusst. Ob und wie ein Mensch jedoch bereit ist, darüber zu reden, wie er als Kind die Beziehung zu den Eltern erlebt hat, sagt sehr viel aus.

Die 18-jährige A. zum Beispiel erzählt ausführlich über Besuche im Funpark, doch wenn es um die emotionale Beziehung zu ihren Eltern geht, weicht sie ins Allgemeine und Floskelhafte aus. Sie bagatellisiert die emotionale Kälte, die sie als Kind umgeben hat, als wäre das eine Tatsache, die sie heute nichts mehr anginge.

In der jahrelangen Arbeit mit Jugendlichen bin ich selbst vielen Menschen wie A. begegnet: äußerlich professionell, innerlich kühl und abgeklärt. Man kommt irgendwie nicht richtig an sie heran.

Bei dem Erwachsenen Herr L. ist die Strategie dagegen die Idealisierung. Er lobt seine wunderbaren Eltern in höchsten Tönen. Erst nach vielen Gesprächen bekommt er emotionalen Zugang zu der Wahrheit, dass ihm als Kind Nähe fehlte. Er wurde gefördert statt wirklich geliebt.

Die Unlust, über die emotionale Welt als Kind zu sprechen oder sich einzugestehen, wie sehr man Verbundenheit vermisst hat, ist verständlich. Wer zeigt sich schon gerne als bedürftig und abhängig? Ich selbst wirke auch viel lieber autonom und selbstbewusst. Dass all das Frühere uns heute nichts mehr anhaben könne, klingt so viel souveräner. Doch die Eisschicht, die den Zugang zu den eigenen Verletzungen hindert, blockiert auch tiefe Nähe zu anderen Menschen.[100]

Waren unsere Großeltern zufriedener?

Weshalb hat mich mein kurzer Besuch in der psychosomatischen Klinik im schönen Allgäu so berührt? Weil ich junge und erwachsene Menschen sah, die ein Maß von Verbundenheit und Berührbarkeit zuzulassen lernten, das ich so nicht gewohnt war. Wer auch immer Zeit in dieser Klinik verbringt, kommt um die Beschäftigung mit seiner eigenen Bindungserfahrung nicht herum.

Sicher gebundene Erwachsene zeichnen sich durch folgende Eigenschaften aus:

- Übereinstimmung von Selbstbild und äußerer Realität
- differenzierte Wahrnehmung der eigenen Gefühle
- Flexibilität im Finden von Lösungen
- positive Bewertung von Bindung und Beziehung

- sie suchen Hilfe, wenn sie sie brauchen
- sie sind offen für die Gefühle ihres Partners und schätzen sie richtig ein
- sie können Nähe zulassen und Zärtlichkeit ausdrücken
- sie haben erfüllenderen Sex und fühlen sich nachher erfüllt
- sie können mit Schicksalsschlägen besser umgehen.

Man könnte auch sagen: Es gibt keinen Bereich der emotionalen Gesundheit, der nicht mit dem Thema Verbundenheit zu tun hätte! Und Hand aufs Herz: Sind die aufgelisteten Punkte nicht allesamt Themen, an denen wir als Erwachsene oft knabbern? Für mich persönlich gilt das jedenfalls!

Erwachsene mit unsicher-vermeidendem oder verstricktem Bindungsmuster erleben Beziehungen bedeutend öfter als kompliziert, können eigene Gefühle weniger gut wahrnehmen und ausdrücken, sind weniger resilient in Krisen und haben Mühe, sich Hilfe zu suchen.[101]

Solche Auswirkungen bestehen bis ins hohe Alter. Großeltern mit einem sicheren Bindungsstil waren zufriedener, beurteilten ihre gegenwärtige Lebenssituation positiv und berichteten über erfreuliche Aktivitäten mit Jüngeren. Ob ein älterer Mensch mit seinem Leben zufrieden ist oder nicht, resultiert offenbar aus sozialen Erfahrungen, die eng mit der Familie seiner Herkunft verbunden sind.[102] Ich denke an meine Großeltern mütterlicherseits, die bis ins hohe Alter gerne von ihrer Kindheit erzählten und selbst auch viel Freude an ihren Enkeln und Urenkeln hatten.

Der Clown und der Verlust der Herzensressource

Die Folgen von Verbundenheit, negativ bei fehlender und positiv bei gegebener, betreffen uns auf allen Ebenen des Lebens: individuell, bilateral, dann in einer möglichen Familie oder Nicht-Familie und schließlich auch als Gesellschaft. Mir kommt dabei wieder Lina in den Sinn, sie ist jetzt 12 Monate alt. In einer Versuchsanordnung sieht sie ein Puppentheater. Ein Clown hüpft lustig auf und ab, trällert Lieder und macht Kopfstände. Lina lacht vergnügt. Sie mag den Clown. Plötzlich ändert sich die Szene. Der liebe Clown wird von einem großen Lehrer ausgeschimpft und von der Bühne vertrieben. Der Clown weint. Lina ist betroffen und traurig. Sie reagiert mit größerer emotionaler Anteilnahme als ein unsicher gebundenes Kind.

Soziales Verhalten ist im Menschen grundgelegt und entwickelt sich in einem Umfeld stabiler Bindung von alleine. Fühlt ein Kind sich innerlich sicher, kann es sich offen auf Neues und Fremdes einlassen. Weil es sein Umfeld als vertrauenswürdig erlebt, kann es anderen vertrauen und verhält sich selbst loyal und zuverlässig.

So wie in einem Garten alle Pflanzen und Tiere miteinander verbunden sind, ist Bindung ein wesentlicher Bestandteil des menschlichen Garten Edens. Ich will nun kurz aufzeigen, wie das eine mit dem anderen zusammenhängt.

Eine Gesellschaft ist nichts anderes als ein großes Netz aus Beziehungen. Je mehr Menschen diesem Netz grundsätzlich vertrauen und bereit sind, zu kooperieren, desto stabiler ist die Gesellschaft. Jeder Mensch braucht zum Leben ein gewisses Maß an Sicherheit. Im engen Zusammenleben mit vielen Menschen kommt diese Sicherheit aus der Tatsache, dass die meisten Menschen sich an gemeinsame Regeln halten und gemeinsame Werte für bindend erachten. Nicht umsonst sind die Gründungsgeschichten moderner Staaten nicht selten mit der Entstehung eines historischen Bundes verknüpft. Ob Schweizer Rütlischwur oder die amerikanische Unabhängigkeitserklärung: Ein Staat basiert auf der gemeinsamen Verpflichtung auf etwas.

Die Bereitschaft, nach sozialen Regeln zu handeln, und das Gefühl der Verpflichtung auf gemeinsame Werte sind jedoch schon bei Jugendlichen deutlich verschieden ausgeprägt, und zwar je nachdem welches Bindungsmuster sie haben.[103]

Die Generation meiner Eltern hatte noch die rigide Pädagogik der Nachkriegszeit in Erinnerung und begann, für die antiautoritäre Erziehung zu schwärmen. Selbstverwirklichung und freie Entfaltung wurde das zentrale Entwicklungsziel. Schon bald ebbte der Trend aber wieder ab. Denn Menschen sind Sozialwesen und verwirklichen sich nur dann selbst, wenn sie fähig werden, ihren Platz in der Beziehung zu anderen Menschen einzunehmen. Gelingt ihnen das, werden sie mit größerer Wahrscheinlichkeit auch in allen anderen Lebensbereichen Erfolg haben. Das lässt sich auch messen.

So untersuchten zwei ganz neue Studien zum ersten Mal den Zusammenhang von frühkindlicher Bindungssicherheit und langfristigen Folgen für die Gesellschaft. Das Ergebnis ist frappierend. Kinder, die unsicher an ihre Mütter gebunden waren, kosteten den Staat bis zur Adoleszenz rund 12.000 €, sicher gebundene nur 7400 €. Darunter zusammengefasst sind Kosten für Gesundheitsversorgung sowie soziale und pädagogische Unterstützung wie Beratung oder Schulbegleitung bis hin zu Bewährungshilfe. Der Unterschied bezüglich der Väter war sogar noch gravierender: Unsicher an ihren Vater gebundene Jugendliche kosteten rund 15.000 €, die sicher gebundenen mit 1450 € knapp ein Zehntel.[104]

Kinder, die feinfühlige Eltern haben, brauchen weniger Hilfe und haben im Leben insgesamt deutliche Vorteile, da die Bindungsqualität langfristig Einfluss auf körperliche Gesundheit und sogar beruflichen Erfolg hat.[105] Beides mit kaum zu überschätzenden Auswirkungen auf die Gesellschaft.

Das betrifft auch die Fähigkeit, längerfristige Bindungen einzugehen. Seit Jahren ist ein Ansteigen der Zahl junger Azubis zu beobachten, die ihren Ausbildungsvertrag aus unklaren Gründen kündigen.[106] Auch im Privaten: Die Scheidungsrate hat sich in den USA seit den 1990ern verdoppelt,[107] während immer weniger Paare überhaupt heiraten.[108] Das ist alarmierend. Denn langfristige und harmonische Beziehungen sind nachweislich vorbeugend gegen schwere Krankheiten und frühzeitigen Tod[109] und die Wahrscheinlichkeit, dass die Beziehung langfristig und harmonisch ist, ist unter Ehepaaren größer als unter unverheirateten Paaren.[110] Sicher gebundene Erwachsene haben mit größerer Wahrscheinlichkeit selbst wieder stabile Beziehungen und sind in der Lage, Verbundenheit zu leben und weiterzugeben.

Die Verbundenheit ist demnach eine der zentralen Ressourcen für ein Leben, das individuell und kollektiv gelingt, beides bedingt sich. Nur: Zeitgenössische Trends tun das ihre, dass wir diese zentrale Herzensressource aus Eden immer mehr verlieren. Lesen Sie weiter und lernen Sie die vier modernen Feinde der Verbundenheit kennen – und danach einige ganz praktische Wege zurück in die Verbundenheit. Ich persönlich habe bei meinem sommerlichen Besuch im Allgäu entschieden, diese Wege zu verfolgen.

Vier Feinde der Verbundenheit

Feind 1: Der Kult der Selbstoptimierung

Mathilda und Ben haben ihr Abitur bestanden und wollen sich nun einen Wunsch erfüllen. Mathilda entscheidet sich für einen Wochenendtrip nach Florenz mit einer Freundin. Ben hat schon länger auf ein neues Rennrad gespart. Nun freut er sich auf sein türkisfarbenes Modell von der italienischen Profimarke Bianchi. Wenige Tage später ist Mathilda in Florenz und Ben mit einem Kumpel mit seinem Rennrad auf Tour. Herrliches Wetter, Alpenblick. Mathilda und Ben sind beide auf Social Media aktiv. Beide posten Bilder auf Instagram. Auf Mathildas Kanal sieht man die Kathedrale Santa Maria del Fiore. Eine verträumte Seitengasse mit einem kleinen Café. Ein Blick auf die Kuppeln der Stadt bei Sonnenuntergang vom Piazzale Michelangelo aus. Ben postet Bilder von seinem neuen Fahrrad, vom Blick auf den Bodensee von einer erhöhten Straßenkurve aus, vom Lagerfeuer am Abend mit guter Laune und einem Bier in der Hand. Was fällt auf? Auf fast all diesen Fotos sind nicht nur Kathedralen, Seen oder Bierflaschen zu sehen, sondern Gesichter. In dem kleinen Café in der verträumten Seitengasse sitzen Mathilda und ihre Freundin mit einem Latte Macchiato. Auf dem neuen Fahrrad sitzt Ben mit Fahrradhelm und Sonnenbrille und lächelt mit dem Victory-Zeichen in die Kamera. Wenn Mathilda und Ben durchschnittliche Social-Media-User sind, fotografieren sie zwar vieles, am meisten aber sich selbst. Rein technisch hatten Menschen noch nie zuvor in der Geschichte die Möglichkeit, sich selbst so oft anzusehen, abzubilden und anderen zu zeigen, wie heute durch Digitalfotografie und Internet. Versucht man ein Kunstwerk oder Gebäude an einem belebten Ort zu fotografieren, muss man mitunter anstehen, weil so viele vor einem ein Selfie machen möchten. Ob die Spanische Treppe in Rom, der überwältigende Gullfoss-Wasserfall in Island, die Pandababys im Berliner Zoo, die Chinesische Mauer in Mutianyu oder die Mona Lisa im Louvre: Die meisten Fotos von diesen Orten sind Selfies. Wer auf Instagram nach Bildern von einem bestimmten Hotel oder Badeort sucht, findet in erster Linie Bilder von Menschen, die sich selbst an besagtem Ort fotografiert haben.

Diesen Trend mag man belächeln, doch er ist jedenfalls bemerkenswert. Wer ein Selfie an einem besonderen Ort postet, zeigt dadurch: Ich bin dort gewesen, ich bin er-fahren. Diesen Berg habe ich erklommen, dieses Hotel konnte ich mir leisten, diese schöne Frau ist meine Freundin. Das Tolle dabei: All das lässt sich noch verbessern. Der Sonnenuntergang sieht noch ein bisschen eindrucksvoller aus, wenn man den Instagramfilter darüberlegt. Mittlerweile gibt es auch schon solche, die die Haut glätten oder die Wimpern länger machen.

Parallel zur Möglichkeit, sich selbst abzubilden und zu zeigen, sind die technischen Möglichkeiten gewachsen, mehr aus sich zu machen. Make-up und Kosmetik prägen das Leben von (überwiegend) Frauen in bedeutend höherem Maße als noch vor 30 Jahren. Maniküre, Pediküre, Rasur an verschiedenen Körperpartien: All das war bis vor wenigen Jahrzehnten reichen Frauen oder Models vorbehalten. Auch Männer wenden durchschnittlich viel mehr Zeit und

Geld für Körperpflege, Mode und Styling auf. Und wo die Natur versagt, helfen Schönheitsoperationen. Ihre Anzahl ist in den letzten zehn Jahren weltweit um etwa 66% gestiegen,[111] in Deutschland sind es etwa 300.000 Eingriffe pro Jahr.[112]

Nun könnte man meinen, die heutigen Menschen seien also auch zufriedener mit ihrem Körper. Doch das exakte Gegenteil ist der Fall. Ein Anzeichen: Im Jahr 2020 sind mehr als doppelt so viele Menschen weltweit von einer Essstörung betroffen als vor 20 Jahren.[113] Das Thema »Bodyshaming« wird zunehmend Gegenstand psychologischer Erforschung, es dürfte in den nächsten Jahren noch massiv zunehmen. Denn erst seit ca. zehn Jahren verfügt ein Großteil der jungen Menschen über ein Smartphone. Die Langzeitwirkungen sind also noch nicht bekannt. Was allerdings bewiesen ist: Besonders anfällig dafür, sich auf den Social Media geradezu ein falsches Ich zuzulegen, sind Menschen mit unsicherem Bindungsstil.[114] Und wer ein Selfie mit einem Rennrad, einem neuen Auto oder einer neuen Frisur postet, erntet Aufmerksamkeit und im Idealfall »Likes«. Denn unser soziales Gehirn reagiert extrem stark auf positive Bestärkung und belohnt mit einer kleinen Dosis Dopamin. Das Problem ist: Dieser Gefühlskick währt nicht lange und verlangt nach Wiederholung.[115]

Wer jedoch denkt, dieses Phänomen sei auf soziale Medien begrenzt, der irrt. »Selbstoptimierung« ist ein Megatrend in allen Lebensbereichen. Ideengeschichtlich stammt der Ansatz wahrscheinlich aus der *devotio moderna* im Spätmittelalter: Der Einzelne strebt nach persönlicher Frömmigkeit und Intensivierung seines geistlichen Lebens. Im Zuge der Aufklärung wird daraus ein intellektuelles und moralisches Ideal: Das Individuum solle ausbrechen aus der »selbstverschuldeten Unmündigkeit« (Immanuel Kant). »Turnvater« Johann Friedrich Jahn (1778–1852) ruft zur sportlichen Selbstertüchtigung auf und löst damit eine Massenbewegung aus. Alternative Ernährungs- und Lebensweisen erfahren um den Beginn des 20. Jahrhunderts eine Blüte. Doch erst der emanzipatorische Drive der Studentenbewegung –, nicht nur aus Geschlechtsstereotypen, sondern aus der Bürgerlichkeit allgemein heraus – bringt in Verbindung mit dem Sieg der kapitalistischen Konsumkultur jene Vorstellung vom Individuum hervor, in der es um Selbstverwirklichung geht. Jeder ist seines Glückes Schmied.[116] Doch diese Verantwortung hat auch eine gewaltige Schattenseite.

Die Macht der Scham

Im Garten Eden zerbricht die Verbundenheit zwischen Menschen und Gott. Wo vorher Vertrauen war, ist jetzt Verunsicherung. Adam und Eva waren nackt und schämten sich nicht voreinander. Doch nach dem Genuss der verbotenen Frucht heißt es: »Nun gingen beiden die Augen auf und sie erkannten, dass sie nackt waren. Deshalb flochten sie Feigenblätter zusammen und machten sich Schurze.« (Gen 3,7) Als Gott in den Garten kommt, verstecken sie sich aus Furcht vor ihm.[117]

Die Scham und das Sich-Verstecken sind auch die Kehrseite der Selbstoptimierung. Denn niemand ist immer perfekt, niemand hat nur die vorzeigbaren Seiten. Je stärker in der Gesellschaft der Wunsch nach Selbstoptimierung wird, desto stärker auch die Scham. Das hat Folgen. »Alles wirkliche Leben ist Begegnung«, hat Martin Buber gesagt.[118] Selbstoptimierung und Scham jedoch verhindern Begegnung. Das Selfie sieht niemanden an.[119] Es erntet bestenfalls Bewunderung. Doch Bewunderung ist nur ein schaler Ersatz für Nähe. Die Kinder narzisstischer Eltern kennen tief drin den Schmerz, statt emotionaler Wärme nur Bewunderung und Förderung bekommen zu haben. Leider macht auch das süchtig, und auch daraus kann ein lebenslanges Muster werden, das dem nachjagt, was doch niemals sättigt.

Brené Brown ist weltberühmt geworden durch ihren TED-Talk zum Thema Scham. Die Soziologin definiert Scham als das schmerzhafte Gefühl oder die Erfahrung, zu glauben, dass etwas mit uns nicht stimmt und wir deshalb Liebe und Zugehörigkeit nicht verdienen. Im Gegensatz zur Schuld (»Ich habe einen Fehler gemacht«) sei das Perfide an der Scham der ausweglose Glaubenssatz »Ich bin ein Fehler«. Jeder Mensch hat Bereiche in seinem Leben, für die er sich schämt, Bereiche, über die er lieber nicht sprechen möchte. Brown listet Dinge auf, für die Menschen sich schämen: Aussehen und Körper, Geld und Arbeitsplatz, mentale und physische Gesundheit, Süchte, Älterwerden, Religion, traumatische Erfahrungen. Darüber hinaus schämen Menschen sich, dass sie keine guten Mütter oder Väter sind, dass sie immer noch Single oder geschieden sind, dass sie zu einer sozial ausgegrenzten Gruppe gehören.[120]

Studien zeigen, dass soziale Ausgrenzung auf der Ebene des Hirns ebenso weh tut wie körperlicher Schmerz.[121] Zwar werden Abweichler heute zumindest in Europa nicht mehr gesteinigt. Soziale Ächtung und Beschämung aber sind in der digitalen Moderne immer nur einen Klick entfernt. Der Shitstorm kann innerhalb weniger Stunden Existenzen vernichten. Ein gepostetes Foto kann sich weltweit verbreiten, auch gegen den Willen der darauf abgebildeten Person. Das Netz vergisst nichts.

Scham maximiert Misstrauen und verhindert Verbundenheit. Die einzige Lösung ist der Mut, sich seinen schambehafteten Bereichen schonungslos zu stellen. Dabei kann es hilfreich sein, in einem Tagebuch aufzuschreiben, wofür man sich schämt.[122] Ein zweiter Schritt ist das Wagnis, einem Menschen anzuvertrauen, wofür man sich schämt. Aus Angst vor ihrer Nacktheit verhüllen und verstecken Adam und Eva sich. Genau das aber verhindert Verbundenheit. Nichts wirkt entlastender und verbindender, als sich einem Menschen gegenüber in aller Verletzlichkeit zu zeigen. Dass genau das auch helfen kann, die Beziehung zu sich selbst und zu Gott wieder zu klären, erklärt wohl den Sinn der alten Praxis der Beichte. Indem ein Mensch einem Seelsorger auch das erzählt, wofür er sich schämt und wo er Schuld auf sich geladen hat, wird er offen für den Zuspruch der Versöhnung und Vergebung durch Gott. Damit einhergehen kann der dritte

Schritt: ein bewusster Abschied vom Leistungsdruck der ständigen Selbstoptimierung. Perfektionismus ist eine Lebens-Lähmung. Die Zusammenhänge zwischen Perfektionismus und Depression, Ängsten, Süchten und Essstörungen sind gut erforscht.[123]

Human enhancement ist eines der Schlagwörter der Zukunft. Die Selbstoptimierung geht in die nächste Runde. Zukünftig werden Nanocomputer, die gezielte Stimulation bestimmter Hirnareale und molekulare Genmanipulation den Menschen noch schneller, noch erfolgreicher, noch gesünder und noch perfekter machen. Das menschliche Herz aber lebt von Verbundenheit. Deshalb ist der Umgang mit Scham und Perfektionismus ein Schlüsselthema der Zukunft. Menschen, die tiefe und verletzliche Nähe zu sich selbst und anderen Menschen herstellen können, werden über einen Schatz verfügen, der immer mehr nachgefragt sein wird.

Feind 2: Rausch der Geschwindigkeit

Niemand lässt sich an einem trüben Novemberabend ein heißes Schaumbad ein und steigt nach 30 Sekunden wieder aus dem Wasser. Wer eine Flasche Barolo, Jahrgang 2004, öffnet und auf ex austrinkt, hat nicht nur wahrscheinlich ein Alkoholproblem, sondern auch keine Wertschätzung für Wein. Denn manche Dinge brauchen Zeit. Als raumzeitliche Wesen können wir nicht überall sein, sondern nur an einem Ort. Und wir können nicht alles zugleich haben, sondern leben in diesem Moment. Eine Beethoven-Symphonie, die 40 Minuten dauert, kann man nicht in vier Minuten hören. Was besonders viel Zeit braucht, sind Beziehungen. »Schatz, wollen wir uns heute einen romantischen Abend machen? Ich habe uns einen Tisch im Restaurant reserviert. Wir haben von 20:00 bis 20:15 Uhr Zeit, okay?« Definitiv nicht empfehlenswert.

Unser Verhältnis zur Zeit hat sich in den letzten 200 Jahren radikal verändert. Und in den letzten 20 Jahren schneller als jemals zuvor in der Menschheitsgeschichte.

Jahrtausendelang lebten Menschen mit dem natürlichen Rhythmus der Sonne. Im Winter passierte monatelang nicht viel, im Sommer wurde gejagt, gefischt, geerntet. Schlaf- und Wachphasen orientierten sich an den dunklen und hellen Stunden des Tages. Das änderte sich fundamental mit der Erfindung des elektrischen Lichts im Jahre 1879. Was durch die Industrialisierung begonnen hatte, wurde nun umfassende Wirklichkeit: Maschinen, die Tag und Nacht arbeiten konnten. Dies bedeutete in erster Linie eine Beschleunigung industrieller Prozesse. Der Mensch kann mehr in kürzerer Zeit produzieren. Technische Erfindungen wie das Auto, die Waschmaschine oder der Geschirrspüler dienen der Zeitersparnis. Zugleich bringen technische Innovationen neue Innovationen hervor. Geräte, die gestern modern waren, sind heute veraltet. Das trifft auch für wissenschaftliche Erkenntnisse zu.[124] Seit der Erfindung des Computers hat sich die Halbwertszeit des Wissens und die Geschwindigkeit der Datenverarbeitung ins kaum Vorstellbare gesteigert.[125]

Durch die Möglichkeit der schnellen Fortbewegung verliert der Raum an Bedeutung. In der Digitalisierung wird es schließlich völlig egal, wo auf der Welt die Teilnehmer eines Zoom-Gesprächs im Internet sitzen. Die Identifikation mit dem Raum wird schwächer. Doch das bedeutet auch weniger Verbundenheit mit dem Körper und der leiblichen Präsenz eines anderen Menschen. Es ist ein *Weniger* an Kontakt!

Auch Dinge bedeuten immer weniger. Wenn ständig Neues erfunden wird und Neues zu kaufen billiger ist, als Altes zu reparieren, werden die Gegenstände des Alltags komplett austauschbar. Auch Wohnungen, Kollegen und Partner werden viel öfter gewechselt. Die Wahrscheinlichkeit, dass tiefe Verbundenheit entsteht, wird geringer.[126]

Die Macht der Entfremdung

Da durch die technischen Erfindungen Zeit eingespart wird, könnte der moderne Mensch also theoretisch viel mehr Zeit haben als noch vor 150 Jahren. Das ist aber nur teilweise der Fall. Die größere Verfügbarkeit von Zeit macht auch eine größere Verfügbarkeit der Menschen nötig. Fabriken, die ununterbrochen produzieren, brauchen auch Menschen, die Tag und Nacht arbeiten. Die Lebenszeit wird zur potenziell grenzenlos verfügbaren Arbeitszeit.

In seinem Film *Modern Times* (1936) hat Charlie Chaplin der radikalen Technisierung ein nur halb komödiantisches Denkmal gesetzt. Er spielt darin einen Arbeiter, der unter strenger Aufsicht am Fließband schuften muss. Ein Apparat soll den Arbeiter füttern, damit Pausenzeiten eingespart werden. Schließlich gerät Charlie selbst in das Getriebe der Maschine und rotiert zwischen riesigen Zahnrädern. Kommt Ihnen dieses Gefühl aus dem eigenen Berufsalltag bekannt vor?

In *Modern Times* beherrscht nicht mehr der Mensch die Maschine, sondern die Maschine den Menschen. Im Vorspann dreht sich ein Zeiger über eine bildfüllende Uhr. Der Sekundentakt diktiert alles. Anonyme, fremde Mächte, die den Einzelnen versklaven.

Für den Prozess der Unterwerfung des Menschen unter Arbeitsabläufe verwendet Karl Marx den klingenden Begriff *Entfremdung*. Das, was dem Menschen nah ist, wird ihm durch die Industrialisierung entzogen. Die Arbeiter müssen aus dem Dorf in die Stadt ziehen, sie entfernen sich von ihren Familien und haben keine Beziehung zu den Waren, die sie produzieren. Alles wird der Logik der Produktion untergeordnet. »Alles Ständische und Stehende verdampft, alles Heilige wird entweiht«, heißt es im *Kommunistischen Manifest.*[127]

Im Kapitalismus amerikanischer Prägung verschieben sich aber die Verhältnisse. Das Individuum arbeitet, um Konsumgüter zu erwerben, die sein Leben erleichtern sollen.

Es sind nicht die anonymen Kräfte der Bourgeoisie, es ist das Ich selbst, das zu gesteigerter Leistung antreibt. Das Gefühl, unter Zeitdruck zu stehen, ändert seinen Ursprung. Marx sieht den Arbeiter als Opfer der Unterdrückung durch das Kapital. Doch technische Innovation weckt in jedem Beteiligten den Wunsch, mitzuhalten. Die Angst, abgehängt zu werden, nicht mehr *up to date* zu sein, ist ein mindestens so starker Motor wie das Verlangen nach Geld. Wer will denn schon zurückbleiben, wenn alle sich in rasender Geschwindigkeit nach vorne bewegen?

Die folgenreichste Revolution unseres Zeitempfindens ist die Einführung des iPhones im Jahre 2007. 81% aller Amerikaner besitzen heute ein Smartphone, 96% der 18- bis 29-Jährigen.[128] Per Mail, Messenger-Diensten und Videochats kann ein Smartphone helfen, soziale Beziehungen zu stärken. Zugleich bevorzugt ein Großteil der User für Nachrichten mittlerweile sein Smartphone gegenüber dem Fernsehen oder dem PC. Was in der Welt passiert, wo gerade ein Attentat verübt wurde oder wie viele Menschen an Corona erkrankt sind: All das ist immer nur einen Blick aufs Handy entfernt. Bei immer weniger Berufen ist auch eine völlige Trennung zwischen Arbeitsplatz und Smartphone möglich. Ein wissenschaftlicher Artikel kommt abends per Mail. Wer nachts nicht schlafen kann, kann sich die Börsenzahlen aus Japan ansehen und beim Morgenkaffee die Entwürfe für die neue Homepage. Die Digitalisierung führt nicht dazu, dass wir mehr Zeit haben. Sie löst einen Beschleunigungszirkel aus. Daten werden schneller verarbeitet, man muss aber auch schneller darauf reagieren. Dringende Mails sind sofort zu beantworten. Zwar sparen wir jede Menge Zeit ein. Aber die frei gewordene Zeit wird nicht für Müßiggang genutzt, sondern mit noch mehr Aktivitäten bestückt. Somit bedingen sich auch die technische Beschleunigung und die Beschleunigung des Lebenstempos gegenseitig.

Das Nichtstun ist suspekt. »Na, wie geht's?« »Gut, aber viel Arbeit.« »Stressige Zeit gerade.« Antworten wie »Bei mir ist viel los« oder »Alle Hände voll zu tun« klingen positiv. Wer beschäftigt ist, ist wichtig. Wie klängen folgende Antworten auf die Frage nach dem persönlichen Wohlergehen: »Ich habe gerade wenig zu tun« oder »Ich habe genug Zeit«? Arbeitslos? Rentner? Depressiv?

Die markanteste Veränderung in unserem Umgang mit der Zeit betrifft unseren Umgang mit uns selbst. Der Arbeiter der Frühindustrialisierung war Opfer der unmenschlichen Arbeitsbedingungen. Nun aber sind wir es selbst, die uns zu immer höheren Leistungen antreiben und zugleich darunter leiden. Das moderne Ich ist Täter und Opfer zugleich.

Woran liegt es, dass der Burnout zum Massenphänomen wurde? Nach Byung-Chul Han hat jede Epoche ihre »Leitkrankheit«. Zur Zeit Freuds war das die »Hysterie«, im Mittelalter die Pest. In der heutigen Leistungsgesellschaft ist es der Burnout.[129] In Japan gibt es sogar einen eigenen Begriff für »sich zu Tode arbeiten« (Karôshi),[130] doch auch im Westen besteht ein deutlicher Zusammenhang zwischen Stress und Herz-Kreislauf-Erkrankungen, der mit Abstand häufigsten Todesursache.[131]

Die Ausbeutung ist dabei ständige Selbstausbeutung – Gewalt an sich selbst jedoch, die im Namen der Freiheit und der Entfaltung geschieht und deshalb umso schwerer zu durchschauen ist.[132] Nicht nur die Verbundenheit zu anderen Menschen, zu Orten und Dingen wird schwächer, sondern die zu sich selbst. Man spürt sich selbst nicht mehr. Die perfekte Entfremdung.

Zeit der Verbundenheit

Die Verbundenheit hat ihre eigene Zeit. Der Zauber eines romantischen Abendessens besteht eben gerade darin, dass man dabei nicht auf die Uhr sieht. Ein gutes Buch, ein Konzert, ein Instrument: Alles lebt davon, dass man sich darauf einlässt.[133] Doch unsere Aufmerksamkeitsspanne beträgt nur noch acht Sekunden. Das ist weniger als bei einem Goldfisch.[134]

Der Astrophysiker Harald Lesch forderte deshalb jüngst, ein Schulfach Langsamkeit einzuführen. Gerade das Erlernen langsamer

Bewegungsabläufe wie bei Karate fördere die Fähigkeit, den passenden Moment abzupassen und die Kräfte zu sammeln.[135] Betrachtet man die negativen Folgen der Beschleunigung, ist es kaum verstehbar, wie wenig bewusst uns das Ausmaß dieser Herzens-Umweltzerstörung ist.

»Eile tötet alles, was uns teuer ist: Spiritualität, Gesundheit, Ehen, Familien, durchdachte Arbeit, Kreativität, Großzügigkeit ... Eile ist ein soziopathisches Raubtier, das in unserer Gesellschaft frei herumläuft«, schreibt John Mark Comer.[136]

Wir erleben eine Epoche, die im Namen der Beschleunigung Raubbau an der Verbundenheit betreibt. Und es geht uns ganz offensichtlich nicht gut damit.[137]

Das Sabbatgebot gilt als eines der höchsten im Judentum, wurde es doch von Gott selbst direkt nach der Erschaffung des Menschen und dessen Einzug in den Garten Eden eingehalten.

Nur drei Arten von Tätigkeiten sind am Sabbat erlaubt: Erholung, soziales Leben und Gottesdienst. Man könnte auch sagen: nur Verbundenheit mit sich selbst, anderen und Gott. Wenn ganz Israel nur einmal wirklich den Sabbat halten würde, käme der Messias, so glaubt der Talmud.[138] Die menschliche Natur fände ihre Erfüllung also nur in dieser dreifachen Verbundenheit. Nicht wie die Maschinen zu arbeiten, sondern sich wie Menschen Rituale der Ruhe und der Verbundenheit einzuplanen, wird eine zukünftige Schlüsselqualifikation des Menschlichen sein: um sich selbst wiederzufinden – und vielleicht sogar Gott.

Feind 3: Verplante Kindheit

Wenn ich als Kind von der Schule nach Hause kam, wartete zu Hause meine Mutter auf meine beiden Brüder und mich. Deshalb konnten meine Freundin Iris und ich auf dem Heimweg nicht so lange trödeln, wie wir es gerne getan hätten. Mit Iris gab es immer so viel zu reden. Hinter jeder Hecke lauerte ein Abenteuer. Doch auch ihre Mama wartete zu Hause mit dem Essen und sah es nicht gern, wenn sie erst lange nach 13:00 Uhr kam. Die Mütter mancher meiner Freunde hatten vormittags einen Job, doch die meisten waren zu Hause, so wie meine Großmutter und deren Mutter auch. Deutschland in den späten Achtzigern. In den Kindergarten waren wir alle mit vier gekommen, nur Nina schon mit drei. Sie war die einzige Ausnahme in unserer Gruppe.

Im Jahr 2020 wurden in den neuen Bundesländern 53% der Kinder unter drei Jahren in Kindertageseinrichtungen betreut, im Westen 31%, doppelt so viele wie im Jahr 2007, Tendenz steigend. Die durchschnittliche Betreuungszeit liegt bei 37,6 Wochenstunden.[139] Menschheitsgeschichtlich ist diese Entwicklung neu. In den meisten Kulturen und Epochen war die biologische Mutter in den ersten zwei Lebensjahren immer da, was allein schon daran lag, dass es noch keine Babynahrung gab und die Mütter stillten.[140] Im Gegensatz zu anderen Tieren kann der Mensch seine spezifischen Vorteile dann optimal entwickeln, wenn er für die relativ aufwendige Brutpflege genug Zeit hat. Das bedeutet auch: wenn die familiären Verhältnisse stabil sind und die Rollenverteilung geklärt ist. Denn die hohen kognitiven und sozialen Fähigkeiten des Menschen entwickeln sich erst über Jahre hinweg. Alle uns bekannten Kulturen unterstützen deshalb die biologischen Tendenzen zu Fürsorge und Bindung durch Sitten und Regeln, um sicherzustellen, dass Nachkommen versorgt und sozialisiert und nicht nur produziert werden.[141] Das Kind im Schutzraum seiner Eltern: Vielleicht ist das Wissen um die Bedeutung dieser menschlichen Grundstruktur eine Ursache, warum Bilder wie das der Madonna mit dem Kinde oder der indischen Göttin Parvati mit ihrem Mann Shiva und ihrem Kind religionsgeschichtlich so tiefe Spuren hinterlassen haben.

Wurden auch in früheren Zeiten Kinder nicht von der leiblichen Mutter betreut, waren es ältere Schwestern, Großmütter oder Ammen. Diese waren jedoch Teil der Familie und in der Regel nur für ein, maximal zwei kleine Kinder zuständig.

Das alles änderte sich erst mit der Industrialisierung. Auf einmal fand die Arbeit nicht mehr auf dem Feld oder in der Werkstatt nahe beim Haus statt, sondern in der Stadt. Fabrikarbeit konnten auch Frauen und Kinder leisten. Die familiären Bande lockerten sich. Erfindungen wie der Tampon und die größere Verfügbarkeit sanitärer Einrichtungen machten die Berufstätigkeit der Frau leichter möglich. Parallel zur Befreiung der Proletarier aus dem Würgegriff des Kapitals verbreiteten die Kommunisten den Gedanken der wirtschaftlichen Selbständigkeit der Frau als Emanzipation aus dem Patriarchat. Die möglichst frühe Betreuung von Kindern außerhalb der Familie galt in allen kommunistischen Ländern als Ideal. Frauen als vollgültige Arbeitskräfte und Kinder, die schon im kleinsten Alter zum Leben im Kollektiv erzogen werden, das entsprach dem anvisierten Bild der Gesellschaft.[142]

»Es gibt keine psychische Gewöhnung an Verlust«

Im Westen erreichten mit der modernen Konsumkultur die oben beschriebenen Trends »Selbstoptimierung« und »Beschleunigung« auch die Familie. Wenn Optimierung das Ziel ist, muss eine mehrjährige Babypause als Karriereknick verstanden werden. Und vielleicht verpasst das Kind wichtige Entwicklungsschritte, wenn es zu spät in die Kita kommt? Meine Frau und ich haben die Jahre besonders genossen, in denen unsere Kinder noch klein und meistens zu Hause waren. Doch unser Modell entspricht nicht der Mehrheit.

Der Krippenausbau ist ein wichtiges politisches Ziel aller im Bundestag vertretenen Parteien. Im Jahr 2008 startete in Deutschland das erste von vier Investitionsprogrammen, um den Kita-Ausbau voranzutreiben. Bisher hat sich der Bund mit insgesamt 3,28 Milliarden Euro am Ausbau von Betreuungsplätzen für Kinder unter drei Jahren beteiligt, in den nächsten Jahren sollen weitere sechs Milliarden Euro folgen. Seit dem 1. August 2013 besteht zudem ein Rechtsanspruch auf einen Betreuungsplatz für Kinder ab dem ersten

Lebensjahr.[143] Während die Bindungsforschung immer klarer sieht, wie wichtig die Zeit der Nähe in den ersten Lebensjahren ist, arbeiten Politik und Wirtschaft mit Hochdruck daran, sie verkürzen zu können.

Im Zuge der Bundestagsdebatte um das Kinderförderungsgesetz (2008) verfasste die *Deutsche Psychoanalytische Vereinigung* ein Memorandum, das vor möglichen negativen Folgen der außerfamiliären Betreuung warnt. »Als Psychoanalytikerinnen und Psychoanalytiker erfahren wir in unserer täglichen Praxis die Tiefenwirkungen und Langzeitfolgen von kindlichen Entwicklungsbedingungen. In den ersten drei Lebensjahren wird die Grundlage für die seelische Gesundheit eines Menschen gelegt.«[144] Regelmäßige ganztägige Trennungen von den Eltern stellten eine besondere psychische Belastung für die Kinder dar und seien deshalb kritisch zu sehen. Denn: »Es gibt keine psychische Gewöhnung an Verlust.«

Zwar lehnen die Verfasser Krippenbetreuung keineswegs pauschal ab, fordern aber, analog zur »Schulreife« sollte die »Krippenreife« für jedes Kind individuell beurteilt werden, um Traumatisierungen zu verhindern. Das Fazit: »Je jünger das Kind, je geringer sein Sprach- und Zeitverständnis, je kürzer die Eingewöhnungszeit in Begleitung der Eltern, je länger der tägliche Aufenthalt in der Krippe, je größer die Krippengruppe, je wechselhafter die Betreuungen, umso ernsthafter ist die mögliche Gefährdung seiner psychischen Gesundheit.«

Ein differenzierter Blick

Die in dem Memorandum geäußerten Bedenken haben nicht zu einer Trendwende geführt, ganz im Gegenteil. Das Thema bleibt dabei hochemotional. Kritikern der außerfamiliären Betreuung wird vorgeworfen, ein rückständiges Familienbild zu vertreten oder Kitas pauschal zu verteufeln. Selbstverständlich gibt es auch Situationen, in denen eine zeitintensive Betreuung des Kindes innerhalb der Familie schlicht nicht möglich oder höchst problematisch ist. Fest steht: Unabhängig davon, ob Kinder zu Hause oder in einer Einrichtung betreut werden, brauchen sie in erste Linie ein Gegenüber, das über Feinfühligkeit verfügt, damit das Kind eine sichere Bindungsbeziehung aufbauen kann. Weder ist das in allen Familien gegeben, noch bringt berufliche Expertise als Erzieher oder Pädagogin das automatisch mit sich. Entscheidend jedoch ist der Betreuungsschlüssel. In einer Familie sind Drillinge oder Vierlinge im Kleinkindalter selten. In der Kita ist jedoch ein Betreuungsschlüssel von 1:5 oder höher keine Seltenheit.[145] Die in Fachkreisen geforderte Betreuungsqualität wird nur in ganz wenigen Einrichtungen in Deutschland erreicht.[146]

Kinder, die in einer Kita oder Krippe betreut werden, sind vielen Studien zufolge einem anderen Ausmaß an Stress ausgesetzt als Kinder zu Hause. Die Freisetzung von Cortisol ist besonders ausgeprägt bei jungen Kindern (unter 36 Monaten) und bei Kindern, die für viele Stunden in einer Einrichtung betreut werden.[147]

Kinder erleben je nach Temperament Stress unterschiedlich stark. Die wichtigsten Faktoren aber sind: das Alter des Kindes und der Umfang der Betreuung. Die Trennung von den primären Bindungspersonen gehört für Kinder grundsätzlich zu den größten Stressoren, die es überhaupt gibt. Gerade in der Phase zwischen dem Ende des ersten und der ersten Hälfte des zweiten Lebensjahres entwickeln Kinder Ängste, weil ihre soziale Empfindsamkeit zunimmt. Dieses Alter ist also kein idealer Zeitpunkt für einen Wechsel von zu Hause, obwohl aktuell besonders häufig (weil die Zahlung des Elterngeldes endet). Hinsichtlich der Betreuungsdauer kann ein mittleres Maß an Stunden (4–19 Stunden pro Woche) einen günstigen Einfluss haben, bei mehr als 20 Wochenstunden ist das Trennungsleid sogar bei Kindern mit vermeidendem Bindungsmuster extrem stark.[148] Auch *quality time* mit den Eltern kann die schädlichen Auswirkungen negativer Pflegeerfahrungen nicht wettmachen.[149]

Ab wann und für wie lange ein Kind außerhalb der Familie betreut werden kann, ist eine Entscheidung, die Eltern unter Abwägung vieler Gesichtspunkte selbstverantwortlich treffen müssen.[150]

Doch fest steht, dass die Betreuung in der Familie alles andere als ein rückständiges Modell ist oder Kinder von der Bildung fernhält. Gerade sie gewährleistet nämlich die Stabilität der Bindungspersonen. In jeder Einrichtung kann das Personal wechseln, jede Tagesmutter kann kündigen. Die Häufigkeit des Wechsels von Betreuungspersonen jedoch hängt direkt mit der Entstehung von Aggressivität zusammen, wie eine amerikanische Studie zeigen konnte.[151] Entgegen der Annahme, ein Kind solle möglichst früh lernen, sich in eine soziale Gruppe einzufügen, berge die scheinbare Selbstgenügsamkeit unauffälliger Kitakinder das Risiko, dass aus sozialen Neugeborenen »ein asozialer, unkooperativer, psychisch beeinträchtigter Mensch wird, der sich der Gesellschaft nicht verpflichtet fühlt«, so der Konsens vieler Bindungsforscher.[152] Kindern tut der Kontakt mit anderen Kindern gut, besonders aber, wenn sie diesen auch schon in der Familie lernen. So sind Kinder mit mehr Geschwistern Kindern aus kleinen Familien nachweislich darin überlegen, die Psyche anderer richtig einzuschätzen.[153]

Emotionale Stabilität, Affektregulation und soziale Kompetenz sind Eigenschaften, die in dem Maße wichtiger werden, in dem die Welt vernetzt ist und Computer einen großen Teil der Arbeit verrichten können. Zukunftsfähiger Umgang mit der Ressource Verbundenheit hieße, die frühkindliche Bindung höher zu bewerten als jeden anderen Aspekt der sozialen Förderung. In keinem Lebensalter werden so zentrale Weichen gestellt wie in den ersten drei Lebensjahren. Egal, welche komplexen Probleme in der Zukunft auf die Menschheit warten: Es wird nichts dringender zu ihrer Lösung nötig sein als Menschen, die innerlich fest stehen. Kein anderer Faktor ist für die Entwicklung zu einem solchen Menschen so wichtig wie die frühkindliche Bindung. Deshalb ist sie eines der wichtigsten Zukunftsthemen.

Feind 4: Verlust der Sensualität

Im Minibus sitzen alle dichtgedrängt. Auf dem Markt ein enges Gewühle, ein Händler packt den Kunden bei der Schulter und will ihn zum Kauf überreden, zwei Männer gehen händchenhaltend. Die Frauen tragen ihre Kleinkinder in farbigen Stoffbahnen um den Rücken gebunden. Wer schon einmal in Afrika war, kennt solche Szenen. Wieder in Deutschland gelandet, hat man das Gefühl, in einer emotionalen Eiswüste anzukommen.

Noch nie zuvor in der Geschichte haben Menschen sich so wenig berührt wie im Jahre 2021 in den reichen Ländern des Westens. Das wäre wohl sogar ohne Corona so. Denn noch weit über die Mitte des letzten Jahrhunderts hinaus galt es selbst in Europa als reiner Luxus, ein eigenes Zimmer als Kind im Haus der Eltern zu bewohnen oder weitläufigen Wohnraum sein Eigen nennen zu können, wenn man nicht gerade zu den Vermögendsten gehörte.

Verglichen mit früheren und anderen Kulturen leben wir in einer berührungslosen Gesellschaft.[154] Derweil ist körperliche Nähe nicht nur für Kleinkinder wichtig, sondern in jedem Lebensalter. Sanfte Berührung beeinflusst das Immunsystem, reduziert Stress und hilft sogar bei der Wundheilung. Professor Martin Grunwald erforscht die Bedeutung des Tastsinns für den Menschen und gründete 2008 das Haptik-Labor am Paul-Flechsig-Institut für Hirnforschung der Universität Leipzig. Seiner Meinung nach beeinflussen Sinnesdaten über Warm, Weich, Schwer oder Rau nicht nur unsere Kaufentscheidungen, sondern auch unser Sozialverhalten. Eine fast unmerkliche Berührung könne die Hilfsbereitschaft mehr als verdoppeln. Auch er sieht in der Moderne eine zunehmend körperlose Epoche.[155]

Geist ohne Körper

Die Ursachen hierfür sind komplex. Die Abwertung des Körperlichen hat in der europäischen Geistesgeschichte eine lange Tradition.[156]

Der Leib als Grab der Seele, die erotische Liebe zwischen Menschen nur als minderwertiger Schatten der intellektuellen Liebe zur Wahrheit, diese Gedanken formuliert schon Platon, der die Philosophiegeschichte geprägt hat wie kein Zweiter. Dieser (dem Judentum fremde, doch in Griechenland verbreitete) Dualismus beeinflusst auch die christliche Theologie und Frömmigkeit schon früh. In Verbindung mit dem asketischen Mönchsideal entwickelt sich eine Sicht auf den Körper als sündiges, weil von den Begierden getriebenes Fleisch. Dass diese Sicht der deutlich körperbejahenden Bibel klar widerspricht, verhindert nicht, dass sie die kirchliche Lehre und Praxis über Jahrhunderte hinweg tief beeinflusst. Angst vor Sünde, besonders der sexuellen, durchzieht das Körperbild bis in die Neuzeit.

Auch die Aufklärung hat ihre Mühe mit dem Körper. In ihrem Menschenbild ist die Vernunft das Maß der Dinge. Ob es mich selbst überhaupt gibt, erkennt das Subjekt an der Tatsache, dass es denkt. Was für eine unglaubliche Glorifizierung des Intellektuellen! »Ich denke, also bin ich«: das berühmte *Cogito ergo sum* René Descartes' wird zur Überschrift einer Geisteshaltung, in der sich alles um das Denken dreht. Bemerkenswert an dieser Sicht ist die völlige Abspaltung des Geistigen vom Körper. Bevor ein Mensch »Ich denke, also bin ich« sagt, hat er schon viele Jahre lang geatmet, geschlafen, gegessen und gefühlt. Und das zusammen mit anderen Menschen. Das einsame, vom Körper getrennte Ich ist eine Illusion. In einer neuen Variante geistert es aber auch heute wieder in vielen Köpfen herum. Die Vorstellung, das Gehirn sei so etwas wie ein Computer, ist weit verbreitet. Alles, was wir über die Welt wissen könnten, seien die Daten in unserem zerebralen Rechner. Dass diese aber auch komplette Illusion sein könnten, ist dann eine naheliegende Folgerung. So glaubt auch Elon Musk, unsere gegenwärtige »Realität« sei höchstwahrscheinlich eine Simulation, die zukünftige Menschen oder künstliche Intelligenzen gerade mit uns durchführen. So wie in der Kinotrilogie »Matrix« aus den Neunzigern.

All diese Theorien übersehen, dass es kein vom Körper getrenntes Gehirn gibt. Unser Denken ist eben gerade nicht dasselbe wie die

Rechenleistung eines Computers, weil unser Körper auf grundsätzliche Weise definiert, wie wir die Welt erfahren. Was oben und unten ist, wissen wir, weil wir aufrecht stehen. Wir sprechen und denken in Metaphern, die direkt aus unserer körperlichen Erfahrung in der Welt stammen.[157] Auch im weiten Feld der Genderstudies findet der Körper als zentralen Ort menschlicher Erfahrung und Identität mittlerweile rege Beachtung.[158]

Denken ist auch nicht trennbar von Fühlen. Kein Mensch ist nur rational. Gefühle aber haben zutiefst mit dem Körper zu tun. Ja, alle unsere wichtigsten Gefühle sind verleiblicht: erotische Liebe, Liebe zu Kindern und Eltern, Heimatgefühl, Angst vor Leiden und Tod, auch Liebe zur Schönheit: All das wäre unverständlich ohne den Körper.

Abgespalten

Bodyshaming, Körperkult und die erschreckend hohe Zahl psychosomatischer Erkrankungen: Es gibt Anzeichen dafür, dass es vielen Menschen nicht gut geht mit ihrem Körper. Eine besonders besorgniserregende Entwicklung ist die Zunahme selbstverletzenden Verhaltens, besonders in jungen Jahren. Bis zu 35% der Jugendlichen ist oder war schon einmal betroffen, so das schockierende Ergebnis von Stichproben.[159]

Über mögliche Ursachen und Funktion selbstverletzenden Verhaltens gibt es ganz unterschiedliche Vermutungen. Sicher aber spielen gesellschaftliche Erwartungen eine große Rolle und der Druck, Idealbildern zu entsprechen.[160] Die Unfähigkeit, sich diesen Erwartungen zu entziehen und »zu spüren«, was für einen selbst stimmig ist, deutet auf eine tiefere Abspaltung vom eigenen leiblichen Sein.

Eine Ursache kann frühkindlicher Mangel an körperlicher Nähe sein: Ein Kind sehnt sich nach Berührung, doch bleibt darin unerhört. Das vernachlässigte Kind versucht zunächst, mit dem belastenden Erleben umzugehen, das Schreien und Zappeln führt jedoch nicht zu einer positiven Veränderung. Die Verzweiflung kann sich nun gegen die eigene Bedürftigkeit richten. Der Körper wird irgendwann als nicht mehr zu einem selbst gehörend und damit als »böses« Objekt abgespalten, um eine Erlösung vom Leiden zu finden. Diese »Abspaltung des Körpers als Nicht-Selbst«[161] führt aber nicht dazu, dass der Körper und seine Bedürfnisse verschwinden. Da die ursprüngliche Sehnsucht unerfüllt bleibt, muss die Aggression gegen sich selbst im Wiederholungszwang immer wieder reinszeniert werden. Abspaltung vom Körper und Verdinglichung des Körpers sind Symptome eines tiefen Mangels an Nähe.

Wir brauchen Sensualität

Älter und grundlegender als das Bedürfnis nach Sexualität ist das nach Nähe. Der Mensch kann ohne Sex emotional gesund leben, ohne körperlicher Nähe jedoch nicht. Nichtsexuelle feinfühlige Berührung wird als Sensualität bezeichnet. Die Verwechslung der beiden Bereiche ist tragisch. Viele Menschen kennen zärtliche Berührung nur als erotisch gefärbt. So hindert in Europa viele heterosexuelle Männer die ausgesprochene oder unbewusste Angst vor homoerotischen Gefühlen, körperliche Nähe zu anderen Männern zuzulassen. Derweil sind Küsse oder Händchenhalten zwischen erwachsenen Männern in vielen Kulturen völlig normal, abseits jeder sexuellen Konnotation. Wer nicht gelernt hat, sensuelle Nähe zuzulassen und aufzubauen, wird in sexuellen Beziehungen die Erfüllung des tiefen Nähewunsches suchen. Der sexuelle Akt an sich stillt dieses Bedürfnis aber nicht. Seit der sexuellen Revolution sind erotische Abenteuer ohne Bindungsverpflichtung gesellschaftlich nicht mehr stigmatisiert. Zu einer ganzheitlich erfüllenden Erfahrung wird Sex aber nur, wenn Sensualität die Grundlage ist. Und um sich auf diese einlassen zu können, braucht es Zeit, Vertrauen und Sicherheit.

Im Zeitalter des schnell verfügbaren Sex droht die Pornografisierung des Sexuellen. Der andere Mensch wird zur Erfüllung des eigenen Triebbedürfnisses verwendet. Dabei müssen jedoch sowohl der andere als auch ich selbst von meinem Körper abgespalten sein. Denn das Ich hat nicht nur einen Körper, das Ich ist ein Körper. Wo körperliche Nähe entkoppelt von einer realen Ich-Du-Beziehung gelebt wird, findet genau jene Verdinglichung des Leibes statt, die auch die Grundlage für selbstverletzendes Verhalten ist. Es kann suchthaften Wiederholungszwang auslösen, doch das eigentliche Grundbedürfnis bleibt ungestillt. Im Umkehrschluss gilt: Tiefe, emotionale Verbundenheit und das Zulassen, Erlernen und Feiern sensualer Zärtlichkeit ist die beste Voraussetzung für erfüllenden Sex. Kein Sexspielzeug der Welt, keine neuen Stellungen und erst recht keine Pornos vermögen das Liebesleben eines Paares so sehr zu beleben wie Verbundenheit.

Gerade im Zeitalter der Computer bräuchte es eine Renaissance des Leiblichen; eine Wiederentdeckung der sensuellen Berührung als Quelle von Lebensreichtum; eine Erlaubnis zu und das Neu-Erlernen körperlicher Nähe ohne sexuelle Ambitionen; eine Aufwertung des Sexuellen als tiefen Ausdruck von Verbindung und möglicher Weitergabe des Lebens. Nicht umsonst heißt das lateinische Wort für Ehe *matrimonium*, Elternschaft, von *mater* für *Mutter*. Es geht um ein Wissen um die Wichtigkeit eines guten Verhältnisses zum eigenen Körper. Ist das Bild vom eigenen Körper gut, dann gedeiht die Seele auch in anderen Bereichen.[162]

Jahrhunderte der Leibfeindlichkeit haben den Körper verteufelt. Freud und die sexuelle Revolution haben die Triebe aus dem Gefängnis befreit, doch dabei übersehen, dass der Mensch nicht in erster Linie vom Sex lebt. Wir brauchen eine Revolution der Sensualität. Denn eine Verbindung mit unserem Körper und feinfühlige Berührung mit anderen ist das, was keine künstliche Intelligenz je wird aufweisen können. Eine Herzensressource direkt aus Eden, damals, als Adam und Eva nackt waren und sich noch nicht schämten. Zum Glück ist es dafür noch lange nicht zu spät. Der Weg zurück steht offen. Und es klappt sogar mit Kleidern.

Fünf Wege zurück in die Verbundenheit

Die menschliche Fähigkeit, in tiefer Verbundenheit zu leben, wird in den ersten Lebensjahren grundgelegt. Die gute Nachricht ist jedoch: Das menschliche Gehirn bleibt bis zum Lebensende lernfähig. Bindungsstile sind veränderbar, und es gibt ganz praktische Dinge, die helfen können, der Verbundenheit wieder mehr Raum im Leben zu geben. Hier stelle ich fünf davon vor.

Am leichtesten korrigieren lassen sich negative Bindungserfahrungen noch in der Kindheit. So entwickelt auch mehr als die Hälfte der unsicher gebundenen Kinder, die Missbrauch erfahren mussten, innerhalb eines halben Jahres eine sichere Bindung an neue Eltern in einer Pflegefamilie.[163] Besonders anrührend ist auch eine Geschichte aus der Forschungspraxis des Psychologen Harold Skeels. Er arbeitete mit verwaisten Säuglingen in einem Kinderheim und teilte sie in zwei Gruppen auf. In der einen Gruppe ließ er geistig behinderte, aber emotional kompetente junge Mädchen eines anderes Heimes täglich mit den Säuglingen spielen. Die Mädchen wählten sich dann schnell einen Liebling aus und betreuten »ihr Baby« mit großem Eifer und viel Freude. Die Säuglinge dieser Gruppe entwickelten sich bedeutend besser als die anderen und wurde später von adoptionswilligen Eltern ausgewählt, die anderen allesamt nicht. Durch die Zuneigung der liebevollen Mädchen waren sie selbst liebevoll und attraktiv geworden. 25 Jahre später waren die Unterschiede zwischen beiden Gruppen massiv: Aus den adoptierten Kindern waren kompetente, berufstätige Erwachsene geworden. Die anderen waren in großem Umfang auf staatliche Hilfen angewiesen geblieben.[164]

Im Erwachsenenalter kann die Beschäftigung mit der eigenen Bindungsgeschichte wichtig werden. Partnerschaftsprobleme und psychosomatische Beschwerden haben nicht selten damit zu tun, wie Verbundenheit erlebt und erlernt wurde. Oft ist dabei eine Psychotherapie hilfreich. Bei traumatischen Kindheitserfahrungen, die deutlich weiter verbreitet sind, als die meisten annehmen, ist eine

Bewältigung ohne professionelle Begleitung fast sicher unmöglich. Seelsorge oder Therapie ist auch ein Bindungsgeschehen: Indem die eigene Geschichte mit einer weisen, vertrauenswürdigen Person besprochen wird, wird der Klient nach und nach ermächtigt, eingefahrene Muster zu verändern. Denn gerade wenn negative Gefühle im Kindesalter nicht verstanden und integriert wurden und niemand da war, mit dem diese Gefühle besprochen werden konnten, entstehen negative innerseelische Strukturen, bis hin zur Abspaltung des Erlebten. Wo ein Mensch sich vertrauensvoll einem anderen öffnet, kann etwas heil werden. Das kann, muss aber nicht in einem professionell-therapeutischen Setting geschehen. Therapie verspricht dann am meisten Erfolg, wenn die therapeutische Beziehung vertrauensvoll und sicher ist. Dies setzt voraus, dass der Therapeut über die Fähigkeit verfügt, dem Klienten ein Bindungsangebot zu machen, das durch Feinfühligkeit und Authentizität gekennzeichnet ist.[165] Was den Menschen heilt, ist aber keine Technik und auch keine Erkenntnis, sondern Begegnung und – Verbundenheit.[166]

Weg 1: Aussöhnung mit der eigenen Geschichte

Jeder Mensch hat einen wunden Punkt. Im normalen Alltag funktionieren wir problemlos, bis uns eine besondere Situation auf einmal mit unerwarteter Wucht trifft. Warum hat mich dieses negative Feedback meines Chefs so aus der Bahn geworfen? Warum beginne ich vor Wut zu kochen, wenn ein Freund einen gemeinsamen Termin kurzfristig absagt?

Wiederholen sich solche Situationen immer wieder und berühren dabei den gleichen Schmerzpunkt, lohnt sich ein tieferer Blick. *Das Kind in dir muss Heimat finden* lautet der Titel eines Ratgeberbuchs von Stefanie Stahl. Es belegte nach seinem Erscheinen 2015 vier Jahre in Folge Platz 1 der Liste der Spiegel-Jahresbestseller im

Bereich Sachbuch. Es soll Menschen helfen, in Kontakt mit ihrer emotionalen, kreativen, aber auch verletzten Seite zu kommen. Dahinter steht die entwicklungspsychologisch gesicherte Erkenntnis, dass die Erfahrungen als Kind in tieferen Schichten unserer Psyche abgespeichert und dort weiter aktiv sind. Denn das Gehirn wächst stufenweise und Schicht auf Schicht. So wie ein alter Baum alle Jahresringe noch hat, so haben wir nicht nur Erinnerungen an die Kindheit. Wir *sind* noch immer derselbe Mensch, nur älter.

An vieles erinnern wir uns aber nicht direkt. Besonders schmerzhafte Erfahrungen, die ein Kind niemandem erzählen kann, werden ins Unterbewusste verdrängt. Dort jedoch wirken sie im Geheimen weiter und brechen oft erst nach Jahrzehnten unter der Oberfläche hervor. Nach Jahren, in denen scheinbar alles rundläuft, zeigen sich Haarrisse auf der glatten Oberfläche. Bei dem einen sind es Schlafstörungen, bei einem anderen ein depressiver Schub. Nicht selten übernimmt auch der Körper die Funktion, auf ein Problem hinzuweisen, das der Verstand nicht sehen will: Verdauungsbeschwerden oder Kopfweh, für die es keine medizinische Erklärung gibt, Rückenschmerzen oder ständige Müdigkeit.

Alice Millers Geschichte

Eindrücklich ist die Geschichte der in Polen geborenen jüdischen Psychologin Alicija Englard, die unter dem Namen Alice Miller (1923–2010) international bekannt wurde. Als ich das erste Mal etwas von ihr in die Hand bekam – ein kleines blaues Buch –, eröffnete sich eine neue Welt für mich. So etwas hatte ich noch nie gelesen.

Alice Miller hatte die Ausbildung zur Psychoanalytikerin durchlaufen, sich später aber entschieden von den Theorien Sigmund Freuds abgewendet. Sie warf ihm vor, die Traumata der Kindheit als bloße Fantasien darzustellen und die Realität von Kindesmisshandlung zu leugnen. Sie dagegen entschied sich zu einem radikalen

Ernstnehmen des emotionalen Leidens der Kinder. Diese schonungslos ehrliche Perspektive packte mich schon nach den ersten Seiten des Buches.

Jeder Mensch habe irgendwo ein Kindheitsdrama, doch gerade Menschen aus »guten« Familien falle der emotionale Zugang dazu schwer. Das war ihr selbst so gegangen: Auch sie war umfassend gefördert worden, das begabte Kind Alicija. Als sie jedoch im Alter von 50 Jahren anfing, zu malen, kamen weniger schöne Erinnerungen zurück. Sie erkannte nun, dass ihre »Illusion der guten Kindheit« ein Schutzmechanismus gewesen war, der die Konfrontation mit ihrem eigenen Schmerz verhindern sollte. Stattdessen habe sie gelernt, viel zu leisten und weniger Leistungsfähige zu verachten: »Solange man verachtet und die Leistung überbewertet (»er kann nicht, was ich kann«), muss man nicht die Trauer erleben, dass man nicht ohne Leistung geliebt worden ist.«[167]

Dieser Satz saß tief bei mir. Ist das nicht eine Geschichte, mit der wir uns in unserer Leistungsgesellschaft nur allzu gut identifizieren können?

Die Erkenntnis löste bei Alice Miller tiefen Schmerz aus. Doch nur die Auseinandersetzung mit den negativen Gefühlen sei der Weg zum Kontakt mit sich selbst. Nicht nur die guten Gefühle lassen uns lebendig sein, sondern alle. Sie beschreibt ihre Erfahrung so:

»Und wo früher nur die gefürchtete Leere oder die gefürchteten grandiosen Phantasien zu finden waren, tut sich ein unerwarteter Reichtum an Lebendigem auf. Es ist nicht eine Heimkehr, denn das Heim hat es nie gegeben. Es ist eine Heimfindung.«[168]

In jenem Sommer, als ich ihre Bücher verschlang, begann ich selbst auch wieder viel zu malen, was ich vorher lange vernachlässigt hatte. Ich spürte, dass durch Alice Millers Bericht auch in meinem eigenen Herzen etwas tief angesprochen worden war. Auch für mich war das Malen eine Hilfe, mich auf tiefere Weise meinen eigenen Gefühlen zu stellen. Die eigenen Gefühle haben aber immer etwas mit der eigenen Geschichte zu tun.

Menschen, die nicht in Verbindung mit ihrer eigenen Geschichte stünden, seien auch nicht fähig, einem anderen Menschen auf tiefe und emotional präsente Weise zu begegnen. Wie viel Wahrheit dieser Satz enthält, sollte sich auf tragische Weise erst zeigen, als Alice Miller im Jahre 2010 gestorben war.

Kurz nach ihrem Tod veröffentlichte ihr Sohn Martin Miller ein Buch, in dem er seine eigene emotionale Verlassenheit als Kind schilderte. Denn seine Mutter sei selbst nicht fähig gewesen, ihren Kindern jene emotional sichere Bindung zu ermöglichen, die sie selbst als Kind vermisst hatte. Erst als Erwachsener fand er heraus, wie seine Mutter unter entsetzlichen Umständen als Jüdin im besetzten Polen überlebt hatte. Ein großer Teil ihrer Familie war in den Konzentrationslagern gestorben. Über all das hatte seine Mutter trotz Psychoanalyse nie sprechen können. Die unermüdliche Kämpferin für die Rechte und emotionalen Bedürfnisse der Kinder hatte selbst keine Beziehung zu ihrem eignen Sohn aufbauen können.

Die Beschäftigung mit der Geschichte seiner Mutter ließ Martin Miller mehr und mehr seinen eigenen Schmerz verstehen. Er geht davon aus, dass sein Schicksal von Unzähligen geteilt wird. Jedes zweite der zwischen 1917 und 1945 geborenen »Kriegskinder« habe ein traumatisches Ereignis erlebt, jeder dritte leide an einer psychischen Traumafolgestörung. Entsprechend massiv seien die Auswirkungen auf die erste und zweite Generation danach. »Das Unausgesprochene ließ die Kinder mit ihren Fragen allein: Warum mussten sie alles aufessen? Warum durften sie nichts wegwerfen? Warum wollten die Eltern sie nicht in den Arm nehmen? (…) Warum waren starke Gefühle nicht in Ordnung?«[169]

Ausbruch aus dem Schweigen

Zugang zur eigenen Gefühlswelt hat also viel mit der Auseinandersetzung mit der eigenen Kindheit zu tun. Äußere Beziehungskonflikte hinterlassen ihre Spuren und werden zu innerseelischen Konflikten.

Emotionales Gesunden beginnt, wenn solche Konflikte erkannt und die darunterliegenden Gefühle gespürt werden: Wie ging es mir damals eigentlich?[170]

Ich begegnete einem Mann mittleren Alters namens Harald in einer Gruppensitzung, ich selbst war als Teilnehmer dabei. Die meisten der Anwesenden kannten sich nicht. Das freundliche und sichere Setting erlaubte es jedem, in einer Vorstellungsrunde zu erzählen, wie es ihm gerade ging. Die Teilnehmer wurden teilweise sehr persönlich, andere blieben eher allgemein. Als Harald an die Reihe kam, schien er nicht recht zu wissen, was er sagen solle – außer dass es ihm nicht so gut gehe und er unruhig schlafe. Als würde er zu sich selbst sprechen, brach es dann stockend aus ihm heraus. Dass er ja damals erst acht gewesen sei, als er seinen Vater auf dem Speicher entdeckt habe. Baumelnd an einem Strick, leblos. Und dass er damals nicht habe weinen können, Mutter sei ja auch so traurig gewesen und da habe er sie trösten müssen. Jetzt, in dieser Gruppe, spreche er zum ersten Mal in seinem Leben darüber. Er hatte das irgendwie ganz vergessen. Als ihn ein anderer Mann tröstend in den Arm nahm, löste sich sein ganzer Schmerz in einem heftigen, langen Weinkrampf, der ihn minutenlang schüttelte. Sicherlich nur der Anfang, doch etwas Neues hatte für Harald begonnen.

Heilung durch Verbundenheit

Inneres Heilwerden hat mit Verbundenheit zu tun. »Einige mein Herz«, betet der Psalmist (Ps 86,11) und scheint davon auszugehen, dass das Innen des Menschen eben auch geteilt und zerstückelt sein kann. Indem Verbindung zwischen den unterschiedlichen inneren Anteilen entsteht, wird der Druck zur Verdrängung schwächer. Der Weg zu einem versöhnten Herzen führt über die Annahme der eigenen inneren Realität. Um diese zu finden, ist eine Klärung der Beziehung zu den eigenen Eltern unvermeidlich. Das kann bei einigen zunächst den Mut bedeuten, hinter die Kulissen der scheinbar perfekten Familie zu blicken. Für andere ist es wichtig, die ungesunde Verstrickung mit der Herkunftsfamilie zu lösen und erst zu einem eigenen Stand in der Welt zu gelangen. »Die Kunst, die Eltern zu enttäuschen« nennt Michael Bordt die Bereitschaft, nicht in den Narrativen der früheren Geschichte stecken zu bleiben, sondern Verantwortung für das eigene Leben zu übernehmen.[171] Eine Bereitschaft, die gerade für die junge Generation von Bedeutung sein dürfte. Die Gesellschaft wird einerseits immer mehr eine von Singularitäten, wie es Andreas Reckwitz ausdrückt. Zugleich lebt die junge Generation mit größerer Häufigkeit noch länger bei ihren Eltern als sonst jemals in den letzten 100 Jahren, legt man eine Studie aus den USA zugrunde.[172] Wenn mit der Ablösung auch Verständnis für die Situation der Eltern möglich wird, ist vielleicht auch Vergebung und Aussöhnung mit den Eltern möglich. Vergebung bedeutet dabei gerade nicht, erlittenes Unrecht kleinzureden. Sie ist die bewusste Entscheidung, Unrecht zu benennen, doch nicht länger am Groll festzuhalten, der die eigene Seele vergiftet. Wenn Vergebung authentisch ist und nicht nur Ersatz für echte Auseinandersetzung mit dem eigenen Schmerz, hilft sie, aus dem Opfer-Täter-Geschehen auszubrechen, und wirkt heilend. Dass Vergebung eine emotional und physisch heilende Wirkung haben kann, ist nachweisbar.[173] Dass sie sogar der Schlüssel für ein Wiederentdecken der Beziehung zu Gott sein kann, ist jedenfalls christliche Überzeugung. Wer sich nach mehr Verbundenheit sehnt, kommt am Ernstnehmen der eigenen wunden Punkte und ihrer Geschichte nicht vorbei.

Weg 2: Empathischer Umgang mit sich selbst

»Wie lange noch schenkst du allen anderen deine Aufmerksamkeit, nur nicht dir selber! Ja, wer mit sich selbst schlecht umgeht, wem kann der gut sein? Denk also daran: Gönne dich dir selbst«, so schreibt der Zisterzienserabt Bernhard von Clairvaux (1090–1153) an seinen früheren Schüler. Dieser war als Eugen III. der erste Zisterziensermönch, der Papst wurde, und ob er als vielbeschäftigter, in zahlreiche politische Kämpfe verstrickter Kirchenfürst dem Rat seines Lehrers treu blieb, ist unklar. Fest steht, dass sorgsamer Umgang mit sich selbst in der europäischen Geistesgeschichte kein allzu großes Thema ist. Wie im Bereich des Körperlichen herrscht in der christlichen Frömmigkeitsgeschichte die Bemühung vor, Sünde zu vermeiden. Selbstlosigkeit, nicht Selbstliebe ist die angestrebte Tugend. Das ändert sich auch in der Aufklärung nicht. Der moralische Gehalt einer Tat besteht für den großen deutschen Philosophen Immanuel Kant (1724–1804) eben genau darin, dass sie aus Pflicht getan wird und nicht, weil man selbst irgendetwas davon hätte. Dies betrifft sogar den Wunsch, dem eigenen Leben ein Ende zu setzen. Die Entscheidung, trotzdem weiterzuleben, hat nur dann moralisches Gewicht, wenn sie nicht aus Gefühlen oder gar Selbstliebe heraus getroffen wird, sondern aus Pflicht.[174]

Ein Zeitalter der Narzissten?

Diese Sicht auf den Menschen hat sich seither stark gewandelt. Selbstverwirklichung wird im Laufe der folgenden Jahrhunderte das anvisierte Ziel.[175] Stärkung des Selbstbewusstseins und Selbstannahme werden in der zweiten Hälfte des 20. Jahrhunderts Megatrends. Nur wer sich selbst liebt, so das populäre Credo unzähliger Ratgeber, könne auch andere lieben. Zugleich mehrt sich in den letzten Jahren die Kritik an den Auswüchsen des Selbstwert-Trends. Von einer »Narzissmus-Epidemie« spricht die amerikanische Soziologin Jean Twenge, die junge Leute immer mehr in einer *Generation Me* aufwachsen und dadurch unglücklich werden sieht.[176]

Die Bindungsforschung kann tatsächlich zeigen, dass es Parallelen zwischen unseren frühkindlich erlernten Bindungsmustern und unserem Umgang mit uns selbst gibt. So wie Idealisierung und Förderung eines Kindes ein Pseudo-Ersatz für echte Nähe und Feinfühligkeit sein können, kann eine übertriebene Beschäftigung mit dem eigenen Ego ein Pseudo-Ersatz für echten Selbstkontakt sein. Dieser wäre gerade nicht das narzisstische Kreisen um die eigenen Bedürfnisse unter Vernachlässigung von Pflichten und Bedürfnissen anderer, sondern die Voraussetzung für echte Verbundenheit mit anderen. Entscheidend ist der Hinweis: Feinfühligkeit hat mit Wahrnehmung zu tun. Sie bedeutet nicht, dann auch alles zu tun, was der andere erwartet. Auf die eigene Gefühlswelt angewendet: »Die aufmerksame Wahrnehmung der eigenen tiefen Bedürfnisse und Sehnsüchte führt nicht dazu, diese im Leben durchsetzen zu wollen«, meint Michael Bordt und fügt hinzu: Sie befähige uns vielmehr, ein Leben zu führen, in dem es nicht nur oder vor allem um die Befriedigung der eigenen Bedürfnisse geht.[177] Es geht also mehr um die Annahme dessen, was da ist, und die Erlaubnis, das zu fühlen, was an Gefühlen gerade da ist. »Freundschaft mit sich selbst« nennt der Philosoph Wilhelm Schmid diese Lebenskunst.[178] Wie viel besser und entspannter klingt das doch als das atemlose Rennen im Wettlauf der Selbstoptimierung und technischen Leistungssteigerung!

Freundschaft mit sich selbst

So verschieden die einzelnen Ansätze in der praktischen Psychologie sind, kreisen sie doch immer wieder um die gleiche Grunderkenntnis: Es ist wichtig, wie wir mit uns selbst umgehen.[179] Der entscheidende Schritt ist weder, alles an sich positiv zu bewerten, noch, sich ständig optimieren oder abwerten zu müssen. Vielmehr beginnt Verbundenheit mit einem Da-Sein und einer Selbstwahrnehmung, die auf Bewertung verzichtet. Bereits durch die Wahrnehmung dessen, was da ist, selbst mit allen Widersprüchen und Spannungen, löst sich Stress und verliert das Verdrängte an Kraft. Im Lichte dieser Wahrnehmung kann dann die Frage kommen, was man wirklich glauben möchte. Gefühle sind weder wahr noch falsch, sie *sind* einfach. Gedanken jedoch sind sehr wohl wahr oder falsch und können Gefühle verfremden und verstärken. So kann sich das Gefühl innerer Leere und Einsamkeit bei einem Mann mit dem Gedanken verbinden, seine Frau würde fremdgehen. An dieser Vermutung mag nichts Wahres sein, sie kann in Verbindung mit dem Gefühl der Einsamkeit trotzdem rasende Eifersucht erzeugen. Empathischer Selbstumgang des Mannes wäre es in diesem Fall, dieses Gefühl der Leere und Einsamkeit wahrzunehmen und nicht gleich von sich zu weisen. Wahrscheinlich würde ihm dann selbst bald bewusst, dass seine Frau nicht der Auslöser dieses Gefühls ist, sondern dass es einen tieferen Ursprung gibt. Er könnte sich die Frage stellen, was er nun braucht, um mit diesem Gefühl auf gute Weise umzugehen.

Bereits die empathische Wahrnehmung der eigenen inneren Realität führt häufig zu dem, was Bernhard von Clairvaux guten Umgang mit sich selbst nennt. Auf einmal spürt man, dass man müde ist und schon viele Nächte in Folge zu wenig geschlafen hat; dass der Körper dringend Bewegung bräuchte; dass alles zu viel ist. Leistungsfähigkeit, Gesundheit, Zeit und sogar die Bereitschaft, Kontakt mit anderen Menschen zu haben, sind bei keinem Menschen unbegrenzt vorhanden. Die eigenen Grenzen richtig wahrzunehmen und die des anderen richtig einzuschätzen, ist ein entscheidender Schritt. Darin besteht eines der wesentlichsten Elemente gesunder Verbundenheit.

Es ist wohl kein Zufall, dass auch der paradiesische Garten Eden bereits eine Grenze, eine Regel hatte. Gott erlaubt den Menschen Zugang zu allen wunderbaren Bestandteilen des Gartens, einzig ein Baum ist davon ausgenommen. Was auf den ersten Blick wie ein herzloses Verbot des übermächtigen Gottes aussehen könnte, ergibt im Licht von Beziehungslogik Sinn. Es gibt etwas, das die Liebe gefährdet. Die Grenze schützt die Integrität der liebenden Beziehung. Wo Menschen grenzenlos werden, Grenzen nicht respektieren können, da geschieht nicht Verbundenheit, sondern Gewalt. Menschheitsgeschichtlich ist der Frieden die Ausnahme, nicht die Regel. Das

Wahrnehmen von Grenzen des anderen und der Respekt davor sind lebensdienlich und von elementarer Bedeutung für jede Beziehung.[180]

Freundschaft mit sich selbst hat auch damit zu tun, sich etwas gönnen zu können. Das beginnt mit ausreichend Schlaf, von dem unsere Gesellschaft nachweislich viel zu wenig hat;[181] mit gesunder Ernährung und einem schönen Glas Wein; mit Zeit, die man bewusst mit sich selbst alleine verbringt. Einsamkeit und Stille gehören zu einem gesunden Lebensrhythmus. Wer sich nie aus dem Getriebe des Lebens löst, verliert das Gespür für sich selbst. Etwas tun, einfach nur, weil es Freude macht. Kunst und Kultur. Musik und Spiel.[182] Wie oft tun Sie etwas einfach nur, weil es Freude macht?

»Wer mit sich selbst schlecht umgeht, wem kann der gut sein?« Diese Worte sind im Zeitalter der Beschleunigung und der immer größeren Bombardierung mit äußeren Reizen aktueller als vor knapp 1000 Jahren.

Weg 3: Überzeitliche Verbundenheit

Ein Teehaus ist der behaglichste Ort, den man sich in Chengdu vorstellen kann. Mitten in der 16-Millionen-Metropole kann man dort im Schatten alter Bäume sitzen und die pinken Seerosen im grünen Wasser eines bambusgesäumten Teichs betrachten, ein wenig abseits des Gedränges. Trotz des schwülheißen Sommerwetters hier im Südwesten Chinas gibt es jetzt nichts Schöneres als heißen Grüntee von den Hängen der steilen Berge der umliegenden Gegend. Rote Papierlampions in den Bäumen, traditionell chinesisch geschwungene Dachgiebel und kunstvolle Kalligrafie: Rings um den alten Wuhou-Tempel sieht alles wie aus der Zeit gefallen aus. Der ganze Distrikt ist deshalb ein Tourismusmagnet. Traditionelle Musik, original Sichuan-Küche, Feuerspucker, bunt gekleidete Schauspieler mit dämonischen Holzmasken, Verkäuferinnen, die an ihren Ständen handbestickte Stoffe, geschnitzte Löffel und geschnitzte Statuen feilbieten.

Ein bisschen wie ein Weihnachtsmarkt bei uns, nur ohne Weihnachten und im Hochsommer. Doch Ausländer gibt es hier wenige. Es sind chinesische Touristen, die busweise anreisen und sich durch die engen Gassen schieben lassen. Sie sind begeistert von all der traditionellen Kultur. Doch alt ist hier fast nichts, nur auf alt gemacht.

Entwurzelung

Ein paar Häuserreihen weiter sieht Chengdu ganz anders aus. Stahl und Beton, wohin man sieht. Wolkenkratzer, graue, vierzigstöckige Wohnbunker, Stadtautobahnen, Fabriken. Obwohl die Stadt auf eine über 2000-jährige Geschichte zurückblickt, sieht man kaum etwas, das älter als 50 Jahre ist.

Den Mittelpunkt der Stadt bildet nicht mehr der geheimnisvolle uralte Palast aus zahllosen Holzsäulen und verzierten Giebeln, sondern der kahle Tianfu-Platz: ein Einkaufszentrum, ein Parteigebäude im sowjetischen Stil und eine überlebensgroße Statue von Mao Zedong. Wahrscheinlich wissen nur wenige der heute dort lebenden Menschen, dass hier einst ein prächtiger Kaiserpalast stand. Erbaut in der Ming-Dynastie (1368–1644) und mehr als halb so groß wie die Verbotene Stadt in Beijing, umfasste er einst ein Fünftel der Fläche von Chengdu. Doch den marodierenden Horden der Kulturrevolution war alles Alte verhasst. Innerhalb weniger Jahre vernichteten Maos *Rote Garden* einen großen Teil aller chinesischer Kulturschätze. Alte Bücher, Tempel, kostbare Kalligrafien, Gemälde und Schmuckstücke wurden im ganzen Land in Trümmer geschlagen.[183] Im heutigen China ist es nicht leicht, offen über die Kulturrevolution zu sprechen. Und doch hat sie das Angesicht des ganzen Landes radikal verändert. Die Gebräuche, die Kunst und Religion früherer Zeiten waren Mao ein Dorn im Auge. Trotz all dieser Bemühungen musste sein Unterfangen aber letztlich scheitern. Zwar steht in Chengdu heute das flächenmäßig größte Gebäude der Welt (ein Einkaufszentrum!), doch fehlt merklich das historische Zentrum.

Ob die Einwohner deshalb so gerne in die kitschig-historisierenden Gassen des Wuhou-Bezirks fahren? Dort jedenfalls ist noch die Verbindung zur früheren Kultur spürbar. Als ich ruhig bei meinem Tee saß und durch die Bambusbüsche die begeisterten Stimmen all der vorbeigehenden chinesischen Touristen hörte, meinte ich etwas von der Sehnsucht nach dieser Verbundenheit zu spüren.

Traditionsbrüche

Am Anfang des Buches habe ich die Trendsetter des *New Traditional* als Beispiel dafür vorgestellt, dass wir Menschen die Verbundenheit mit der Vergangenheit brauchen. Heute leben wir aber in einer Epoche, in der Traditionsbrüche die Norm geworden sind. Nur wenige Traditionsbrüche waren so gewaltsam wie die chinesische Kulturrevolution, obgleich es eine brachiale Zerstörung von Bestehendem überall gab, wo der Kommunismus Fuß fasste.

Das Phänomen ist jedoch unabhängig von politischen Ideologien. Die Moderne betont Innovation und Individualismus. Beides fördert technologischen und wissenschaftlichen Fortschritt. Zum Leben braucht der Mensch aber mehr. Neben der Verbundenheit mit anderen, sich selbst und Gott braucht er auch die Verbundenheit mit Geschichte und Tradition.

Von einer Krise der Übertragung spricht in diesem Zusammenhang François-Xavier Bellamy. Der Franzose ist nicht nur einer der vielfach preisgekrönten Stars der jungen Philosophenszene, sondern als Politiker seit 2019 auch Mitglied des Europäischen Parlaments. Er beklagt die zunehmende Unfähigkeit des Bildungswesens, etwas Bleibendes zu vermitteln. Zu sehr gehe es um die Förderung der individuellen Selbstentfaltung, zu wenig um die Weitergabe eines Erbes. Entwicklung, Fortschritt und Innovation seien die zentralen Werte. Was der Gesellschaft dabei fehle, sei das Gefühl einer kulturellen *Bleibe* (*demeure*), die der Weiterbewegung überhaupt erst den Sinn gebe. Intellektuelle und spirituelle Armut seien die Folgen, die

Auflösung des sozialen Zusammenhalts. Es gelinge uns also immer schlechter, den jungen Generationen etwas mitzugeben, worin sie sich beheimatet fühlen könnten. Doch wer selbst keinen Zugang zur Tradition mehr habe, könne auch eine andere nicht respektieren. »Ich fürchte nicht den Kampf der Kulturen, sondern den Kampf der Unkulturen«, so Bellamy.[184]

Empfangen und Weitergeben

Während Technik von der ständigen Erneuerung lebt, bedarf Kultur des Aufbewahrens. Nicht umsonst bedeutet das Wort »lesen« auch »sammeln«. Ein technisches Gerät, das veraltet ist, verliert in der Regel schnell seinen Wert. Es wird abgeschrieben. Bei den grundlegenden Menschheitsfragen ist das aber anders.[185] Wie gelingendes Leben aussieht, was das Gute und das Schöne ist: All das sind Fragen, mit denen jeder Mensch in jeder Epoche sich neu konfrontiert sieht. Beginnt er darüber nachzudenken, steht er bereits in der langen Tradition all jener, die vor ihm darüber nachgedacht haben. Tatsächlich besteht die menschliche Gesellschaft nicht nur aus der Gemeinschaft mit den Menschen, die heute leben. Es gehören auch jene dazu, die vor uns waren und die Grundlagen für das Heute gelegt haben – und schließlich auch die noch nicht Geborenen, die mit den Konsequenzen unserer heutigen Taten werden leben müssen.[186] Dieses Gefühl des Sich-eingebunden-Wissens kann Dankbarkeit, Demut und das Gefühl der Verantwortung hervorbringen. Wer weiß, dass er selbst nicht alles hervorgebracht hat, wird sorgsam darauf achten, der Nachwelt auch etwas Sinnvolles zu hinterlassen. Auch hier leuchtet die Intuition der ökologischen Bewegung unmittelbar ein: Wir haben den Planeten nur von unseren Kindern geliehen. Umso erstaunlicher ist die Beschränktheit des Blicks auf die Ökologie außerhalb des Menschen. Auch Kunst, Literatur, Religion, Sprachen, Sitten und Traditionen sind Lebensraum des Menschen. Sie bedürfen des Schutzes und sie müssen weitergegeben werden, sonst sterben sie aus.

In einer breit angelegten Studie haben Wissenschaftler aus 16 Ländern unter Führung des britischen Kinderpsychiaters Sir Michael Rutter und des Kriminologen David Smith die Entwicklung junger Menschen im Zeitraum 1950–1973 untersucht. Während Sterblichkeit und Krankheiten in diesen Jahren insgesamt zurückgingen, nahmen eine Reihe psychosozialer Auffälligkeiten zu. Die Autoren führen eine Reihe möglicher Ursachen ins Feld. Eine Tatsache sprang ihnen dabei ins Auge: Die untersuchte Jugendgeneration sei die erste bekannte Menschheitsgeneration, in der die Kultur mehr von anderen Jugendlichen geprägt worden sei als durch »vertikale Übertragung«.[187] Die Weitergabe einer lebensfähigen Tradition habe eine deutliche Erschütterung erfahren. Doch nur wer eine Kultur übertragen bekommen hat, gewinnt die Fähigkeit, selbst wieder eine weiterzugeben. Die Kämpfer der Kulturrevolution konnten zwar alte Statuen zertrümmern, ihren Kindern und Enkeln aber konnten sie keine kulturelle Bleibe mehr anbieten. Diese kehren zur traditionell chinesischen Kultur oder ihren kitschigen Kopien zurück. Bei uns waren viele in den späten Sechzigern Hippies. Sie haben aber keine Kinder und Enkel, die die Hippiekultur fortgeführt hätten, denn diese war selbst in erster Linie ein Ausbruch aus dem Hergebrachten.[188] Verbundenheit mit der eigenen Kultur und Tradition ist aber etwas, das man nur weitergeben kann, wenn man es selbst bewahrt und auslebt.

Verantwortung für den Garten

Wenn der Mensch Verbundenheit spürt, spürt er auch die Verantwortung für das ihm Anvertraute. Die Liebe zum eigenen Lebensraum nennt Roger Scruton *Oikophilia,* die »*Liebe zum Haus*«, noch mehr also als *Ökologie* (*Logik des Hauses*). Das eigene Lebensumfeld zu lieben sei die Grundlage dafür, es auch schützen zu wollen. Zu dieser Liebe gehöre ein gesundes Gefühl für die regionale und kulturelle Heimat. Gerade dieses Gefühl mache kleine lokale Gruppen zu besseren Umweltschützern als komplizierte Bürokratien. Je entfernter sich die Gesetzgeber von den ökonomischen und ökologischen Realitäten vor Ort befänden, desto größer sei die Gefahr, dass die beschlossenen Maßnahmen nur isolierte Symptome bekämpften. Gerade nicht die Anhängerschaft an eine große, abstrakte Bewegung bringe echte Naturschützer hervor, sondern nur die Übernahme von realer Verantwortung vor Ort.[189] Natürlich kann aber das eine auch mit dem anderen verbunden werden. Heimatliebe und Zugang zur eigenen Kultur: Diese Werte klingen beim ersten Hören vielleicht alles andere als zeitgemäß. Doch der Schein trügt. So wie sichere Bindung bei einem Kind nicht bewirkt, dass es sich gegen andere verschließt, sondern gerade, dass es sich öffnet, ist Verbundenheit mit der eigenen Tradition überhaupt eine Voraussetzung für echte multikulturelle Kompetenz.[190]

Weg 4: Verbundenheit mit der Natur

Warum ist Eden eigentlich ein Garten und keine Fabrik? Oder wenigstens eine Stadt, in der es viel mehr Annehmlichkeiten geben würde als zwischen Bäumen und Pflanzen? Seit Menschen in Städten leben, scheinen sie ihre Sehnsucht nach der Natur nicht loszuwerden. In Tolstois monumentalen Romanen *Krieg und Frieden* und *Anna Karenina* ist es der ländliche Raum, in dem Tugend und der Geschmack am Leben wiederzufinden sind. Für ein paar Tage ins landwirtschaftliche Idyll eingetaucht, erneuern sich die Lebenskräfte der verwirrten und ausgezehrten Städter auf wundersame Weise. Dieser romantisierende Blick auf die Natur ist so alt wie die Menschheitsliteratur. Tatsächlich kommt das Wort *Idylle* von der gleichnamigen altgriechischen Dichtung des Theokrit von Syrakus, der im 3. Jahrhundert v. Chr. die Schönheit des Landlebens pries. Die Rückkehr in die Natur als Rückkehr zu sich selbst: Das ist ein menschliches Grundthema. Dass Zeit in der Natur entspannt und in vielerlei

Weise gesund ist, weiß man heute. So gibt es zum Beispiel auch überwältigende Beweise dafür, dass Kinder gesünder, resilienter und kreativer sind, wenn sie regelmäßig Kontakt zu Tieren und Naturräumen haben.[191]

Dieser Kontakt ist mehr als bloße Herrschaft. Die Natur ist das, was der Mensch nicht völlig kontrollieren kann. Er hat sie nicht geschaffen, er findet sie vor. Wie das Wetter wird, wann die Sonne aufgeht und wie die Schwalben fliegen, all das ist unserer Kontrolle entzogen. Dieses Rätselhafte, Unkontrollierbare und Urtümliche der Natur hat die Romantik mehr als jede andere Epoche betont, gerade im Gegensatz zur Aufklärung. Der Mensch scheint dabei zu ahnen, dass ihm etwas von der Fülle des Lebendigen abhandenkommt, wenn alles messbar und machbar wird. Dass bereits im Unternehmen der Aufklärung diese Gefahr lauert, haben Adorno und Horkheimer deutlich erkannt: »Die Menschen bezahlen die Vermehrung ihrer Macht mit der Entfremdung von dem, worüber sie die Macht ausüben. Die Aufklärung verhält sich zu den Dingen wie der Diktator zu den Menschen. Er kennt sie, insofern er sie manipulieren kann.«[192] Wenn also tatsächlich durch größere Kontrolle die Entfremdung zunimmt, dann wächst Verbundenheit dort, wo der Mensch sich mit dem Unkontrollierbaren anfreundet. So zumindest könnte man die heilende Wirkung der Natur auf das menschliche Gemüt deuten. Voraussetzung dafür ist, dass es bei der Zeit in der Natur nicht um ein neues Beherrschen geht.

Erlaubnis, zu sein

»Diesen Gipfel schaffe ich noch«, »Ich habe die ganze Strecke bewältigt«: Beim Sport und bei verwandten Outdoor-Aktivitäten wird die Natur oft zur bloßen Kulisse der menschlichen Kraftausübung. Und so ähnlich auch beim kühlen wissenschaftlichen Blick auf die Natur. Beim Waldspaziergang botanisches oder zoologisches Wissen zu sammeln unterwirft die Natur dem analytischen Blick.[193] Doch echte Verbundenheit entsteht erst, wenn ich mich selbst als Teil der Schöpfung erfahre, ohne permanent und ausschließlich etwas erreichen, beherrschen oder herausfinden zu wollen.

So jedenfalls würde ich meinen persönlichen Zugang zur Natur beschreiben. Seit längerer Zeit gehören ausgedehnte Spaziergänge im Wald zu meiner regelmäßigen Routine. Diese schweigenden Stunden alleine möchte ich nicht mehr missen. Als aktiver, dem Denken und Tun zugeneigter Mensch erlebe ich die Zeit in der Natur als Erlaubnis, einfach zu sein. So wie die Pflanzen und Bäume einfach da sind, bin auch ich Teil dessen, was es gibt. Ich habe mich nicht selbst gemacht, konstruiere und kontrolliere mein Leben nicht, sondern finde es vor. Aus dieser Empfindung erwächst oft spontane Dankbarkeit. Das Gehen in der Natur ist zugleich immer ein Ankommen im Leiblichen. Vor dem PC, in der Stadt, am Telefon: Überall geht es um Ideen, Meinungen, Gedanken und andere Menschen. Die Natur ist weniger kopflastig. Im Wald riecht es nach Harz. Der Wind ist kühl auf der Haut. Der weiche Boden federt unter den Schritten. Und die Geräusche: Ein Specht klopft, Zweige knacksen. Der Zugang zur Natur geht über den Körper und verstärkt deshalb die Verbundenheit mit ihm.

Mehr als nur Ökonomie

Gesunde Verbundenheit mit der Natur unterscheidet sich von utopischer Ökoromantik. Weite Teile der ökologischen Bewegung sind durchdrungen von scharfer Kritik an Kapitalismus und Globalisierung. Wenn grenzenloses Wachstum und individualistische Konsumkultur so viel Umweltzerstörung hervorgebracht haben, so müsse das ganze Wirtschaftssystem gestürzt werden. So verständlich der »systemkritische« Ansatz auch ist, so blauäugig und geschichtsvergessen ist jedoch die Hoffnung, eine Zentralisierung politischer Prozesse und eine Begrenzung wirtschaftlichen Wachstums würden einen nachhaltigeren Umgang mit der Natur hervorbringen. Industrialisierung und freie Marktwirtschaft haben Wohlstand und Fortschritt geschaffen wie kein anderes uns bekanntes ökonomisches Modell.

Die kollektivistische Wirtschaft und eine zentralistische Politik dagegen haben Massenelend und Hungersnöte wie in Russland (1921), der Ukraine (1932/33), China (1959–1961) oder bis heute in Nordkorea oder Venezuela hervorgebracht. Auch die Ökobilanz kommunistischer Staaten ist verheerend: Tschernobyl ist bis heute ein Mahnmal für bürokratisches Versagen und Vertuschung, war jedoch nur ein Ort von vielen ähnlichen.[194]

Demgegenüber betonen Verfechter der modernen *Postwachstumsökonomie* die Bedeutung regionaler Produktion und Transparenz.[195] Der Traum einer Rückkehr zu »vorindustriellen« dörflichen Strukturen jedoch erliegt dem Fehler vieler Romantiker, die die »gute alte Zeit« glorifizieren: Verklärung der Vergangenheit bei Geringschätzung jener wirtschaftlichen Prinzipien, die weltweit Wohlstand hervorgebracht haben.

Eine Stärkung der Verbundenheit mit Natur, Region und Tradition dürfte eingebettet in eine freie soziale Marktwirtschaft deutlich besser geeignet sein, nachhaltiges Leben und Denken zu fördern. So jedenfalls kann auch die biblische Eden-Geschichte verstanden werden. Der Mensch darf und soll die Erde bebauen, er soll fruchtbar sein und sich vermehren (Gen 1,28). Das Problem ist nicht die Tatsache, dass die Menschheit sich wirtschaftlich und kulturell entwickelt. Das Alte Testament steht alledem positiv gegenüber. Auffällig ist jedoch ein besonderer Blick auf die Natur. Im Gegensatz zu anderen Religionen thematisiert das Alte Testament ständig die Verbundenheit mit der Natur, sie wird sogar als Vertragspartner bezeichnet (Gen 9,8–13).[196] »Betrachtet man das Schrifttum des antiken Israel mit den Augen eines Naturwissenschaftlers, so entsteht das Bild einer Gesellschaft, die in für uns noch unvorstellbarer Weise vom Gedanken der Nachhaltigkeit geprägt war«, so Aloys Hüttermann, ein Biologe.[197]

In den heiligen Schriften Israels beginnt das ganze Desaster des Menschen nicht mit einem falschen Wirtschaftssystem, sondern mit seiner gestörten Beziehung zu Gott. Einmal aus dem Vertrauen zu seinem Schöpfer gefallen, wächst im Menschen die Gier nach immer mehr. Dieser Gier fallen die Beziehungen zu anderen Menschen zum Opfer – und sie bringt schließlich auch zerstörerischen Umgang mit der Natur hervor. Egal, welches wirtschaftliche oder politische System: Der Mensch führt seine spezifische Problematik mit sich und wiederholt die immer gleiche Geschichte vom Sündenfall. Die äußerlichen Lösungsversuche greifen also zu kurz. Über die tiefere Problematik möchte ich im letzten Kapitel dieses Buches schreiben.

Trotzdem kann mehr Kontakt mit der Natur schon helfen, wieder mehr Gespür für unsere Geschöpflichkeit zu bekommen, unser Eingebundensein in das Gesamte der Natur. Besonders, wenn das Bewusstsein dieser Verbundenheit nicht beim Materiellen stehen bleibt, sondern sich für die spirituelle Dimension öffnet.

Weg 5: Spiritualität der Verbundenheit

Wieder ein heißer Tag in Chengdu. Diesmal sitze ich nicht im Teehaus, sondern in einem tibetanischen Restaurant mit bunt bemalter Holzdecke. Auf dem Tisch steht etwas, das wie eine kuchenförmige Quiche aus Blätterteig aussieht, die Füllung jedoch schmeckt fremdartig: Es ist Yakfleisch. Westlich von Chengdu beginnt das Himalayagebirge und hoch oben in den Steppen Tibets ist diese Rinderart eine wichtige Nahrungsgrundlage. Zu dem Fleisch gibt es Yakjoghurt. Doch ich bin nicht wegen des Essens hier. Zusammen mit einem Dolmetscher treffe ich Mian und Li (Namen geändert). Sie dürften einen der gefährlichsten Jobs der Welt haben: Sie sind christliche Missionare. Während staatlich registrierte Kirchen in China eine gewisse Freiheit genießen, ist der Druck auf die illegalen Hauskirchen noch immer sehr groß. Zwar ist die Situation nicht mehr so schlimm wie in den Siebzigern und Achtzigern, als Christen in großer Zahl als Märtyrer starben und Ungezählte in den Arbeitslagern verschwanden. Doch nach einer Phase der Entspannung nimmt die staatliche Kontrolle seit einigen Jahren wieder zu. Das Abhalten privater Gebetstreffen ist daher sehr gefährlich. Geht der Nachbar zur Polizei, drohen die Enteignung der Wohnung und eine mehrjährige Gefängnisstrafe. Trotzdem sprießen die Untergrundkirchen überall wie Pilze aus dem Boden. Mian und Li zum Beispiel wirken nicht in Chengdu, sondern in einer weit entfernten ländlichen Region, wo es für Christen besonders gefährlich ist. Es gibt Gerüchte von großen Konzentrationslagern und der zunehmenden digitalen Überwachung. Dennoch strahlen die beiden große Zuversicht aus und bis über beide Ohren, als sie mir davon erzählen, wie überall in der Region Menschen Christen werden wollen – viel mehr als in Tibet. Denn im Gegensatz zu den buddhistischen Gegenden sei im Großteil der ehemals konfuzianischen nichts mehr an Spiritualität zurückgeblieben. Nachdem der Kommunismus alle religiösen Wurzeln ausgerissen habe, seien nur Konsum und mediale Ablenkung nachgewachsen. Und so gehe es den meisten Chinesen heute zwar wirtschaftlich relativ gut, doch ihr geistiger Hunger sei immens. Der Unterschied zu Europa könnte krasser nicht sein. In chinesischen Millionenstädten sieht man kaum einen einzigen Kirchturm, keinerlei äußere Hinweise auf die Präsenz von Christen. Doch im Verborgenen breiten sich Hauskirchen rasend aus. In Europa dagegen bleiben die großen Kathedralen leer, während der nichtreligiöse spirituelle Markt boomt.

Beziehung – in alle Richtungen

Die positiven Auswirkungen gelebter Spiritualität auf Gesundheit und persönliches Wohlbefinden sind mittlerweile breit erforscht. Interessant ist, dass weniger die Zugehörigkeit zu einer Religion entscheidend ist. Stattdessen steht ihre aktive Ausübung in deutlichem Zusammenhang zum Glücksempfinden und zum sozialen Engagement, wie eine große internationale Studie 2019 zeigen konnte.[198] Mittlerweile sprechen Psychologen auch von *spiritual health* und, in Anlehnung an IQ und EQ, *spiritual intelligence*.[199]

Interessant ist jedoch, dass nicht jede Form von Spiritualität automatisch gesund ist. Vielmehr scheint es einen Zusammenhang zu geben zwischen dem Auftreten bestimmter positiver Emotionen und den lebensförderlichen Auswirkungen von Religion. In dem Maße, in dem Liebe, Dankbarkeit, Ehrfurcht und Frieden empfunden wurden, übte Spiritualität einen signifikant positiven Einfluss auf das Leben aus.[200] Diese Gefühle sind jedoch Gefühle, die wir Menschen in Zusammenhang mit anderen Personen erleben. Sie sind Beziehungsgefühle. Ohne östlichen spirituellen Wegen ihren Wert absprechen zu wollen, fällt die enge Verbindung auf, die im Judentum und im Christentum zwischen der Beziehung zu Gott, zu sich selbst und zum Nächsten gezogen wird. Eine von Beziehungen losgelöste oder gar um sich selbst kreisende spirituelle Praxis ist dort undenkbar.

Den Nächsten gilt es zu lieben wie sich selbst. Gott zu lieben ist das oberste Gebot, doch ob man ihn wirklich liebt, erkennt man nach dem 1. Johannesbrief an der Liebe zum Nächsten (1 Joh 4,20). Verbundenheit, so könnte man sagen, gibt es also immer nur im Dreierpack. Hier besteht ein deutlicher Unterschied zum Buddhismus oder Hinduismus. Das spezifisch Christliche ist, dass Gott als dreifaltige Liebe gesehen wird: Er selbst ist in sich schon Gemeinschaft. Die Liebe zu einem anderen Menschen ist deshalb nicht Hindernis auf dem Weg zur Transzendenz, sondern gerade der Ort, wo sich die Liebe zu Gott erweist. Die Beziehung zu Gott wiederum reinigt die menschliche Liebe von den unbewusst egoistischen Motiven.

Das göttliche Du

Die Themen Bindung, Verbundenheit und Spiritualität sind untrennbar. Das beginnt bei eher äußerlichen Zusammenhängen. So gibt es einen Zusammenhang zwischen der Bindungssicherheit und der Bereitschaft, am eigenen Glauben festzuhalten.[201] Eine andere Studie zeigt, dass regelmäßige Meditation den Anteil an grauer Hirnmasse vergrößert. Ebenso nachweislich vergrößert ist die graue Hirnmasse bei sicher gebundenen Kindern.[202] Der Mensch ist ein Bindungswesen und braucht die Verbundenheit in alle Richtungen. Die Garten-Eden-Geschichte erzählt von exakt diesem Zusammenhang. Als der Mensch beginnt, auf die Einflüsterung der Schlange hin Gottes guten Absichten zu misstrauen, bricht die Beziehung zu ihm. Als Folge davon wird auch die Beziehung zwischen Adam und Eva gestört: Auf einmal beschuldigen sie sich gegenseitig. »Die Frau, die du mir beigesellt hast, gab mir von dem Baum und ich aß«, entschuldigt sich Adam, von Gott zur Rede gestellt (Gen 3,12). Das ist die tragische Zusammenfassung jedes menschlichen Konflikts seither: Der andere ist schuld, nicht ich! Doch auch die Scham und das Sich-Verstecken beginnen als Folge dieses Verhaltens. Der Blick des Menschen auf sich selbst, seine Verbundenheit mit dem eigenen Leib, nimmt Schaden.

Im Gebet passiert etwas Bedeutsames. Mehr noch als bei bloßer Meditation kommt der Mensch zurück in die transzendente Verbundenheit. Er stellt sich. Es dürfte kein Zufall sein, dass die 12-Schritte-Programme der *Anonymen Alkoholiker* und der vielen parallelen Gruppen so erfolgreich sind. Sie beginnen allesamt mit einem Schritt des Sich-Öffnens für das Göttliche (wie auch immer man es sich vorstellt). Nicht die religiösen Vorstellungen sind ausschlaggebend, sondern der innere Akt. Denn im Beten öffnet sich der Mensch für die Verbundenheit nach oben. Es geht, um einmal mehr Hartmut Rosa zu zitieren, um das Herstellen einer Tiefenresonanz als Rede und Antwort.[203] Wenn die Entfremdung die tiefe Ursache vieler menschlicher innerer Leiden ist, ist das Wiederfinden solcher Tiefenresonanz von großer Bedeutung. Der Resilienzforscher Georg Pieper hat das Verhalten von Menschen in existenziellen Krisen erforscht, zum Beispiel das von Bergleuten, die viele Tage lang verschüttet waren. Gerade Gebet und religiöse Rituale hätten Menschen in höchst belastenden Ausnahmesituationen innerlich stabil gemacht. Er folgert: »Auch jemandem, der nicht an Gott glaubt und meint, er könne nicht beten, empfehle ich als Psychologe, es dennoch zu tun.«[204]

Ettys Geheimnis

Am Abend des 11. Oktober schreibt Etty Hillesum auf einer der letzten Seiten ihres Tagebuchs von der intimsten Gebärde, die ihr Körper kennt. Sie nennt diese Geste ihr kostbarstes Erbteil. Sie, die ihre erotische Liebe an so viele Männer verschenkt hatte, fand die tiefste Verbundenheit aber nicht im Bett, sondern auf einer Kokosmatte im Badezimmer. Dort hat sie sich eines Tages hingekniet und – obgleich ihr als Jüdin unvertraut – die Hände gefaltet. Sie weiß noch nicht, dass ihre Aufzeichnungen (und ihr Leben) kurz darauf enden sollen, doch an jenem Abend schreibt sie den Titel ihrer eigenen Geschichte: »Von dem Mädchen, das nicht knien konnte. Oder als Variante: Von dem Mädchen, das beten lernte. Es ist meine intimste Gebärde, intimer als jede andere Gebärde im Zusammenhang mit einem Mann.«[205] Unter dem Himmel ist man zu Hause, überall ist man zu Hause, hatte sie in jenem sommernächtlichen Gespräch auf der Heide vor dem Konzentrationslager unter dem Sternenhimmel ihrem Freund anvertraut. Doch das war noch nicht alles. »Ich habe zwei Abende lang gebraucht, bevor ich über das Intimste des Intimen mit ihm sprechen konnte. Und ich wollte es ihm doch so gern sagen, um es ihm gleichsam als Geschenk zu geben. Und dann, dann bin ich auf der großen Heide niedergekniet und habe ihm von Gott erzählt.«[206]

Es ist diese Beziehung zu Gott, die ihr die Verbundenheit zu anderen Menschen erschließt. Eine Beziehung zu Gott aber, die nicht

»außerhalb ihrer selbst« stattfindet, sondern ganz nah und intim in ihrem Inneren: »In mir gibt es einen ganz tiefen Brunnen. Und darin ist Gott. Manchmal ist er für mich erreichbar. Aber oft liegen Steine und Geröll auf dem Brunnen und dann ist Gott begraben. Dann muss er wieder ausgegraben werden.«[207]

Die Quellen der Verbundenheit sind nicht schwer zu finden. Sie sind vielleicht verschüttet, doch sie entspringen ganz nahe bei unserem direkten Lebensumfeld. Verbundenheit ist eine Herzensressource.

Der Weg zurück nach Eden beginnt mit ihr.

GEHEIMNIS 2:

SINN

Zurück in unserem eigenen kleinen Garten. Nicht der riesengroße meiner Kindheit, aber immerhin ein kleines Stück eigenes Land am Rande der Stadt. Wenn man den alten Mythen von paradiesischen Gärten oder auch manchen modernen Naturdokumentationen Glauben schenken darf, fühlen wir Menschen uns so zur Natur hingezogen, weil wir dort etwas über uns selbst erfahren. Saat und Ernte, der Wechsel der Jahreszeiten: Ein Garten ist einfach randvoll mit möglichen Metaphern für das menschliche Leben. Neben dem Prinzip der Verbundenheit lernt auch der Hobbygärtner schnell, dass es in jedem Ökosystem eine innere Ordnung gibt. Nach dem Einzug in unser kleines Haus begann unser persönlicher Lernprozess recht schnell, er verlief jedoch durchaus holprig. Meine Frau ist deutlich begabter in der Gartenarbeit. Mir bleibt die erfreuliche Aufgabe, die Ergebnisse philosophisch auszuwerten – oder sehr einfache Handlangertätigkeiten zu übernehmen, bei denen ich nicht viel kaputt machen kann. Das Erste, was wir bald lernten: Kleine Ursachen haben große Auswirkungen. Unser Freund Arno half uns bei der Planung des Gartens und fuhr mit uns in das Gartencenter. Die dort ausgesuchten Bäumchen und Sträucher waren alle noch kleine Setzlinge. Arno definierte den optimalen Platz für sie. Manche brauchen Sonne, andere mehr Schutz vor dem Wind. Uns erschien das alles aber viel zu mickrig. Noch zwei Jahre später sah der Garten so leer aus. Zwar wuchsen die Bäume, doch dazwischen metergroße Lücken mit freiem Durchblick auf die Straße und den Parkplatz der Nachbarn. Also kauften wir noch ein paar Sträucher und Bäume dazu. Das sah gleich viel besser aus. Der Sinn von Arnos Plan jedoch erschloss sich uns schon zwei weitere Jahre später. In den beiden warmen Sommern waren alle Bäume stark gewachsen. Der Abstand zwischen ihnen wurde langsam zu klein. Noch einmal zwei Jahre später mussten wir manchen Strauch wieder entfernen, da sie sich gegenseitig den Platz streitig machten. Wer einen Garten anpflanzt, muss gewisse Prinzipien beachten.

Als ein weiteres Lernobjekt entpuppte sich unser kleiner Feigenbaum. In einem Jahr trug er viele Früchte, im anderen kaum eine einzige. Einmal waren ganz viele am Baum, doch erfroren alle über Nacht. So ging meine Frau auf die Suche nach der Ursache. Der Feigenbaum folgt nämlich einer inneren Logik. Er unterwirft sich nicht unseren Wünschen, sondern wir müssen herausfinden, was er braucht, damit er gedeiht. Das beginnt mit der Bodenbeschaffenheit, beinhaltet Düngung und Wasserversorgung und endet mit Schutz vor Schädlingen oder zu großer Kälte. Ein Garten folgt inneren Gesetzen. Wer sie nicht respektiert, zerstört ihn.

Kammern für die Toten

Weit weg von unserem Garten, nicht an frischer, sondern in muffiger Luft. Wir zwängen uns durch einen schmalen, schräg aufwärts führenden Schacht. Um uns herum: Drei Millionen große Steinquader. Das Ziel des beschwerlichen Aufstiegs ist ein mysteriöser Ort, den man nur durch einen kleinen quadratischen Durchlass am Boden erreicht. Die innere Königsgrabkammer der Cheops-Pyramide ist etwa zehn Meter hoch und besteht aus riesigen schwarzen Granitblöcken, die perfekt aufeinanderpassen. Hier sollte der Pharao seinen Weg über den Nordhimmel, zu den unvergänglichen Sternen und ins Jenseits antreten. In Filmen und Büchern sind die Pyramiden oft zu sehen. Doch erst jetzt, in dieser dunklen Kammer inmitten dieser unvorstellbaren Menge von Steinen, erschließt sich mir mit voller Wucht, wie zentral der Gedanke des Todes für die alten Ägypter war.

Erbaut in den Jahren 2620–2580 v. Chr. ist die Cheops-Pyramide das größte Grab der Welt. Dem Zufall wurde dabei nichts überlassen. Sie ist genau nach den vier Himmelsrichtungen ausgerichtet, und der Unterschied in den Längen ihrer vier Seiten beträgt weniger als ein Promille. Der genaue Stand der Sterne und der Sonne an bestimmten Tagen, die rituelle Mumifizierung und das feierliche Begräbnis selbst: Die ägyptische Religion ist von penibelster Sorge um das Weiterleben nach dem Tod geprägt. Egal, welches Museum oder welche Ausgrabungsstätte man besucht: Die Motive kehren immer wieder.

Die Seele wird nach dem Tod gewogen, Osiris entscheidet über Gedeih und Verderb im Jenseits.

Formelle Begräbnisse gibt es beim Menschen seit ca. 100.000 v. Chr. und das ist erstaunlich. In derselben steinzeitlichen Höhle findet man Knochen von Hyänen und von Menschen. Die Skelette der Menschen sind intakt, die von Tieren nur verstreute Knochen: Niemand hat sie begraben.[208] Eine »biologische« Erklärung gibt es dafür nicht. Die Steinzeitmenschen müssen einen anderen inneren Antrieb verspürt haben. Etwa zeitgleich mit der Entstehung von Schmuck, Objektverzierung und Körperbemalung haben sie begonnen, über das Leben nach dem Tod nachzudenken. Oder etwas zurückhaltender ausgedrückt: Sie empfinden es als Verpflichtung, ihre Toten zu begraben. Sie gehen mit Leichen anders um als mit Objekten.[209]

Was man »Sinn« nennt

Das, was den Menschen einbettet in das »größere Ganze«, was seinem Leben insgesamt die Deutung verleiht, nennt man *Sinn*. Das Wort *sinnan* bedeutet im Althochdeutschen »reisen, sich begeben, trachten nach« (noch erhalten im Begriff »Uhrzeigersinn«) und hängt zusammen mit der indoeuropäischen Wurzel **sent-*, deren ursprüngliche Bedeutung wohl »eine Richtung nehmen, eine Fährte suchen« war.[210] Diese Bedeutung von »Sinn« entwickelte sich im verwandten Lateinischen weiter zum »Fühlen«: *sentire* – wahrnehmen, fühlen, meinen, dafürhalten.[211] Nach Aristoteles ist der Mensch *zoon logon echon*, also ein Lebewesen, das *Logos* hat. *Logos* bedeutet einerseits den Sinn einer Sache, andererseits die Fähigkeit, zu sprechen und Sinn zu erkennen.

Die Geschichte der Sinnfrage

Typisch für den Menschen aber ist, dass die Frage nach dem Sinn nicht ganz zur Ruhe kommt in ihm. In der klassischen griechischen

Tragödie wird das menschliche Leben als Verhängnis gezeichnet. Dem Mutwillen der Götter ausgeliefert, vermag der Mensch das Gute nicht zu tun und das Wahre nicht zu erkennen. Doch besteht die menschliche Größe darin, dennoch das Edle zu tun, sich zu bewähren. Erst in der Neuzeit bricht die Sinnfrage mit ganzer Wucht über den Menschen herein. Dass mit der Befreiung des menschlichen Verstandes in der Aufklärung der Mensch in Gefahr wäre, seinen metaphysischen Halt zu verlieren, das taucht zunächst als Albtraum auf.

In seinem Roman *Siebenkäs* schildert der Pfarrerssohn Jean Paul (1763–1825) eine nächtliche Vision, in der der tote Christus vom Weltgebäude herab verkündet, dass es keinen Gott gebe. Daraufhin stürzt alles ins Chaos, die Welt zersplittert.[212] Die Befürchtung, dass mit dem Zerbrechen einer übergeordneten Struktur etwas Schlechtes für den Menschen verbunden sei, scheint sich jedoch im 20. Jahrhundert zu verflüchtigen. Gerade die Überwindung von Religion und theoretischer Philosophie ermächtigen den Menschen, sein Schicksal selbst in die Hand zu nehmen. Die Welt ist tragisch und sinnlos, doch sich damit abzufinden, sei schlicht der einzig vertretbare Umgang damit. Bei Arthur Schopenhauer (1788–1860) klingt das noch durchweg pessimistisch. Noch während des Zweiten Weltkriegs und unter deutscher Besatzung wird Albert Camus (1913–1960) dazu einladen, sich Sisyphos als glücklichen Menschen vorzustellen. Von den Göttern verdammt, in Ewigkeit einen schweren Stein den Berg hochzuwälzen, nur um ihn danach wieder herunterrollen zu sehen, trägt er sein objektiv völlig sinnloses Los dennoch mit Würde. Und spätestens seit der Erfahrung des Holocausts und den Schrecken zweier Weltkriege ist die Abwesenheit von Sinn, die Leere und die »metaphysische Heimatlosigkeit« des modernen Menschen fester Bestandteil von Kunst, Kultur und Philosophie. Im Existenzialismus Jean-Paul Sartres klafft unter der menschlichen Freiheit nur noch das gähnende Nichts: »Der Mensch ist Verzweiflung.«[213]

Sein Blick wirkt düster und geht in die Ferne. »Warum mach' ich das eigentlich noch, was soll das alles?« Der Kaffee vor ihm auf dem Tisch wird langsam kalt, er hat vergessen, davon zu trinken. Mit 38 hat Stefan beruflich mehr geschafft als sein Vater im ganzen Leben. Eine führende Position in einem Telekommunikationsunternehmen. Digitale Transformation. Viele neue Projekte. Er muss noch einmal schnell auf sein Handy blicken, gerade hat es vibriert.

Erst sei es nur manchmal gekommen, dieses Gefühl, dass etwas nicht stimme. Damals nach der Firmenfeier in Hamburg, als er im Auto nach Hause fuhr und sich auf einmal fühlte wie in einem falschen Film. So, als sei alles surreal. Doch das sei gleich wieder vergangen. Er verdiene ausgezeichnet, könne sich mehrere Urlaube im Jahr leisten, auch mit seiner Freundin sei alles okay. Doch irgendwie fehle etwas. Alles sei so oberflächlich. Auch seine Kollegen. Die Arbeit, die Freizeit, die Urlaube: Früher fühlte sich das alles irgendwie toll an, doch jetzt ist es so hohl. Für die eigenen Ziele, die eigene Karriere zu leben, das wurde zu wenig und irgendwann völlig leer. Stefan trägt einen modischen dunkelgrauen Anzug, doch jetzt wirkt er wie zusammengesunken darin. Und gealtert. Solange es einem seelisch gut gehe, sei das alles kein Problem. Solange man gut drauf sei, mache das alles Spaß. Aber wenn man nicht gut drauf ist, was bleibt dann übrig?

Wirkliche Gewalt gewinnt die Sinnfrage nicht als philosophiegeschichtliches Phänomen, sondern dann, wenn sie einen ganz persönlich trifft. Oft ausgelöst durch einen Schicksalsschlag oder eine Trennung, kann sich das bohrende Gefühl von Sinnlosigkeit zu einer schweren psychischen Krise ausweiten.[214] Deshalb lohnt es sich, vorher zu fragen: Was genau zeichnet Sinn aus? Warum ist er eine »Herzensressource«, die der Mensch so dringend braucht wie ein Garten den guten Boden? Und inwiefern sind wir gerade dabei, diesen Boden gründlich zu vergiften?

Sechs Eigenschaften von Sinn

1. Sinn ist notwendig

»Hat man sein *warum?* des Lebens, so verträgt man sich fast mit jedem *wie?*« Diesen Satz Friedrich Nietzsches[215] musste der junge jüdische Psychologe Viktor Frankl für sich selbst auf die denkbar härteste Weise erproben. Seine Eltern, sein Bruder und seine Frau wurden allesamt in Konzentrationslagern ermordet. Er selbst kam 1944 nach Auschwitz und erlebte das unsagbare Grauen. In seinem Buch *... trotzdem Ja zum Leben sagen* schildert er seine eindrucksvollen Erfahrungen, die ihn weltberühmt machten. Inmitten des Schreckens des Naziterrors und des ständigen Todes sah er die Häftlinge ganz unterschiedliche innere Entwicklungen durchleben. Von herausragender Bedeutung schien ihm, wie die Einzelnen mit dem schrecklichen Schicksal umgingen. So beobachtete er bei manchen Häftlingen ein verzweifeltes Sich-gehen-Lassen, das er als *give-up-itis* bezeichnete (*Aufgeberitis*). Solche armen Lagerinsassen wollten einfach nicht mehr kämpfen, es war alles zu viel. Stattdessen begannen solche Häftlinge typischerweise eine Zigarette zu rauchen. Doch wenn einer dalag und seine Zigarette rauchte, wussten seine Mitgefangenen, dass er innerhalb von 48 Stunden sterben würde.[216] Nicht die Leiden des Lagers, sondern die Sinnlosigkeit hätten den Menschen von innen heraus getötet, so Frankl. Er selbst hätte Grund genug gehabt, die eigene Situation als zutiefst hoffnungslos zu betrachten. Doch er wählte stattdessen, seine Zeit im Konzentrationslager für ein Studium darüber zu nutzen, was mit der Psyche der Mithäftlinge vor sich ging. Sollte er das Lager überleben, würde er der Welt über seine Erkenntnisse berichten können. Diese Veränderung in der Sichtweise stellte sich für Frankl als lebensverändernd heraus.

Die Suche nach Sinn ist nach Frankl die primäre Motivation eines Menschen in seinem Leben. Seine These: Gelingt es einem Menschen, Sinn zu finden, wird sein Leben gelingen. Findet der Mensch keinen Sinn, wird er unglücklich, egal, ob er viel oder wenig Leiden erleben wird. Schon einige Jahre zuvor hatte Carl Gustav Jung die Triebtheorie Sigmund Freuds und Alfred Adlers kritisiert, die die menschliche Psyche auf das Materielle reduzierten. Die Seele habe es aber mit geistigen Dingen zu tun, und der Sinn sei eine solche geistige Sache. Die Psychoneurose sei ein Leiden der Seele, die ihren Sinn nicht gefunden habe. Der Kranke leide daran, »dass er nämlich keine Liebe hat, sondern bloß Sexualität, keinen Glauben, weil ihn die Blindheit schreckt, keine Hoffnung, weil ihn Welt und Leben desillusioniert haben, und keine Erkenntnis, weil er seinen eigenen Sinn nicht erkannt hat«.[217]

Frankl und Jung haben wichtige Grundlagen gelegt und die »Sinn-Forschung« hat sich weiterentwickelt. Fest steht: Sinn zu empfinden ist für den Menschen elementar. Der *Gallup World Poll*, eine der umfangreichsten statistischen Erhebungen der Welt, fragte 1,7 Millionen Menschen in 166 Ländern danach, was sie bräuchten, um zufrieden zu sein. Das Ergebnis: »Über die gesamte Lebensspanne und in jeder Region der Welt hatten Menschen mit einem Lebenssinn ein deutlich höheres Wohlbefinden als jene ohne.«[218] Das wissen mittlerweile auch große Firmen, die für viel Geld Purpose-Agenturen engagieren, um die Sinnorientierung eines Unternehmens zu klären. Denn »wer seine Arbeit nicht als sinnvoll wahrnimmt, leidet deutlich häufiger an Erschöpfung (56,5%), Rücken- und Gelenkbeschwerden (54,1%) oder Lustlosigkeit und dem Gefühl, ausgebrannt zu sein (43,8%).«[219] Gerade Unternehmen, denen es um mehr als nur Gewinne geht, schaffen es, ihre Mitarbeiter besser zu motivieren und auch langfristig wirtschaftlich erfolgreicher zu sein, so ein Artikel im *Harvard Business Review*.[220]

Menschen leben allerdings nicht nur besser mit einem Gefühl für den Sinn ihres Lebens. Sie sind sogar imstande, schrecklichstes Leiden zu bewältigen. So untersuchte eine Gruppe von Forschern der Yale-Universität amerikanische Soldaten, die aus der Gefangenschaft in Vietnam zurückgekommen waren. Viele von ihnen waren sehr grausam behandelt worden. Zum großen Erstaunen der Forscher gab ein Großteil der Befragten an, die Zeit im Gefängnis sei eine für sie wichtige Lernerfahrung gewesen.[221] Ohne Sinn ist das menschliche Leben unmenschlich. Oder um Abraham Maslow zu zitieren: »(…) ohne das Transzendente wird der Mensch gewalttätig, nihilistisch, hoffnungslos, apathisch. Wir brauchen etwas Größeres als uns selbst, um Ehrfurcht zu empfinden.«[222]

2. Kein Sinn ohne höchsten Wert

Ein Schlag mit dem Hammer auf eine Eisenschiene ist das Erste, was er beim Aufwachen hört. Es ist fünf Uhr früh und bis zum Sonnenaufgang wird es noch vier Stunden dauern. Antreten zum Appell in der sibirischen Kälte. Marsch durch die Winterlandschaft unter den Augen der Wachen, die Maschinenpistolen im Anschlag halten. Bis Schuchow abends in die überfüllte Baracke zurückkehren wird, vergehen endlose Stunden harter Arbeit. Das ist ein Tag von dreitausendsechshundertdreiundfünfzig. Doch an diesem Abend schläft Schuchow restlos zufrieden ein, beinahe glücklich. Nicht etwa, weil seine Entlassung bevorsteht, sondern weil er sich einen kleinen Rest menschlicher Würde erhalten hat.

Alexander Solschenizyn wurde mit dem Roman *Ein Tag im Leben des Iwan Denissowitsch* mit einem Schlag weltberühmt. In seiner russischen Heimat gefeiert, bekam er 1970 den Nobelpreis für Literatur. Er wusste, wovon er schrieb. Als Soldat war er am Ende des Zweiten Weltkriegs wegen politischer Bemerkungen in seinen Briefen verhaftet worden und verbrachte acht Jahre in einem Arbeitslager. Erst nach Stalins Tod wurde er begnadigt. Er wusste, dass es ihm eine erneute Verhaftung einbringen könnte, als er 1974 sein monumentales dreibändiges Werk *Der Archipel GULAG* veröffentlichte, eine schonungslose Reportage über das sowjetische System der über ganz Russland verstreuten Arbeitslager, in denen allein in den Jahren Stalins etwa 18 Millionen Menschen inhaftiert waren. Knapp drei Millionen Menschen starben durch die harte Arbeit und die menschenunwürdige Behandlung.

Solschenizyns Werk ist jedoch nicht nur eine Dokumentation des Terrors. Es zeichnet zugleich ein Bild des Dramas, das sich im Herzen der Menschen abspielte. Das Gefängnis oder die Verbannung als Ort der Läuterung sind bedeutsame, wiederkehrende Themen bei den beiden großen russischen Literaten Dostojewski und Tolstoi.[223] Während im Gefängnis eine Besserung des Menschen möglich sei, hätten die Lager aber dazu geführt, den Menschen zu zersetzen, so Solschenizyn. Wie war das möglich? Der Autor beschreibt das seltene Ereignis einer Filmvorführung im Lager und erinnert sich an ein Zitat, das ihm danach tagelang nachgegangen sei: »Nur das Resultat zählt.« Dieser Satz war die Essenz des Problems. »Und langsam dringt Klarheit in deinen Kopf. Das ist kein Scherz, das ist eine geistige Seuche.«[224] Denn genau dieser Satz bringe Häftlinge dazu, einander zu verraten und zu bespitzeln. Nur das Resultat zählt. Dem eigenen Wohlergehen alles andere unterzuordnen, sei die Lüge, mit der das Lager die Herzen der Häftlinge infiziere und dadurch zerstöre.

Auch in Solschenizyns Leben ereignete sich eine innere Umkehr in Sibirien. Er entschied sich, seine Menschlichkeit nicht aufzugeben. Das gelang nur durch die radikale Entscheidung gegen den Grundsatz »Nur das Resultat zählt«: Er musste die Entscheidung treffen, dass nicht mehr das Überleben um jeden Preis das Ziel ist, sondern ein aufrichtiges Leben.[225]

Der Zweck einer Sache hat immer mit Resultaten zu tun. Doch beim Sinn geht es um mehr als einen Zweck. Der Zweck einer Straße ist, dass man darauf fahren oder gehen kann. Beim Sinn jedoch geht es darum, wohin sie führt. Eine Straße kann noch so gut geteert und ausgeschildert sein, sie ist sinnlos, wenn sie nirgendwohin führt. Die Straße erhält ihren Sinn durch den Ort, an dem man ankommen will. Genau das ist Sinn: Sinnvoll ist etwas dann, wenn es auf einen Wert ausgerichtet ist – einen Wert, der größer ist als der bloße Zweck oder das bloße Resultat. Viktor Frankls Schüler Alfried Längle formuliert das so: »Das Sinnlose ist für uns wertlos, das Wertlose sinnlos. Denn etwas Sinnvolles hat stets etwas Kostbares zum Inhalt, etwas, das uns berührt, das uns nahegeht und mit dem wir uns verbunden fühlen, weil wir seinen Wert empfinden können.«[226]

Sinn ist etwas anderes als Zweck und mehr als Zweckmäßigkeit – von Bequemlichkeit ganz zu schweigen. Deshalb klingt »sinnorientiert leben« nur auf den ersten Blick harmlos. Tatsächlich geht es um nichts weniger als die Bereitschaft, das Leichte und Angenehme dem wirklich Wertvollen unterzuordnen. Anders ausgedrückt: Immer das Angenehme zu tun, ist der sichere Weg in ein sinnloses Leben. Ob das menschliche Leben gelingt, hängt maßgeblich von der Bereitschaft ab, oberste Werte tatsächlich an die oberste Stelle zu setzen. Der abenteuerliche Weg eines sinnvollen Lebens bedeutet ein gleichermaßen radikales Ja zu einigen wenigen und ein Nein zu vielen anderen Möglichkeiten.

Sinnfindung und die entscheidende Frage

Sinnfindung hat also damit zu tun, einen Wert zu entdecken, der absolut gilt, zu ihm Ja zu sagen und zu vielen anderen Nein. Das bezieht sich auf alle Bereiche unseres Alltags. *Start with why*, so das Credo des internationalen Bestsellerautors und Redners Simon Sinek. Noch wichtiger als das, »was« eine Firma tut, sei das »Warum«. Nur eine Führungskraft, die von einem starken Sinn hinter dem, was sie tut, motiviert sei, könne auch ihre Mitarbeiter langfristig motivieren. Ein überzeugendes »Warum« hinter dem »Was« motiviert nach Sinek besser als eine Gehaltserhöhung. Und schließlich würden Kunden auch von jenen Produkten am meisten angesprochen, die einen realen Wert darstellen und einen tieferen Sinn dahinter erkennen lassen. Die Pioniere des *New Traditional* würden hier bestimmt applaudieren. Wer Sinn in seinem Leben und Arbeiten entdecken will, kommt an der entscheidenden Frage nicht herum: Für welchen höchsten Wert bin ich bereit, zu arbeiten, zu leiden und zu leben?

Das klingt im Zusammenhang mit Sinek oder *New Traditional* erst etwas ungewohnt, doch dahinter steckt eine Erfahrung, die bereits von Aristoteles in seiner *Nikomachischen Ethik* beschrieben wird, in der er seinem Sohn Nikomachos darlegt, wie tugendhaftes Leben aussieht. Tapferkeit, Besonnenheit und Gerechtigkeit sind für ihn die Grundlage des ethischen Handelns. Eine Sache haben sie alle gemein: Sie haben alle etwas mit Mut zu tun, sie haben »die Struktur des Mutes«. Dafür jedoch braucht es die Orientierung an einem Wert, um den Mut aufzubringen. Ein Beispiel: Ein Beispiel: Es ist oft leichter, die Unwahrheit zu sagen, ein wenig zu schummeln. Es kostet Mut, bei der Wahrheit zu bleiben. In einem korrupten System gerecht zu handeln, kann gefährlich sein. Es kostet Mut, das Richtige zu tun. Denn in jedem Menschen gibt es nicht nur die Sehnsucht nach Sinn, sondern ganz unterschiedliche Antriebe. Deshalb muss man, um zu tun, was man will, erst einmal wissen, was man wirklich will. Dazu gehört fundamental, zu wissen: was man nicht will. Und da wir als Menschen immer im Kontakt mit anderen Menschen leben, gehört auch die Frage dazu, was die anderen wollen. Die Freiheit des Menschen besteht also nicht darin, einfach irgendetwas zu tun. Sondern die Freiheit des Einzelnen entspringt einer sozialen Situation, in der ich auch Pflichten gegen andere Menschen habe. Das beginnt bereits mit den ersten Bindungen, die ein Mensch erfährt: denen in der eigenen Familie.[227] Darüber hinaus gehört der Mensch zur Menschheitsfamilie, zu einem spezifischen Land oder einer Gruppe und letztendlich zu der vernunftbegabten Spezies des *zoon logon echon*.

3. Sinn wird entdeckt, nicht gemacht

Die Erwartungen sind groß, die Zeit scheint reif. Und doch weiß niemand genau, wie dieser Mittwochmorgen verlaufen wird. Nur eines scheint klar: Dieser 28. August 1963 wird die Geschichte der USA für immer verändern.

Von allen Seiten strömen Menschen herbei, schon am Vorabend sind Teilnehmer mit Sonderzügen und -bussen aus dem ganzen Land angereist. Am späteren Vormittag ist eine schier unüberschaubare Masse von Menschen zusammengekommen, die die Mall vom Washington Monument bis zum Potomac River bedeckt. Ohne Homepage, Hashtag und Social Media hatte sich die Nachricht wie ein Lauffeuer verbreitet. Als Martin Luther King (1929–1968) später auf den Stufen des Lincoln Memorial seine berühmten vier Worte spricht, hat eine Flutwelle begonnen, die sich nicht mehr wird aufhalten lassen: »*I have a dream.*« Die Rede geht in Windeseile um die Welt und führt in den Vereinigten Staaten zu etwas, das man als friedliche Revolution bezeichnen könnte. Als Ikone des gewaltfreien Protests inspiriert der Baptistenpastor aus Atlanta bis heute. Aber warum? Eine beeindruckene Rede, ohne Zweifel. Doch beeindruckende Reden zum Thema Rassimsus gab es auch schon zuvor. Was machte Martin Luther und seinen *dream* so wirkmächtig?

Als *Seinsautorität* bezeichnet der Psychologe und Philosoph Erich Fromm (1900–1980) die Ausstrahlung einer Person, die nicht auf der Fähigkeit, eine gesellschaftliche Funktion zu erfüllen, sondern auf der Persönlichkeit eines Menschen beruht. Solche Autorität, die im Sein gründet, sei für Menschen (besonders Kinder) intuitiv spürbar. Man könne sie aber weder kaufen noch lernen. Tatsächlich sei sie eben gerade das Gegenteil von Besitz: mehr Sein als Haben.[228] Kings Autorität gründete sich darin, dass er Sinn gefunden hatte und für diesen sogar sein eigenes Leben riskierte. Martin Luther King wurde in seinem Leben 29 Mal festgenommen. Am 3. April 1968 sagte er in einer weiteren berühmten Rede, er habe wie Mose das gelobte

Land von fern gesehen, fürchte deshalb nichts und niemanden und mache sich deshalb keine Sorgen um ein langes und erfülltes Leben mehr. Am nächsten Tag wurde er auf dem Balkon des *Lorraine Motel* in Memphis erschossen.

Etty Hillesum fand den Sinn in einer schonungslosen Ehrlichkeit mit sich selbst. Erst im Angesicht der ständig möglichen Vernichtung fand sie den Mut, ihr eigenes Leben als sinnhaft zu ergreifen: »Wenn man den Tod aus seinem Leben verdrängt, ist das Leben niemals vollständig, und indem man den Tod in sein Leben einbezieht, erweitert und bereichert man das Leben.«[229]

Hillesums oder auch Kings Weg zu solch einer Auseinandersetzung mit dem Tod verlangt ihnen einiges ab. Tatsächlich denken nur wenige Menschen gerne an den Tod. Nicht viele Menschen stellen sich freiwillig radikale Sinnfragen. Die meisten sind einfach damit beschäftigt, das materielle Überleben zu sichern. Doch ein großer Teil der menschlichen Probleme löst sich nicht durch Geld. Das Bedürfnis nach Sinn und das »Gefühl, es gebe irgendwo eine Fülle oder einen Reichtum, wird sich nicht leicht aus dem menschlichen Herzen herausreißen lassen«[230], aller Ablenkung und allem Konsum zum Trotz. Dieses Bedürfnis ist zugleich Auftrag. Jeder Mensch hat den Auftrag, nach Sinn zu suchen, Sinn zu entdecken. Und in dem Maße, in dem er ihm folgt, wird er frei von anderen Rollenzuschreibungen.[231] Er gewinnt Seinsautorität. Das ist ansteckend. Und manchmal sogar revolutionär.

4. Sinn drückt sich in wahren Worten aus

Könnte man es visualisieren, so müsste man es sich als einen jähen, hellen Blitz vorstellen. Wir wissen nicht, wann es sich ereignet hat. Nach Jahrmillionen des Dämmerns halten die Moleküle den Atem an, als hätte das Universum nur auf diesen einen Moment gewartet. Mitten in der unvorstellbar großen Menge an Galaxien, Sternen und

Planeten regt sich etwas in einem lebenden Organismus, etwas, das es zuvor noch nie gab. Ein neuronales Gewitter, ein innerer Funke, ein neues Muster, das sich plötzlich wie von selbst ergibt. Im Gehirn eines aufrecht gehenden Primaten irgendwo in Afrika formt sich ein Bild, auf seinen Lippen ein erster Satz. Ein innerer Zustand, doch, o Wunder, einer, der sich auf die Welt bezieht. Die Logik im Kopf des Menschen stimmt überein mit der Logik in der Welt. Ein kleiner Teil des Universums beginnt über das Universum nachzudenken – und er findet Regeln, sinnvolle Abläufe, er findet Wahrheit. Könnte man es visualisieren, es müsste aussehen, als sei die Sonne aufgegangen über einem dunklen Weltall und der Morgen der Menschen angebrochen.

Wiehern, grunzen – und reden

»Was du sagst, ergibt einfach keinen Sinn« oder »Der Sinn dieser Geschichte ist ...«: Schon unsere Alltagssprache verrät uns, dass Sinn und Sprache etwas miteinander zu tun haben. Unser Vermögen, nach dem Sinn zu fragen, ist untrennbar mit der Sprachfähigkeit verbunden. Mit der Sprache hat es etwas Geheimnisvolles auf sich. Das beginnt schon bei der Frage, wie sie irgendwann entstanden ist. Ob es wirklich so war wie in der Szene eingangs beschrieben.

Wann unsere Vorfahren zu sprechen begonnen haben, ist jedenfalls unklar. Noch rätselhafter ist, wie genau es mit dem Sprechen losging. Die Forscher tappen noch immer im Dunklen. Naheliegend scheint die Vorstellung, menschliche Sprache sei aus primitiven Vorformen entstanden, aus den Lauten der Tiere etwa. Doch menschliche Sprache ist etwas grundsätzlich davon Verschiedenes. Wenn Menschen sprechen, tun sie etwas anderes, als wenn Tiere wiehern, grunzen oder zirpen. Die Laute der Tiere können sich nicht vom unmittelbaren Anlass lösen. Der Hund bellt, weil er sein Frauchen kommen sieht. Er bellt aber nicht, um einem anderen Hund von einem früheren Besuch seines Frauchens zu berichten, an den er sich noch gut erinnert. Der Hund kann keinen Witz bellen. Er kann nicht ironisch bellen oder in Anführungszeichen, indem er einen anderen Hund zitiert. Für all das müsste der Hund den Sinn eines Satzes verstehen. Indem Menschen Sprache losgelöst von einem unmittelbaren Zusammenhang verwenden können, können sie sich auf allgemeine Wahrheit beziehen. Erst dann hat ihre Sprache »Sinn«. Und da Sprache ein komplexes System ist, in dem sich alle Teile aufeinander beziehen, muss der Übergang zur Sprachfähigkeit sich mehr oder weniger spontan und auf einmal ereignet haben.[232]

Tatsächlich ist es das, was man als menschlichen Geist bezeichnen könnte: seine Fähigkeit, Wahrheit zu erkennen. Das hat mit Sprache zu tun. »Der Geist betritt unsere Welt durch Sprache. Sein Erscheinen ist sprachabhängig«, so der kanadische Philosoph Charles Taylor.[233]

Durch Sprache kann der Mensch auf viel umfassendere Weise sozial interagieren als Tiere. Zugleich wächst die Autonomie des Individuums: Es kann »Ich« sagen und sich gegenüber anderen auf eigene Gedanken beziehen. Durch Sprache entsteht Kultur und kann weitergegeben werden. Es sind genau diese Dinge, die den Menschen kategorial von Tieren unterscheiden.[234] Und sie geben ihm den Tieren gegenüber einen entscheidenden Vorteil. In der Genesiserzählung wird der Mensch als *Abbild Gottes* bezeichnet. Doch in welcher Hinsicht? Gott selbst wird bis zu diesem Zeitpunkt nur bei einer einzigen Tätigkeit und mit einer einzigen Eigenschaft beschrieben: Er erschafft etwas aus dem Nichts, und zwar indem er spricht. Adam bekommt von Gott den Auftrag, über die Erde zu herrschen. Und die erste ihm aufgetragene Amtshandlung ist: Er darf den Tieren Namen geben: »Und wie der Mensch jedes lebendige Wesen benannte, so sollte es heißen.« (Gen 2,19) Im alttestamentlichen Denken ist Sprache etwas unglaublich Machtvolles: Sprache bewirkt etwas, Sprache erschafft etwas Neues und genau darin zeigt sich die Gottesebenbildlichkeit des Menschen.

Der Geburtstag der Lüge

Alles, was Kraft hat, kann auch missbraucht werden. So wie mit der Sprache die Fähigkeit kommt, die Wahrheit zu sagen, beginnt damit auch die Fähigkeit, Sprache zu missbrauchen. Delphine geben Lautzeichen von sich, doch sie können nichts Wahres oder Falsches sagen. Die Geschichte der Menschheit ist daher leider auch eine Geschichte der Lüge, der Verleumdung, der Abwertung, der Vertuschung und der Verdrehung von Wahrheit – alles mit Sprache. Auch darüber berichtet die Geschichte vom Garten Eden.

Das große Alleinstellungsmerkmal des Menschen ist zugleich sein Schwachpunkt: die Sprache. Die Schlange beginnt zum Menschen zu sprechen. Sie steht für das verlockende Angebot, die Wahrheit zu verdrehen. »Hat Gott wirklich gesagt: Ihr dürft nicht von allen Bäumen des Gartens essen?« (Gen 3,1) Der Beginn der Verführung ist keine plumpe Lüge, sondern nur eine kleine Variante der Wahrheit. Tatsächlich hatte Gott dem Menschen erlaubt, von einer riesigen Anzahl von Bäumen zu essen. Es waren genug davon da und alle waren köstlich. Eine einzige Einschränkung: Der Mensch soll an den Baum der Erkenntnis von Gut und Böse nicht Hand anlegen, sonst wird er sterben. Entgegen populärer psychologisierender Auslegungsversuche geht es hier nicht um einen dringend erforderlichen Schritt in die Autonomie, so, als müsste der Mensch ungehorsam werden, um auf eigenen Beinen zu stehen.[235] Gott wollte ja nicht verhindern, dass der Mensch von Gutem und Bösem weiß. Er selbst hatte ihm ja gesagt, dass es etwas gebe, das er auf keinen Fall tun solle, weil es tödlich wäre: nämlich sich eigenmächtig des Baumes der Erkenntnis zu bedienen.[236] Es geht Gott nicht darum, den Menschen klein zu halten. Er selbst hat ihn ja als sein Ebenbild erschaffen. Er setzt auch kein beliebiges Verbot in die Welt, sondern sagt: »Denn am Tag, da du davon isst, musst du sicher sterben« (Gen 2,17). Sobald der Mensch versucht, Gut und Böse eigenmächtig zu definieren, wird es gefährlich. Sobald der Mensch beginnt, die Wahrheit zu verdrehen, wird es tödlich. Denn nichts zerstört den Sinn so sehr wie die Lüge.

Kein Sinn ohne Wahrheit

Im ganz alltäglichen Gebrauch ist das Wort »Sinn« philosophisch eher genügsam. Sport ist eine sinnvolle Beschäftigung, das ehrenamtliche Engagement im Gesangsverein oder ein handwerkliches Hobby: So etwas kann sinnstiftend sein.

Mit aller Härte stellt sich die Sinnfrage aber in existenziellen Krisen. Welchen Sinn hat all das jetzt noch? Gerade der Verlust eines lieben Menschen kann alles, was vorher Halt gab und zum normalen Leben gehörte, hohl und sinnlos erscheinen lassen.

Jeder Mensch wird früher oder später mit Leiden, Schuld und Tod konfrontiert. Die *tragische Trias* nennt Frankl diese drei, an ihnen zerschellen alle oberflächlichen Antworten. Unweigerlich donnert eine Frage über alle Sinnkonzeptionen herein: Lohnt sich das Leben noch? Gibt es Grund, an das Gute zu glauben, jetzt, wo mir so radikal Böses geschehen ist? In existenziellen Krisen trägt nicht mehr das Gefühl allein, sondern die Wahrheitsfrage stellt sich mit aller Wucht.

Logotherapie nennt man den von Viktor Frankl entwickelten psychotherapeutischen Ansatz. Er geht davon aus, dass vielen menschlichen Krisen ungelöste Sinnfragen zugrunde liegen. Der erste Schritt zur Bewältigung ist dabei ein Blick auf die Fakten. Das wissen auch die *Anonymen Alkoholiker*: Der radikal ehrliche Blick auf das, was wirklich ist, ist der erste und entscheidende Schritt zur Veränderung.[237] Was Adam im Garten Eden lernen durfte, ist bis heute relevant: Wenn man die Dinge beim Namen nennt, kommt langsam wieder Ordnung ins Leben. »Die Wahrheit wird euch frei machen«, so wird Jesus das später formulieren (Joh 8,32). Menschen bekommen keinen Zugang zu ihrem tiefsten Sinn, wenn sie die Wahrheit nicht sehen wollen. Das beginnt, wie schon im Kapitel über die Beschäftigung mit der eigenen Vergangenheit beschrieben, mit jenen Teilen der Familiengeschichte, die man vielleicht lieber nicht sehen würde.

Sinn bedeutet auch: Welche Geschichte über mein Leben ist wahr? Seit es Menschen gibt, erzählen sie Geschichten. Wir können gar nicht anders, als die vielfältigen Ereignisse der Welt in Geschichten zu organisieren. Wir glauben intuitiv, dass es eine Handlung, einen Sinn dahinter gibt.

Das scheint auch ein Grund für unseren angeborenen Hang zur Religion zu sein.[238] Geschichten erzählen nicht einfach nur, was passiert ist, sondern sie erzählen den Sinn dahinter. Nicht umsonst verwenden wir für die Bedeutung eines Textes dasselbe Wort Sinn wie für die Bedeutung des Lebens. Ein sinnloser Text hat keinen Inhalt, er sagt nichts aus. So wie die Welt, wenn sie sinnlos scheint. Und: Der Mensch erzählt am liebsten Geschichten über Menschen. Darin kommt viel mehr zum Ausdruck als nur das, »was« passiert ist. So, wie eine Autobiografie etwas anderes ist als eine Kopie des Terminkalenders. Indem Menschen Worte finden, entdecken sie Sinn.[239] Nichts hat deshalb einen so desorganisierenden Effekt auf den Menschen wie Lügen. Der Humus, auf dem der Sinn wächst, ist die Wahrheit. Die Lüge ist das Dioxin des menschlichen Gartens.

5. Sinn ist wichtiger als Glück

Warmes Sonnenlicht fällt durch die Zweige. Weiße Stoffbänder und kunstvolle Blumengestecke. Die Brautmädchen in ihren farbigen Kleidern wischen sich eine Träne aus dem Augenwinkel. Hier kommt die junge Frau ganz in Weiß, an der Hand ihres Vaters nach vorne geführt. Eine Hochzeit im Freien an einem Ort, der aussieht, als sei dort immer Sommer. Musikstücke, ein paar verlesene Texte, Segenssprüche und überall lachende Gesichter: Das ist die Hochzeit von Ian und Larissa. In seinem hellgrauen Anzug sieht Ian richtig edel aus. Er lacht und winkt in die Menge, Applaus und Fotos. Aufstehen kann er jedoch nicht. Auch kaum sprechen. Denn nach einem schlimmen Unfall ist er schwer behindert.

In einem bewegenden Video erzählt Larissa Murphy ihre Geschichte. Sie und Ian standen kurz vor der Verlobung, als Larissa die schreckliche Nachricht erhielt. Auf dem Weg nach Pittsburgh hatte er einen

Verkehrsunfall. Eine komplizierte Notoperation rettete sein Leben, doch sein Gehirn blieb schwer beschädigt. Für Larissa war eine Welt zusammengebrochen. Wie sollte es nun weitergehen? Für Ian hatten qualvolle Monate begonnen, in denen er nicht sprechen, nicht selbst essen und sich kaum bewegen konnte. Er brauchte rund um die Uhr Pflege. Larissa entschied sich in dieser schwierigen Lage, zu Ians Familie zu ziehen und sich um ihn zu kümmern. Doch wie sollte es mit ihrer Beziehung weitergehen? Sie wird nachdenklich, als sie im Video erzählt, wie die für sie einzige Lösung auf einmal vor ihr lag. Ian und sie hatten sich vor dem Unfall geliebt und wollten heiraten. Ihre Welt war so radikal anders geworden. Doch wie könnte sie ihm jetzt die Treue brechen? Sie habe sich entschieden, Ian zu heiraten, falls er wieder mit ihr kommunizieren und seinen Willen zur Hochzeit würde ausdrücken können. Und so kam es. Als Zuschauer hält man fast den Atem an, wenn man die junge, hübsche Larissa neben Ian sitzen sieht. Sein Mund halboffen, die Glieder verkrampft, kaum verständlich sprechend und nur einzelne Worte. Nein, ihr Leben würde nie dasselbe sein. Doch die Natürlichkeit, mit der die beiden einfach das tun, was sie in der schwierigen Lage tun können, berührt. Wie Larissa über all das spricht und die liebevolle Selbstverständlichkeit, mit der sie einen Weg gewählt hat, der alles andere als leicht ist, strahlt auf unmittelbar berührende Weise. Was die beiden ausstrahlen, mutet fast heilig an.

Es ist mehr als nur *Glück*. Es ist etwas viel Tieferes. *Sinn*.

Die Geschichte von Larissa und Ian macht auf berührende Weise deutlich: Teil des menschlichen Dramas ist die Tatsache, dass wir uns einen großen Teil dessen, was uns zustößt, nicht ausgesucht haben. Völlige Kontrolle ist eine Illusion. Bestünde sinnhaftes Leben darin, immer die eigene Vorstellung vom Leben verwirklichen zu können, sähe es für die meisten Menschen fast immer sehr schlecht aus. Was ist also sinnhaftes Leben?

Ob es um Glück, persönliche Macht oder um etwas ganz anderes im Leben geht, davon handeln die ältesten philosophischen

Gespräche Europas. Sokrates lebte im Griechenland der attischen Demokratie und hat eine so bedeutende Stelle in der Philosophiegeschichte, dass alle vor ihm »Vorsokratiker« genannt werden. Er verbrachte seine Zeit auf Athens Marktplatz und diskutierte mit unterschiedlichen Gesprächspartnern. Sein Schüler Platon hat die Dialoge auf Altgriechisch überliefert. Ein wiederkehrendes Thema ist das gelungene Leben. Einer seiner Gesprächspartner, Kallikles, vertritt die Auffassung, der Natur des Menschen entspreche es, seine Impulse durchzusetzen und ohne Behinderung durch äußere Grenzen zu verwirklichen.[240] Im Gegensatz dazu zeichnet Sokrates das Ideal des tugendhaften Lebens, eines Lebens, das sich am Guten orientiert. Das sei noch wichtiger als die eigenen Wünsche. Sokrates' Philosophie wurde auf die harte Probe der Realität gestellt. Im Jahre 399 v. Chr. wegen angeblicher Gottlosigkeit und Gefährdung der Jugend zum Tode verurteilt, lehnt Sokrates es dennoch ab, sich durch Flucht der Strafe zu entziehen. Platons Buch *Phaidon* schildert auf ergreifende Weise die letzten Stunden. Die Freunde versuchen, Sokrates zur Flucht zu drängen, doch dieser erachtet den Gehorsam gegen das Gesetz für höher als persönliches Überleben. Gleichmütig und furchtlos nimmt Sokrates den Schierlingsbecher. Vorher hatte er noch gebadet, um den Frauen keine unnötige Mühe mit dem Waschen des Leichnams zu bereiten. Er stirbt in völliger Seelenruhe. Phaidon beendet seine Erzählung mit der Feststellung, unter allen Menschen, die er je gekannt habe, sei Sokrates der beste und gerechteste gewesen.

Die Philosophie des Kallikles ist heute weit verbreitet. Wir leben in einer Kultur, in der es selbstverständlich ist, nach persönlicher Erfüllung und der Verwirklichung der eigenen Träume zu streben. Die heute unter 50-Jährigen hatten Eltern, die selbst im Windschatten der 68er-Bewegung aufwuchsen. Dass es um das Individuum geht, dass jeder seinen eigenen Weg finden muss und generell frei sein sollte, zu leben, wie er will, das sind Gedanken, die wir mit der

Muttermilch eingesogen haben.[241] Unter *Millennials* und in der noch jüngeren *Generation Z* ist die Auffassung besonders ausgeprägt, dass jeder etwas ganz Besonderes sei und unabhängig von Leistung ein Recht darauf habe, anerkannt und wertgeschätzt zu werden. All das ist grundsätzlich richtig und positiv. In einem erfüllten Leben geht es aber um mehr als um die persönliche Großartigkeit. Es geht um Ziele, die außerhalb des Selbst liegen. »Unser normales Verständnis von Selbstverwirklichung setzt aber voraus, dass außer dem Selbst noch andere Dinge wichtig sind«[242] – und genau das stifte Sinn, so Maslow.

Viktor Frankl erkannte ausgerechnet im Leid des KZ den Sinn seines Lebens. Wie jeder, der in Leid gerät, wurde er von quälenden Fragen überflutet. Warum gerade ich? Was ist der Sinn all dessen? Für Frankl änderte sich alles, als ihm langsam dämmerte, dass man diese Fragen auch umdrehen könnte. Wie wäre es, wenn nicht er Fragen an das Leben stellen würde, sondern das Leben selbst an ihn? Wenn er aufhören würde, mit der schrecklichen Situation im KZ zu hadern, und stattdessen sie als Fragen verstehen und versuchen würde, eine Antwort darauf zu geben? Frankls Antwort war der Versuch, das Erleben in Auschwitz zu analysieren und Lehren für die Nachwelt daraus zu ziehen. Ihm wurde bewusst, dass das seine Verantwortung sei. Seine existenzielle Wende.

In einem treffenden Vergleich rechnet Frankl daher mit einer naiven Vorstellung von Selbstverwirklichung ab. Das Auge ist zum Sehen gemacht. Es erfüllt seinen Sinn darin, dass es sieht: wenn es *etwas* sieht. Der Sinn des Auges ist nicht, sich selbst zu sehen. Woran erkennt jemand, dass sein Auge gesund ist? Wenn er den Baum auf der anderen Straßenseite klar und deutlich sehen kann. Die Hornhaut ist durchsichtig. Wenn er etwas von der Hornhaut sähe, würde das seinen Blick trüben. Das gesunde Auge sieht sich nicht selbst, es sieht etwas anderes. Übertragen könnte man sagen: Der Sinn des Leben besteht eben nicht in der Selbstverwirklichung oder im »Glück«, sondern das

Gefühl von Stimmigkeit, Selbstverwirklichung und vielleicht sogar Glück stellt sich ein, wenn man sinnvoll lebt. Das bedeutet: sein Leben in den Dienst von etwas Höherem zu stellen; die Bereitschaft, Opfer zu bringen; seine Existenz in Dankbarkeit etwas Größerem zu widmen. Darin sieht der britische Philsoph Roger Scruton die Kernbotschaft religiösen Lebens.[243]

Ins Säkulare und in eine Zeit übersetzt, die persönliche Entfaltung als extrem hohen Wert ansieht, könnte das heißen: Übernimm Verantwortung für etwas wirklich Wertvolles. Sei bereit, dafür Opfer zu bringen. Hör auf, dich zu beklagen, und höre, welche Fragen das Leben an dich stellt. Wer könntest du sein, wenn du über Jahre hinweg und mit Beständigkeit nicht das tätest, was bequem ist, sondern was sinnvoll und wahrhaftig ist? Es könnte gut sein, dass du eines Tages aufwachst in einem erfüllten, ausgefüllten Leben und nur eines ist weg: die quälende Sinnfrage.

Um es deutlich zu betonen: Die menschlichen Katastrophen des Viktor Frankl und der Verbrechen in den Konzentrationslagern sind entsetzlich. Es soll hier nicht darum gehen, einem plumpen Leidenspathos das Wort zu reden nach dem Motto: Ohne Leid kein Sinn. Das ist zwar eine wichtige Perspektive und in existenziellen Situationen stellt sich die Sinnfrage vielleicht am radikalsten. Zugleich wird Sinn aber gerade auch in dem gefunden, was wir vorher durchdacht haben: in der Verbundenheit. Die Sprache deutet das an: Nach Ludwig Wittgenstein gibt es keine Privatsprache, der Mensch als sprechendes Wesen ist immer auf den anderen angewiesen, auf Verbundenheit. Sprache verbindet, heißt es so schön, und darin liegt Sinnhaftigkeit. Zugleich werden wir später noch sehen, dass in der Schönheit tiefer Sinn liegen kann, dass wir durch sie dorthin gelangen. Und wir erfahren Sinn in der Kreativität, im Schaffenden und Schöpfenden.

6. Sinn denkt man nicht, Sinn tut man

Nach den vorangegangenen fünf Eigenschaften ergibt die letzte sich fast von selbst: Sinn liegt in dem, was man tut. Das Denken allein reicht nicht.

Die Frage nach dem Sinn ist nichts, was man ein für allemal beantworten kann. Sie ist wie ein Wegweiser. Das Gefühl von Sinnlosigkeit zeigt uns, dass etwas nicht mehr passt, dass sich etwas ändern muss. Die Lösung kann deshalb auch keine rein intellektuelle sein. Es reicht nicht, den ganzen Tag über den Sinn nachzudenken. Sinnvoll wird das Leben, wenn man etwas Wertvolles tut. Die Logotherapie kennt deshalb einen Viererschritt: Am Anfang eines Sinnfindungsprozesses steht die Wahrnehmung der Realität und die Auswertung von Möglichkeiten. Wie sieht mein Leben gerade aus und welche Optionen habe ich?

Wie bei den *12-Schritte-Gruppen* beginnt alles damit, mit der Lüge aufzuhören und die Realität anzunehmen. Erst das befreit aus der Stagnation. Manchmal ist das nicht so einfach und manche kommen auch nicht von alleine an diesen Punkt. Situationen können so verfahren sein, dass man Hilfe braucht, um die eigene Situation zu überblicken und ganz langsam Handlungsoptionen zu klären. Der nächste Schritt des Sinnfindungsprozesses besteht darin, das zu wählen, was den größten Wert hat. Was ist wirklich am wichtigsten? Bei einer beruflichen Sinnkrise kann diese Frage bedeuten: Wie wichtig ist mir das Gehalt? Oder ist es mir wichtiger, durch meine Arbeit zu einer Sache beizutragen, die ich an sich wertvoll finde? Der vierte und letzte Schritt ist dann die Umsetzung. Wirkliche Veränderung kommt durch verändertes Handeln. Oder wie der amerikanische Franziskanerpater Richard Rohr so schön sagt: »Wir denken uns nicht in einen neuen Lebensstil hinein, wir leben uns in einen neuen Denkstil hinein.«[244] Erst im Tun vollzieht der Mensch das Beantworten der Lebensfragen.

Das bedeutet aber auch: Das Tun kann vor dem Denken kommen. Das Wort des Aristoteles vom *zoon logon echon* kann auch übersetzt werden: Der Mensch ist das Lebewesen, das den Sinn ergreift. So zu leben, als gäbe es einen Sinn, als gäbe es das Gute, als hätte jeder Mensch und als hätten auch scheinbar kleine Taten wirklich Bedeutung: Genau das wäre ein genuin menschliches Leben:[245] ein Leben, in dem die Menschen sich ehrlich auf die Suche nach dem Wahren und Guten machen und dann das tun, was das Leben von ihnen verlangt. Genau dort entsteht ein kleines Stück Eden in der Wüste: ein Garten, in dem Blumen und Früchte wachsen, auch für andere.

Drei aktuelle Probleme

An einem Dienstagvormittag im April 1999 betritt Eric Harris das Gelände seiner Highschool. Er trägt ein T-Shirt, auf dem »Natural Selection« steht, natürliche Auslese. Es ist 11:19 Uhr und ein sonniger Tag in Denver, Colorado. In seinem Gepäck: eine abgesägte Schrotflinte, ein Sturmgewehr und selbstgebaute Propangasbomben. Im Laufe der nächsten 45 Minuten wird Eric zusammen mit einem Schulfreund 188 Schüsse abgeben und dabei 12 Schüler im Alter von 14 bis 18 Jahren und einen Lehrer gezielt hinrichten, weitere 24 Menschen zum Teil schwer verletzen. Als die Polizei das Gelände kurz nach 12:00 Uhr stürmt, haben beide Täter sich das Leben genommen. Sie hinterlassen ein Blutbad und lösen eine solche Schockwelle aus, dass das *Columbine-Massaker* eine Zäsur in der amerikanischen Geschichte darstellt. Noch nie zuvor hatte es solche Formen von Gewalt an der Schule gegeben. Einige Monate vor der Tat schreibt Eric in sein Tagebuch: »Die menschliche Rasse ist es nicht wert, dass man für sie kämpft, nur, dass man sie tötet. Gebt die Erde den Tieren zurück, sie verdienen sie unendlich mehr als wir. Nichts hat mehr irgendeine Bedeutung.«[246]

Die Empfindung völliger Sinnlosigkeit ist nicht auf so extreme Beispiele beschränkt. Sie durchdringt die moderne Kultur in vielen Bereichen.

Bei manchen Ereignissen weiß man noch viele Jahre später, an welchem Ort man sich befand, als man davon hörte. Für mich trifft das auf den Moment zu, als ich den ersten Song einer ominösen jungen Band hörte, und für den Moment, als ich in der Zeitung von ihrem Ende las.

Nevermind bedeutet »egal« oder »Mach dir keine Gedanken« und ist der Titel eines der erfolgreichsten Rockalben der Neunziger. Als Bandname haben Kurt Cobain und seine Freunde sich das traditionelle buddhistische Wort für »Nichts« ausgesucht: Nirvana. Mit ihrem unverwechselbaren Gitarrensound und Hits wie *Smells like teen spirit* brach Nirvana alle Rekorde. Selbst Michael Jackson, den King of Pop, verdrängten sie von seiner Chartposition. Mit 30 Millionen verkauften Exemplaren gehört die Platte laut *Stern* zu den wichtigsten Alben der Musikgeschichte.[247] Ihr Einfluss auf Musik und Mentalität der Jugendkultur war immens.

Cobain mit seinen schlabbrigen Wollpullis, den langen blonden Haaren und dem stechenden Blick war die Ikone einer Generation. Und an jenem Morgen im April 1994 stand in der Zeitung, dass er tot aufgefunden worden war. Für meine Freunde und mich saß der Schock tief, einige Mädchen malten sich ein großes »K« für »Kurt« auf den Arm. Mein Bruder gründete eine Band, deren Namen auf Cobains Tod Bezug nahm. Der 27-Jährige hatte sich mit einer Schrotflinte in den Kopf geschossen. Er hinterließ eine Frau und ein Kind. Als seine Tagebücher Jahre später für etliche Millionen Dollar verkauft und veröffentlicht wurden, warteten viele auf die Enthüllung des Rätsels hinter einem so kreativen, so charismatischen und offenbar so verzweifelten jungen Mann. So erfolgreich er war, so kometenhaft der Aufstieg, Cobains *Journals* sehen aus wie der vollgekritzelte Block eines gelangweilten Schülers und sind eine chaotische Ansammlung von wirren Textstücken. Es bleibt nur der Eindruck eines zutiefst zerrissenen Menschen, der keinen Sinn, keine Orientierung hat und so immer tiefer in die Heroinsucht schlittert. »*Oh well, whatever, never mind*« und »*I feel stupid and contagious, here we are now, entertain us*«

waren nicht nur Textzeilen der Hymne einer Generation, zu der auf den Partys meiner Teenagerjahre wild getanzt wurde. Sie waren auch der reale Hilfeschrei einer zutiefst in Sinnlosigkeit gefangenen Seele.

Im Hamsterrad

Sinnlosigkeit tötet.[248] Doch über den Sinn nachzudenken ist heute nicht gerade leicht. Zunächst ist positiv festzuhalten: Wir gehören zur ersten Generation, die das in aller Freiheit kann. Die Freiheit, so zu leben, wie man möchte, ist heute viel stärker ausgeprägt als jemals zuvor in der Geschichte. Sie kann sogar als eines der wichtigsten Kennzeichen der Moderne bezeichnet werden. Mit der größeren Freiheit kommt aber auch die Last, sich selbst zu definieren. Unter den Gefangenen im GULAG habe es wohl weniger Selbstmorde gegeben als in der Freiheit, mutmaßt Solschenizyn, durchaus provokant.[249] Nicht, dass man das Gefängnis wolle, doch auch die Autonomie hat eben ihren Preis. Mit der zunehmenden Freiheit von vorgegebenen religiösen oder ideologischen Systemen wächst auch die Schwierigkeit, für sich selbst Orientierung zu finden. Die Sinnfrage ist heute einerseits von besonderer Aktualität, andererseits leben wir in einer Kultur, die ihre Beantwortung erschwert. Dies liegt zum einen an der zentralen Rolle, die der Konsum für das Privatleben und die ganze Gesellschaft einnimmt. Während wirtschaftliche Produktion in früheren Zeiten in erster Linie der Befriedigung von Bedürfnissen diente, wechselt ihre Funktion in der Moderne. Der Kapitalismus erzieht und schafft die Subjekte, deren er bedarf, wie Max Weber schon 1904 analysiert hat.[250] »Wir müssen Amerika von einer Bedürfnis- zu einer Begehrenskultur machen. (…) Menschen müssen trainiert werden, neue Dinge zu wollen, bevor die alten ganz aufgebraucht sind. Wir müssen eine neue Mentalität formen. Das Begehren des Menschen muss seine Bedürfnisse übertreffen.« Was wie ein obskures Zitat aus einem Buch über Verschwörungstheorien klingt, ist tatsächlich ein Zitat von Paul Mazur, einem langjährigen Seniorpartner bei *Lehman Brothers*.[251] Dass die Bank bei ihrer Insolvenz im Jahr 2008 nicht nur einen Schuldenberg von über 200 Milliarden US-Dollar hinterließ, sondern eine der größten weltweiten Finanzkrisen der jüngeren Vergangenheit auslöste, zeigt, dass die dahinterstehende Idee offenbar nicht unproblematisch ist. Sie ist aber zum typischen Kennzeichen der Gegenwart geworden: Man braucht ein neues iPhone, weil ein neues iPhone auf dem Markt ist. Früher oder später wird das alte iPhone auch nicht mehr funktionieren – nicht, weil es technisch defekt wäre, sondern weil die Software sich so weiterentwickelt hat, dass es dadurch irgendwann nicht mehr operabel ist. Die Wirtschaft ist darauf angewiesen, dass wir nicht nur kaufen, wenn wir etwas brauchen, sondern grundsätzlich. »Dynamische Stabilisierung« nennt Hartmut Rosa das gesellschaftliche Phänomen: Die Wirtschaft muss wachsen, um stabil zu bleiben. Wenn sie stagnieren würde, wäre das System selbst gefährdet.[252] Konsum wird also zum Grundstock der Gesellschaft. Und das hat massive Auswirkungen darauf, wie wir uns als Menschen sehen. Der französische Soziologe Jean Baudrillard (1929–2007) argumentiert, das Konsumieren habe sich in der westlichen Welt zum zentralen sinnstiftenden System entwickelt. Ich konsumiere, also bin ich. Nicht der Atheismus hat das Christentum verdrängt, sondern das Einkaufen.[253]

Kult des Neuen

Eine grundsätzlich auf den Konsum ausgerichtete Gesellschaft hat es schwer, nach einem Sinn zu fragen, der eben gerade nicht darin besteht, mehr zu haben. Sie hat es andererseits auch deshalb besonders schwer, weil die technische Konsumgesellschaft Vergangenheit eliminiert. Durch ihren Charakter der »dynamischen Stabilisierung« muss sie ständig das Neue schaffen und das Alte hinter sich lassen. Wir leben in einer Zeit, die das Neue und das Jugendliche in einer Weise feiert, die allen früheren Menschheitskulturen fremd ist. Vom Konfuzianismus über afrikanische indigene Völker bis hin zu den »alten« Griechen galt das Alter als weise, die Jugend als unerfahren. Das ist heute genau andersherum. Die Alten gelten als die Abgehängten, weil das Alte längst vom Neuen ersetzt wurde. Deutlich wird das schon in vielen Berufsfeldern. Moderne Programmiersprachen zum Beispiel entwickeln sich so schnell, dass ein 20-Jähriger, der in einer entscheidenden neuen Anwendung einer solchen Sprache firm ist, jedem 50-Jährigen mit langer Berufserfahrung im IT-Bereich weit überlegen ist. Im Silicon Valley formen Visionäre in ihren Zwanzigern und Dreißigern die Zukunft von morgen. Es ist deshalb auch kein Zufall, dass ein Teenager namens Greta Thunberg weltweit in die wichtigsten politischen Gremien eingeladen wird, um über die Lösung der komplexesten Zukunftsfragen zu sprechen. Denn wir trauen das tendenziell den jüngeren Menschen zu.

Bei aller Frische und Innovation, die durch technische Beschleunigung und Jugendkultur aufkommt, haben diese Trends eine deutliche Schlagseite: Sie fördern eine recht begrenzte Sicht auf das Gesamte des menschlichen Lebens. Gerade der Sinn erfordert aber die Zusammenschau des Komplexen, einen Blick auf das große Ganze.

Die Perspektive des Jugendlichen betont das Machbare im Leben: Lebe deine Träume. Folge deinen Idealen. Setze deine Pläne um. Sich das grundsätzlich zuzutrauen, ist die Stärke der Jugend und es ist traurig, wenn sie einem jungen Menschen fehlt.

Die ganze Wahrheit über das Leben ist das freilich noch nicht. Krisen und Grenzerfahrungen erleben wir auch schon als Kinder und Jugendliche. Solche Erfahrungen konfrontieren uns mit dem, was wir nicht kontrollieren können. Gerade die Erschütterung der alltäglichen Selbstverständlichkeiten, das Leiden und der Tod sind jene Größen im Leben, die die Sinnfrage wachrufen. Und je älter man wird, desto mehr eigene und fremde Pläne sieht man auch scheitern, desto mehr körperliches Leiden erfährt man in der Regel selbst, desto mehr Freunde und Verwandte sterben. Zwar hat die Neuzeit das Sterben aus den Wohnzimmern in die Krankenhäuser verlagert und kennt auch den Brauch des Aufbahrens von Leichen kaum mehr; die Anzahl der Krankenhausbesuche und Beerdigungen nimmt mit dem Alter trotzdem zu.

Die Schicksalsschläge des Lebens und die Erfahrung von Alter, Leid und Sterben sind das exakte Gegenteil eines immer stetigen technischen Fortschritts: Sie werfen den Menschen immer wieder auf dieselben tragischen Grundfragen zurück, die uns schon in der griechischen Tragödie des 4. Jahrhunderts v. Chr. begegnen. Da hat sich wenig geändert. Unser Fokus auf Jugend und Technik verschleiert sie jedoch.

Wir leben zum Glück in einer Epoche großer persönlicher Freiheiten. Es gibt so viele neuzeitliche Entwicklungen, die wir niemals geringschätzen dürfen! Mehr soziale Freiheit führt aber nicht automatisch zu mehr innerer Freiheit. Von Konsum und Informationsflut gesättigt kann es besonders schwer sein, heute zu einem sinnvollen Leben zu finden. Oder auch nur darüber nachzudenken, weil es ja so viele Möglichkeiten gibt. Die Suche nach dem Sinn ist also heute besonders elementar – und zugleich tun wir uns schwer damit.

An sechs Fragen soll das im Folgenden dargestellt werden. Sie berühren eine Vielzahl scheinbar ganz unzusammenhängender Bereiche, doch sie stehen alle in engem Zusammenhang mit dem Thema Sinn. Und sie werden entscheiden, ob wir den menschlichen Garten Eden kultivieren oder erodieren lassen. Ohne Sinn jedenfalls können wir nicht leben. Mit Sinn haben wir dagegen etwas, was kein Computer der Welt je wird erreichen können: tiefes, echtes menschliches Leben.

Die Fragen lauten:

- Wie lernen wir wieder denken?
- Gibt es Wahrheit oder nur Konstrukte?
- Ist alles gut, was sich gut anfühlt?
- Hat die Meinungsfreiheit Grenzen?
- Sind wir Person oder ein Ding?
- Was oder wen beten wir an?

Sie werden dargestellt anhand dreier aktueller Probleme.

Problem 1: Kultur der Ablenkung

Während Sie zehn Seiten in diesem Buch lesen, wird in Deutschland statistisch ein neues Buch veröffentlicht. Jeden Tag durchschnittlich 256. Weltweit jedes Jahr über zwei Millionen.[254] Sie bräuchten wohl ein ganzes Leben, um die Bücher zu lesen, die auf Deutsch innerhalb einer Woche erscheinen. Das sind aber nur die Bücher. Ein großer Teil der Informationsweitergabe geschieht heute digital. Im Jahr 2005 wurde das erste Video auf YouTube geladen. Es zeigt den YouTube-Mitbegründer Jawed Karim vor ein paar Elefanten bei einem Besuch im Zoo von San Diego. Seither kamen einige hundert Millionen dazu – und in der nächsten Minute allein 500 Stunden Videomaterial. Sie bräuchten etwa 82 Jahre, um anzusehen, was innerhalb der nächsten 24 Stunden hochgeladen wird. Hat sich das Gesamtvolumen des Wissens der Menschheit früher nur alle paar Jahrhunderte verdoppelt, geschieht das heute innerhalb einiger Monate. Messbar ist das nur schwer. Wäre man jedoch bestrebt, alle neuen wissenschaftlichen Artikel aus dem Bereich der Medizin zu lesen, müsste man täglich einen Berg von 5000 davon abarbeiten, und alle 26 Sekunden käme ein neuer Artikel dazu. Macht man am Ende des Tages Feierabend, kann man sich beim Aufstehen am nächsten Morgen auf die 2000 neuen Artikel freuen, die in den Stunden der Ruhe veröffentlicht wurden.[255] Auch die Stunden der Entspannung sind bei den meisten Menschen medial gefüllt. Was für die Geschwindigkeit der Forschung eine großartige Sache ist, kann zum echten Problem für andere Lebensbereiche werden. Denn während die Speicherkapazitäten der Rechenzentren von Google schier unendlich groß werden und die Uploadgeschwindigkeit immer höher, bleibt unsere Aufmerksamkeitsspanne begrenzt. Wir sind also gezwungen, in derselben Zeit immer mehr Daten aufzunehmen.

Tiefes Denken

In seinem weltweit gefeierten Buch *Thinking, fast and slow* zeigt der israelische Kognitionspsychologe Daniel Kahneman auf, wie menschliche Entscheidungen nach zwei verschiedenen Funktionsweisen des Gehirns getroffen werden: schnelles, intuitives und langsames, reflektierendes Denken. Unser schnelles Denken agiert nach dem Muster: *What You See Is All There Is.* Unser Gehirn geht intuitiv davon aus, dass es nur das gibt, was es aktuell sieht: Aus den wenigen Informationen wird eine für uns plausible Geschichte konstruiert. Dabei kann es aber natürlich zu katastrophalen Fehlentscheidungen kommen. Davor sind auch staatliche Institutionen nicht gefeit. Kahneman führt haarsträubende Beispiele auf wie den Neubau des schottischen Parlaments, der auf 40 Millionen Pfund veranschlagt war und letztendlich 431 Millionen kostete.[256] In Deutschland sind der neue Flughafen Berlin oder der Hauptbahnhof Stuttgart Exempel fast schon legendär skurriler Planungsfehler.

Das Problem ist: Im Zeitalter der permanenten Informationsüberflutung lernt unser Gehirn systematisch eine schnelle, oberflächliche Auseinandersetzung. Unser Gehirn ist nämlich ziemlich ökonomisch. Gehirnareale wachsen und schrumpfen je nach aktiver Nutzung. Telefonnummern merken wir uns schlechter, seit das Handy sie für uns speichert, und die Fähigkeit, uns im Raum zu orientieren, nimmt nachweislich ab, seit es das Navi gibt.[257] Das schnelle Aufnehmen vieler Informationen trainiert dem Gehirn systematisch eine bestimmte Form der Verarbeitung an – und eine bestimmte ab. Als »Jägeroptik« bezeichnet Byung-Chul Han den dadurch entstehenden Blick: Auf der Jagd nach schnellen Informationen bleibt die tiefer gehende Auseinandersetzung notwendig auf der Strecke. »Muss ich das lernen oder kann ich das googeln«, fragte mich mein 16-jähriger Sohn neulich. Das Problem ist: Im Internet findet man nur Informationen. Daten und Informationen jedoch sind noch nicht die Wahrheit. »Die Information ist kumulativ und additiv, während die Wahrheit exklusiv und selektiv ist.«[258] Den Trend kann ich jedenfalls bei meinen beiden Teenagern gut verfolgen: Die Vorbereitung auf ein Referat ist im Wesentlichen das Googeln und Zusammenschreiben von Informationen.

Dass die schiere Menge an verfügbaren Informationen ein Problem darstellen könnte, davor wird schon seit Langem gewarnt. Der US-Medienwissenschaftler und Sachbuchautor Neil Postman schrieb im Jahre 1992: »Unsere Abwehrmechanismen gegen die Informationsschwemme sind zusammengebrochen; unser Immunsystem gegen Informationen funktioniert nicht mehr. Wir leiden unter einer Art von kulturellem Aids.«[259] Was er mit dem Bild der Autoimmunerkrankung meint: Uns fehlt zunehmend die Fähigkeit zur Analyse. Daten werden gesammelt, als wäre das Ansammeln an sich schon Denken.

Doch mehr Information führt nicht automatisch zu besseren Entscheidungen – obgleich manche das anders sehen.

Das 1993 gegründete Magazin *Wired* kann als die bedeutendste Zeitschrift für die Vordenker der Internetkultur und die Technikfreaks bezeichnet werden.

Chris Anderson, der Chefredakteur, verkündete 2008 in seinem Aufsatz *The End of Theory*, unfassbar große Datenmengen brauchten keine Theorie mehr. »Wer kann schon wissen, warum Menschen tun, was sie tun? Entscheidend ist, dass sie es tun und wir es messen und mit noch nie da gewesener Sicherheit nachverfolgen können. Wenn man nur genug Daten hat, sprechen die Zahlen für sich selbst.«[260] Doch stimmt das?

Sinn sehen

In seinem neuesten Buch erzählt Harald Lesch von einem verstörenden Gespräch mit einem Forscher, der an einem Quantencomputer baut. Eine solche Maschine sei extrem schnell und darüber hinaus auch »unknackbar«, sodass, wer auch immer sie als Erster besäße, mit einem Schlag damit das gesamte Internet beherrschen könne. Danach gefragt, wie er als Forscher denn mit der Verantwortung umgehe, an etwas zu bauen, das ein so extremes Potenzial für Missbrauch mit sich bringe, reagierte dieser eher uninteressiert. Er sei nur der Techniker und habe sich mit Fragen darüber hinaus nicht zu befassen.[261]

Dieses Beispiel zeigt deutlich die Kehrseite der Geschwindigkeit: Wenn Forschung in einem einzelnen Feld schon so schnell abläuft, dass der Forscher völlig damit beschäftigt ist, damit Schritt zu halten, fehlen ihm mentale Kapazitäten für breitere Fragen und irgendwann schlichtweg auch das Interesse. Es entsteht ein professioneller Tunnelblick. Gerade globale Krisen wie die Corona-Pandemie zeigen jedoch, dass es kein einzelnes Forschungsfeld gibt, das alle Bereiche des Lebens abdeckt. In einer immer komplexer werdenden Welt ist die »Komplexitätsvergessenheit« ein immer größeres Problem.[262]

Was hat all das mit Sinn zu tun? Sinn ist nicht gleich Information. Der Sinn einer Geschichte ergibt sich erst, wenn man nicht nur einen Ausschnitt daraus kennt, sondern den Anfang und das Ende. Das, was ein Gemälde zeigen will, erkennt man nicht, wenn man zu nah dran steht, sondern nur aus einem gewissen Abstand, der es überblickbar macht. Der einzelne Farbpunkt auf der Leinwand ist zwar ein »Faktum«, doch seinen Sinn erhält er erst im ganzen Gemälde.

Weil die Komplexität der verfügbaren Informationen und Daten weiter zunimmt, wird die Fähigkeit, aus der überbordenden Fülle das wirklich Wichtige vom vielen Nebensächlichen zu trennen, die entscheidende Schlüsselqualifikation sein. Entgegen Andersons Vermutung werden in Zukunft nicht einfach nur die Rechenleistung und die Menge an Daten entscheiden, sondern die Personen oder Gruppen, die imstande sind, sich darin zurechtzufinden und Entscheidungen zu treffen, die wirklich tragfähig sind. Das hat aber mit einer Wertung zu tun. Wertung wiederum braucht Werte, nach denen aussortiert wird. Und wir empfinden das als sinnorientiert, was sich an Werten ausrichtet.

Die Zukunft wird nicht denen gehören, die am schnellsten rechnen, sondern denen, die Sinn erkennen und vermitteln können.

Digitale Flut

Obgleich in aller Munde und politisch mit viel Geld gefördert, ist die Digitalisierung in diesem Zusammenhang nicht nur Segen, sondern auch Fluch. Grundsätzlich wächst mit der Menge an verfügbaren Informationen auch die Möglichkeit, sich mit ihnen zu befassen. Nicht zuletzt in Ländern mit schlechterem Bildungssystem ist das ein kaum zu überschätzender Vorteil. Oder: Auch dieses Buch ist selbstverständlich an einem Computer verfasst und der Verfasser greift ständig auf Quellen aus dem Internet zurück. Jede Technologie, die Probleme löst, verursacht aber auch welche.

Die Digitalisierung stellt eine menschliche Revolution dar, deren Auswirkungen wir noch lange nicht vollständig überblicken können. Sie dürften gravierender ausfallen als jene der Industrialisierung, weil sie unser Denken und Fühlen bis hinein in die intimsten Lebensbereiche formt. Bevor alles, was nun kommt, zu sehr als Schwarzseherei klingt, noch einmal der Hinweis: Die Digitalisierung hat erstens massive Vorteile, nicht nur weil technische Innovation auch Fortschritt in der Medizin und anderen überlebenswichtigen Bereichen ermöglicht und damit Leben rettet. Zweitens ist sie als gesamtgesellschaftlicher Trend unumkehrbar. Eine nichtdigitale Welt wird es ebenso niemals wieder geben wie eine Welt, in der die Dampfmaschine nicht erfunden wurde. Von der Digitalisierung jedoch zu sprechen wie von einer Naturgewalt, gegen die man ohnehin nichts tun kann, oder gar wie von einer paradiesischen Zukunftschance, ist ideologisch und gefährlich. Die Zahlen sprechen eine klare Sprache.

Seit vielen Jahren erforscht die amerikanische Soziologen Jean Twenge die Jugendkultur. Im Jahr 2012 beobachte sie eine Veränderung bei bestimmten statistischen Werten, die ihr ins Auge sprang. Diese Veränderungen waren so abrupt, dass die Graphen wie scharfkantige Felszacken aussahen. So etwas hatte es in der Soziologie noch nie gegeben. Was war im Jahr 2012 passiert? Es bezeichnet den Zeitpunkt, seit dem mehr als die Hälfte aller Jugendlichen ein Smartphone besitzen.[263]

Die Sucht nach Ablenkung

Junge Menschen blicken im Schnitt 150 Mal pro Tag auf ihr Smartphone. Das bedeutet: 150 Ablenkungen. Daran gewöhnt sich das Gehirn, besonders, wenn damit ein kleiner Dopaminkick verbunden ist – zum Beispiel, weil man ein lustiges Video gesehen oder eine interessante Schlagzeile gelesen hat oder weil man sieht, dass schon 43 Personen das neue Foto auf Instagram geliked haben. Dopamin ist Teil des »Belohnungssystems« im menschlichen Gehirn und wird ausgeschüttet, wenn ein Ziel erreicht wird. Ein steinzeitlicher Jäger, der nach tagelangem Suchen endlich ein Mammut erspäht, oder eine Schülerin, die die Lösung für eine schwierige Matheaufgabe gefunden hat, sind beide plötzlich motiviert und zufrieden: Sie spüren Dopamin in ihrem Blut. Dopamin wird auch ausgeschüttet, wenn das Handy vibriert und man eine neue Nachricht bekommt, noch besser: wenn man ein farbiges Bild sieht. Und wenn es sich dann noch bewegt und die Aufmerksamkeit fesselt, ist der Effekt am größten.

Während das Bindungshormon Oxytocin, das durch körperliche Nähe und Verbundenheit ausgeschüttet wird, lange Auswirkungen hat, ist der Dopaminflash schnell vorbei. Das Gehirn hungert nach dem nächsten Kick. Während der steinzeitliche Jäger oder die Matheschülerin aber Anstrengungen unternehmen müssen, um an ihr Ziel zu kommen, ist im Internet die nächste Dosis Dopamin immer nur einen Klick oder einen Blick aufs Smartphone entfernt. Das Problem: Auch das ist schnell vorbei und der Gewöhnungseffekt wurde verstärkt. Durch ständige Wiederholung des Mechanismus entsteht ein festes Muster im Gehirn – eine Sucht. Smartphone-Sucht ist vergleichbar mit anderen nicht-stoffgebundenen Suchterkrankungen (zum Beispiel Spielsucht). »Die dabei im Gehirn beteiligten Strukturen und Prozesse sind weitgehend identisch mit denen bei stoffgebundenen Suchterkrankungen. (…) Entsprechend geht die ›Handy-Sucht‹ auch vermehrt mit depressiven Symptomen, Ängsten und Selbstvertrauensverlust einher«, so Manfred Spitzer, einer der bekanntesten Aufklärer über die Schattenseite der digitalen Revolution.[264]

Es geht dabei nicht um eine Generalverteufelung. Es geht um das richtige Maß. Ein Glas Bordeaux ist wunderbar. Das bedeutet aber nicht, dass man jeden Tag zwei Flaschen Rotwein trinken sollte. Sich einmal ablenken, ist einfach nur menschlich. Zu viel davon aber ist schädlich. Die ständige Möglichkeit, sich digital abzulenken, hat gravierende Auswirkungen auf die Konzentrations- und Gedächtnisleistungen. Am deutlichsten sieht man das bei Kindern. In einer Studie bekam eine Gruppe von Kindern am Anfang des Schuljahres eine Playstation geschenkt, eine andere nicht. Bereits vier Monate später waren schulische Leistungen und Sozialverhalten der Kinder mit Spielkonsole schlechter als die derjenigen ohne.[265] Manchmal hört man das Argument, durch digitale Medien werde die Fähigkeit zum Multitasking gestärkt. Auch hier ist vielfach der Wunsch Vater des Gedankens: Bei allen untersuchten geistigen Fähigkeiten schneiden Multitasker signifikant schlechter ab als Menschen, die sich auf eine einzige Sache konzentrieren. Sie sind langsamer und weniger fokussiert und kommen weniger oft zu guten gedanklichen Lösungen.[266] Das Nachdenken macht auch weniger Spaß, wenn man sich an Ablenkungen gewöhnt hat. Denn Nachdenken erfordert ein gewisses Maß an Langeweile, die Abwesenheit eines Kicks durch irgendetwas Neues. In einem Experiment mit 55 teilnehmenden Studenten zeigte sich so, »dass Versuchspersonen lieber etwas Unangenehmes tun, als nachzudenken. Sie konnten sich im Verlauf von 15 Minuten verordneter Langeweile leichte, aber unangenehme elektrische Schläge verpassen, was die meisten taten. ›Das Bemerkenswerte war, dass das 15-minütige Alleinsein mit den eigenen Gedanken von vielen Probanden so unangenehm erlebt wurde, dass sie sich selbst elektrische Schocks verabreichten, von denen sie zuvor gesagt hatten, sie würden Geld bezahlen, um sie vermeiden zu können‹, kommentieren die Autoren dieses Ergebnis«, und: »›Der untrainierte Geist mag nicht mit sich selbst allein sein.‹«[267]

Genau dieses Alleinsein ist wichtig. Ich selbst bin ein ausgesprochener Freund der Zeiten allein. Nicht umsonst ist die Einsamkeit in allen Religionen ein Ort der besonderen spirituellen Erfahrung.[268] Denn in der Abwesenheit von äußerem Input können sich die inneren Dinge ordnen. »Eine Wortlosigkeit, in der mehr geschieht als in allen Wörtern, die man aneinanderfügt«, um einmal mehr Etty Hillesum zu zitieren.[269]

Auch Langeweile kann ein äußerst kreativer Zustand sein. Kindern, die damit nicht umgehen lernen, bleibt eine entscheidende Lernerfahrung vorenthalten. Die Moderne ist auch eine Zeit der zunehmenden Abwesenheit von Stille.[270] Das Denken aber braucht Stille und Konzentration.

Eine der Tätigkeiten, die das fördert, ist das Lesen. Auch unser Umgang damit hat sich im Internetzeitalter verändert. Zwar wird in digitaler Kommunikation viel gelesen und geschrieben, insgesamt wird unsere Gesellschaft aber immer mehr von Bildern geprägt. Die Fähigkeit, Sinn zu erkennen, hat jedoch mit der Fähigkeit zu tun, Sprache und Texte zu verstehen. Vor diesem Hintergrund ist es bedenklich, dass die Menschen in Deutschland von Jahr zu Jahr weniger Bücher lesen.[271] Digital gelesene Texte werden nachweislich weniger intensiv verarbeitet als Bücher aus Papier. Die Fähigkeit, auch komplexere Texte zu verstehen, ist eine der Grundfesten der menschlichen Kultur.[272] Nicht zufällig ist die Fähigkeit zu lesen mit anderen wichtigen sozialen Fähigkeiten verknüpft.[273] Doch um Texte verstehen zu können, braucht man tiefe Aufmerksamkeit.

Der Kult der Ablenkung ist Sinn-feindlich. Wer die Herzensressource Sinn bewahren will, muss Strategien entwickeln, sich nicht im digitalen Dschungel zu verlieren. Eine Schlüsselkompetenz der Zukunft.

Problem 2: Mensch ohne Sinn

Im letzten Kapitel ging es darum, warum es uns heute nicht unbedingt leichter fällt, ein sinnorientiertes Leben zu führen. Im Folgenden geht es um ein tieferes Stockwerk. Meine These lautet, dass wir heute grundsätzlich größere Schwierigkeiten haben, so etwas wie Sinn zu finden, weil wir heute anders über die Welt und den Menschen denken als vor ein paar hundert Jahren. Um diesen Punkt zu besprechen, führt kein Weg vorbei an ein bisschen Philosophiegeschichte.

Fake News und die flache Erde

Sinn hat etwas mit Wahrheit zu tun, wie oben beschrieben wurde. Ein sinnvolles Leben ist eines, das sich an der Wahrheit ausrichtet. Nun ist »Wahrheit« ein sehr großes Wort. Gibt es überhaupt die eine Wahrheit und wie findet man sie? Eine der größten Menschheitsfragen! In der Geschichte vom Garten Eden beginnt das Unheil des Menschen mit demselben Thema. Die Schlange verdreht die Wahrheit und die Lüge kommt in die Welt. Wenn einer den anderen anlügt, ist das der Anfang vom Ende einer Beziehung. Das Buch Genesis erzählt, dass genau das mit unserer ursprünglichen Verbundenheit mit Gott, einander und der Natur passiert ist.

Im Zeitalter von Fake News von Wahrheit zu sprechen, ist nicht ohne Probleme. Er hatte sich gerade einen Drink an der Bar geholt, als er die junge Frau am Tresen sitzen sah. Ein bisschen sah sie aus wie ein Hippie, doch das war hier ganz normal. Irgendwo am Strand in Südamerika, ein wilder Mix aus Abenteurern, Aussteigern und Rucksacktouristen. »Was für eine traumhafte Nacht«, beginnt er. Der Mond scheint durch die Palmenblätter, Meeresrauschen. »Kaum vorstellbar, dass da oben wirklich einmal Menschen waren, oder?« Doch als romantischer Auftakt für ein ungezwungenes Gespräch funktionierte diese Bemerkung nicht. Menschen seien nie auf dem Mond gewesen. Aber es gebe doch Fotos … Nein, Hollywood könne alles fälschen. Mein Freund Elias, der mir diese Geschichte erzählte, hielt das bis zu diesem Zeitpunkt noch für einen Scherz. »Ja, klar, und die Erde ist eine Scheibe!«, meinte er lachend. Todernst bejahte seine Gesprächspartnerin. Natürlich sei das so. Aber man könne doch mit dem Flugzeug um die Erde fliegen. Nein, das sei der Flug um die Innenfläche eines Hohlraums. Und so ging es dann weiter. Die Polkappen würden von Soldaten bewacht, die verhinderten, dass man sie je erreicht. Alle Globen seien gefälscht, alle Erdkundebücher reine Propaganda. Für alles gab es eine Erklärung.

Vielleicht ein skurriles Beispiel, doch die *Flat-Earth-Theorie* hat weltweit Anhänger, es gibt sogar Konferenzen dazu. Im Internet kann sich jeder darüber informieren. Es ist nicht ausgeschlossen, dass ein Nachbar oder Arbeitskollege diese oder eine beliebig andere abenteuerliche Theorie über die Welt glaubt. Im Zeitalter der digitalen Filterblasen bestätigt das Internet beständig die eigene Weltsicht und macht sie fast unwiderlegbar. Dass das zu extremen politischen Polarisierungen führen kann, zeigten sowohl die Ereignisse um die US-Wahl 2020 als auch die Coronakrise. Eine der drängendsten Zukunftsfragen wird die sein: Wie können Menschen in einer pluralen und freien Gesellschaft sich noch verständigen, wenn jeder etwas komplett anderes für wahr hält?

Ein scheinbar toleranter Ansatz wäre, auf so etwas wie »Wahrheit« überhaupt zu verzichten. »Das ist vielleicht deine Wahrheit, aber nicht meine«, ist ein Satz, den man umgangssprachlich durchaus manchmal hört. Gibt es vielleicht grundsätzlich viele Wahrheiten und nicht die eine? Ob der Mensch die Wahrheit überhaupt erkennen kann, ist eine Frage des Menschenbilds. Menschenbilder ändern sich über die Zeit. Und sie haben massive Auswirkungen.

Philosophie für ein Massaker

Einige Monate vor seiner schrecklichen Tat schrieb Eric Harris in sein Tagebuch: »Als Teil der menschlichen Rasse habe ich die große

Freude, mit einem Gehirn ausgestattet zu sein, ich kann denken. Menschen können tun, was auch immer sie wollen. Es gibt keine Naturgesetze, die Menschen davon abhalten, Entscheidungen zu treffen.« Moralische Bedenken, so fährt er fort, seien dabei nicht wichtig, denn jeder nenne etwas anderes moralisch. »Ich denke, wir sind allesamt nur eine Verschwendung natürlicher Ressourcen und sollten getötet werden. Und weil Menschen Wahlfreiheit haben (...) und ich ein Mensch bin (...) denke ich, dass ich wählen werde, so viele Menschen zu töten und zu verletzen, wie die Natur mir erlaubt.«[274] Was Harris hier schreibt, ist so erschreckend wie bemerkenswert. Die Sinnlosigkeit, die er in seinem Leben empfindet, speist sich konsequent aus seinem Menschenbild: Der Mensch kann denken, doch dieses Denken und daraus folgende Entscheidungen sind an kein Gesetz gebunden. Gut und Böse gibt es nicht, der Mensch ist nichts weiter als Materie, so die »Logik«.

Zum Glück neigen die wenigsten zu so niederträchtigem Verhalten wie Harris. Doch die Grundidee seines Menschenbilds ist heute durchaus verbreitet. Dass der Mensch nur ein Tier unter anderen sei, das Gehirn ein Computer, der nicht die Wahrheit erkennt, sondern einfach nach Input und Output rechnet, dass Moral nichts weiter sei als die Konvention einer bestimmten Gesellschaft: All das gehört heute zur völlig normalen Ansicht vieler Menschen. Natürlich führt eine solche Ansicht noch lange nicht automatisch zu Gewalt. Zum Glück.

Nur ist es schwer, vom Sinn des Lebens zu sprechen, wenn wir keine Wahrheit erkennen können. Sinn wird nämlich nicht konstruiert, sondern gefunden. Wir neigen heute dazu, dem objektiv Gegebenen zu misstrauen, und vermuten dahinter Konstrukte. Wer von sich behauptet, die Wahrheit gepachtet zu haben, ist uns jedenfalls suspekt. Doch das Gegenteil ist genauso schlimm: Wenn es keine Wahrheit gibt, sondern jeder einfach nur in seiner eigenen Blase lebt, ist kein sinnvolles Gespräch mehr möglich. Und spätestens wenn es um letzte Fragen und um existenzielle Krisen geht, ist die Frage unausweichlich, ob es wirklich wahr ist, was man glaubt. Im Angesicht des Todes ist die Frage von existenziellem Gewicht, ob der Mensch wirklich nur ein Tier ist und ob Gut und Böse wirklich keine ewige Bedeutung haben, ob es Schuld und Vergebung gibt. All das sind Fragen nach der Wahrheit.

Sinn hat außerdem damit zu tun, dass ein Mensch spürt, was zu tun richtig ist. Es geht beim Sinn eben nicht nur um das eigene Ich, sondern um die Erkenntnis, dass etwas einen Wert an sich darstellt, der mich in die Pflicht nimmt, ihm entsprechend zu leben. Das bedeutet aber, dass der Mensch imstande sein muss, einen solchen Wert zu erkennen.

Nur sinnerfülltes Leben ist menschlich. Und im Garten hat alles seinen Platz, seine Ordnung. Wenn Sinn der Baum ist, dann ist Wahrheit das Wurzelwerk. Um genau dieses Wurzelwerk ist es aber heute nicht gut bestellt. Wie es dazu kam und welche Folgen das hat, darum soll es im folgenden Ausflug in die europäische Geistesgeschichte gehen.

Eine kleine Geschichte des modernen Menschen

Über das Menschenbild der Neuzeit ist viel geschrieben worden. Autoren, die darüber nachdenken, wie wir heute den Menschen sehen und wie das vor 500 Jahren war, betonen immer wieder zwei Gedanken. Sie prägen das moderne Menschenbild zunehmend:

1. Der Mensch ist das Produkt einer Geschichte. Er ist historisch geworden.
2. Die Identität des Menschen besteht darin, seine Gefühle authentisch zu leben.

Beide Gedanken sind heute so selbstverständlich, dass sie kaum noch auffallen. Wir setzen sie unhinterfragt voraus, so wie der Fisch nicht an das Wasser denkt, in dem er schwimmt. Beide Gedanken wären in der griechischen Antike, im christlichen Mittelalter oder im klassischen Hinduismus überhaupt nicht selbstverständlich, im Gegenteil. Für Aristoteles war klar: Der Mensch ist von den Göttern erschaffen, er ist auf ein bestimmtes Ziel hingeordnet und findet moralische Gesetze vor, die er einzuhalten hat. Während sowohl die Göttervorstellungen als auch die genauen Gesetze voneinander abweichen, besteht hier zwischen der Ideenwelt des chinesischen Konfuzianismus, der altbabylonischen Religion, den altnordischen Sagen wie der *Völuspá*, der *Ilias* von Homer und dem Alten Testament kein Unterschied: Es gibt eine äußere Ordnung, in die der Mensch sich einzufügen hat. Er findet ein Gesetz vor. Sich an diesem Gesetz zu orientieren, bedeutet sinnvolles Leben. Diese Einbettung in eine größere Ordnung zerbricht in der europäischen Geistesgeschichte des zweiten nachchristlichen Jahrtausends.

Die große Entbettung

Mit der Denkschule des Nominalismus beginnt im Hochmittelalter langsam eine Abkehr von der Metaphysik. Das Wort »*Nominalismus*« ist dabei erhellend, es kommt vom lateinischen Wort *nomen*, Name. Mit Thomas von Aquin (1225–1274) erreicht die christlich-abendländische Rezeption der griechischen Antike ihren Höhepunkt. In seinem großen Werk legt der italienische Dominikaner ein monumentales Gesamtsystem aus Philosophie, Theologie und Gesellschaftstheorie vor.[275] Thomas geht mit der antiken Metaphysik des Platon und Aristoteles davon aus, dass der Mensch imstande ist, das Wahre und Gute mit dem Verstand zu erfassen. Gott hat die Welt nach bestimmten Gesetzmäßigkeiten erschaffen. Der Mensch ist mit Vernunft ausgestattet, gleichsam einem göttlichen Funken.

Sowohl Gottes Existenz als auch die philosophischen und ethischen Prinzipien der Welt können deshalb mit dem Verstand hergeleitet werden. Im aufblühenden intellektuellen Klima der frühen Universitäten (jene in Bologna wurde Ende des 11. Jahrhunderts gegründet, Paris und Oxford folgen bald darauf) kommt es im sogenannten *Uni-*

versalienstreit zu zwei gegensätzlichen Positionen. *Universalien* sind das, was Dinge mit derselben Eigenschaft gemein haben. So können Lippen, Rosen und Sonnenuntergänge allesamt als »rot« bezeichnet werden. Die Frage ist nun: Gibt es eine tatsächliche, von den Dingen unabhängige Qualität wie »Röte«, die all diese Dinge wirklich miteinander teilen, oder verbindet sie nur der Begriff, mit dem wir sie beschreiben? Die Nominalisten lehnen es ab, von einer objektiven Sache namens »Röte« zu sprechen, und stellen fest, dass wir lediglich dieselben Kategorien und Namen (*nomina*) für Gegenstände verwenden.

Was nach einer akademischen Spitzfindigkeit klingt, hat es tatsächlich aber in sich. Die Implikationen des Nominalismus sind immens und entfalten ihre ganze Kraft erst im Laufe der nächsten Jahrhunderte.[276] Eine grundsätzliche Wendung hat sich ereignet, ein Paradigmenwechsel. Im Mittelpunkt des Denkens steht nicht mehr das »Sein«, das der Mensch mit seiner Vernunft und der Hilfe Gottes erkennen kann, sondern der Ausgangspunkt ist die begrenzte Vernunft des Menschen. Im Zeitalter der langsam entstehenden Naturwissenschaften wird die empirische Herangehensweise die entscheidende. Aus einem bestimmten forschenden Handeln resultiert das Wissen über die Welt. Das forschende Handeln wiederum dient einem bestimmten Zweck.

Zwei Denker übertragen diese Idee des Zweckhaften auf den Menschen.

Bei Niccolò Machiavelli (1469–1527) liegt dem Staat keine höhere Ordnung mehr zugrunde (wie noch bei Platon), sondern nur noch die Funktion des Machterhalts. Einer der wichtigsten Vordenker der englischen Aufklärung geht sogar noch weiter. David Hume (1711–1776) sieht in den moralischen Empfindungen des Menschen keine Einsicht in »moralische Gesetze« am Werk, sondern nur andere Leidenschaften.

Was gut und was böse ist, entspricht nur dem persönlichen Geschmack.[277] Aus dem Sein lässt sich kein Sollen ableiten, so die vielleicht folgenreichste Zusammenfassung von Humes Denken.

Mensch im Werden

Die Bewegung der »Aufklärung« ist getrieben vom Ziel der Befreiung des Menschen mit Hilfe der Natur. Befreiung hat dabei immer eine wesentlich politische Dimension: das Abwerfen der Fesseln der absolutistischen Herrscher. Eng mit der Aristokratie verbunden ist die Kirche. Und ihre Lehre half, die Herrschaft der Mächtigen zu festigen. Nahezu alle europäischen Herrscher vor der Französischen Revolution (1789) verstanden sich als »von Gottes Gnaden« bestellt: politische Macht legitimiert durch göttliche Gesetze. Weltliche Despoten und Kirchenfürsten werden im späten 18. Jahrhundert gleichermaßen zur Zielscheibe harscher Kritik. Eine feststehende gesellschaftliche »Ordnung« wird ebenso verdächtig wie der »metaphysische Überbau«.

Georg Wilhelm Friedrich Hegel (1770–1831) ist neben Immanuel Kant der wichtigste deutsche Philosoph und erlebt die radikalen Umwälzungen der Französischen Revolution und der späteren Napoleonischen Kriege mit. Sein Denken macht Ernst mit der geschichtlichen Dimension des Menschen. Das »Sein« ist nicht etwas, was ein für alle Mal feststeht, sondern es ist im Werden. Auch der Mensch ist ein *work in progress*. Dieser Gedanke sollte von herausragender Wichtigkeit für das 19. Jahrhundert werden. Ein junger deutscher Intellektueller ist von Hegels Gedanken fasziniert, doch will er die Welt nicht nur theoretisch erfassen, sondern auch verändern: Karl Marx (1818–1883). Er wirft alles von Hegel hinter sich, was noch im Entferntesten an Metaphysik erinnert, und liest den Philosophen radikal materialistisch. Es gibt keinen *Weltgeist*, der im Menschen zu sich selbst kommt, sondern der Mensch ist das Produkt der wirtschaftlichen Verhältnisse. Er hat kein feststehendes Wesen, sondern ursprünglich ist nur der Kampf der Klassen gegeneinander.[278]

Der entthronte Mensch

Der Gedanke des historischen Werdens des Menschen verbindet sich im 19. Jahrhundert auf fruchtbarste Weise mit der aufkommenden

Evolutionstheorie. Charles Darwin (1809–1882) war keineswegs der Erste, der eine Theorie über die Entstehung der Arten durch Höherentwicklung aufstellte. Vor ihm entwickelte Jean-Baptiste de Lamarck (1744–1829) eine ausführliche Evolutionstheorie, und Spuren evolutionären Denkens lassen sich bei vielen älteren Philosophen erkennen, so zum Beispiel schon bei dem Vorsokratiker Empedokles (ca. 495–435 v. Chr.). Das wirklich Revolutionäre an Darwins Denken war der Abschied von einer der wichtigsten Ideen des Aristoteles: dem *telos*, dem Ziel. Auch Aristoteles kennt biologische Entwicklung, doch sie ist auf ein Ziel hingeordnet.[279] Bei Darwin treibt die Entwicklung nicht mehr das absichtsvolle Handeln eines Schöpfers oder das zielgerichtete Walten eines Prinzips (wie noch bei Hegel) voran, sondern rein biologische Abläufe. Die Implikationen für das Menschenbild sind massiv. Der deutsche Zoologe und Schüler Darwins Ernst Haeckel (1834–1919) drückte das so aus: Durch die Evolutionslehre »wurde uns zugleich der Schlüssel zur ›Fragen aller Fragen‹ geschenkt, zu dem großen Welträtsel von der ›Stellung des Menschen in der Natur‹ und von seiner natürlichen Entstehung«.[280] Es sei »grenzenlose Selbstüberschätzung des eitlen Menschen«, sich als Ebenbild Gottes zu betrachten und an so etwas wie den freien Willen oder gar ewiges Leben zu glauben.[281] Bereits 1819 fasste Arthur Schopenhauer (1788–1860) seine Weltsicht wie folgt zusammen: »Im unendlichen Raum zahllose leuchtende Kugeln, um jede von welchen etwa ein Dutzend kleinerer, beleuchteter sich wälzt, die inwendig heiß, mit erstarrter, kalter Rinde überzogen sind, auf der ein Schimmelüberzug lebende und erkennende Wesen erzeugt hat: – dies ist die empirische Wahrheit, das Reale, die Welt.«[282] Erst nach Darwin wurden diese Gedanken Schopenhauers wirklich populär.

Welche Folgen mit so gravierenden Veränderungen des Welt- und Menschenbilds verbunden waren, formulierte niemand so treffend wie Friedrich Nietzsche (1844–1900). In seiner beißenden Kritik wirft er der schon bürgerlich gewordenen Kultur der Aufklärung vor, die Konsequenzen ihrer Überzeugungen nicht in aller Radikalität zu

Ende zu denken. Denn mit der alten Metaphysik habe die Menschheit auch die höchste Idee der Metaphysik abgeschafft: Gott. Im dritten Buch der *Fröhlichen Wissenschaft* lässt Nietzsche den »tollen Menschen«, einen Narren, am hellen Vormittag mit einer Lampe unter die Menschen treten und lauthals nach Gott rufen. Wo er denn hin sei. Als die Leute ihn auslachen, springt er unter sie und durchbohrt sie mit seinen Blicken: »Wohin ist Gott? rief er, ich will es euch sagen! *Wir haben ihn getödtet*, – ihr und ich! Wir Alle sind seine Mörder! (…) Wohin bewegen wir uns? Fort von allen Sonnen? Stürzen wir nicht fortwährend? Und rückwärts, seitwärts, vorwärts, nach allen Seiten? Gibt es noch ein Oben und ein Unten? Irren wir nicht wie durch ein unendliches Nichts? Haucht uns nicht der leere Raum an? Ist es nicht kälter geworden?«[283]

Umwertung aller Werte

Nietzsche klang für seine Zeitgenossen extrem. Die meisten sahen nicht mit derselben Klarheit, was durch das Zerbrechen der alten metaphysischen Ordnung geschehen war. Doch die Geschichte sollte ihm recht geben. Nietzsches Werk ist nicht arm an radikalen Formulierungen. Begriffe wie die *Umwertung aller Werte*, der Titel *Jenseits von Gut und Böse* oder der *Übermensch* sind nicht zuletzt durch ihre missbräuchliche Verwendung in der Ideologie des Nationalsozialismus bis heute berüchtigt. Die vielleicht radikalste Aussage Nietzsches ist jedoch weniger bekannt und klingt auch weniger schrill. In seinem Buch *Götzen-Dämmerung* von 1889 findet sich der Abschnitt *Wie die »wahre Welt« endlich zur Fabel wurde*. Darin beschreibt er in Stufen die Abkehr des Menschen von seinem längsten Irrtum. Die sechste und letzte Stufe beschreibt zugleich den Höhepunkt der Menschheit: »Die wahre Welt haben wir abgeschafft (…)«[284] Was tritt an die Stelle der Wahrheit? Es ist der Wille zur Macht.

Die schärfste Kritik trifft deshalb die Moral. Hinter dem christlichen Mitleid sieht Nietzsche nichts weiter als den Hass der Schwachen auf die Starken, hinter Kants moralischem Imperativ steht nichts weiter als Kants persönliche Vorliebe. Bemerkenswert ist ein Abschnitt aus der Vorrede zur *Genealogie der Moral* (1887): »(…) wir haben eine *Kritik* der moralischen Werthe nötig, *der Werth dieser Werthe ist selbst erst einmal in Frage zu stellen* – und dazu thut eine Kenntnis der Bedingungen und Umstände noth, aus denen sie gewachsen (…)«. Bisher habe man Werte als gegeben angenommen: Das Gute sei höherwertig als das Böse. »Wie? wenn das Umgekehrte die Wahrheit wäre?«[285]

Neben Nietzsche waren wenige Gestalten für das moderne Menschenbild so prägend wie Sigmund Freud (1856–1939). Auch er erteilt dem Denken von einem »Sinn« oder höheren Ziel des menschlichen Lebens her eine deutliche Abfuhr: Vom Zweck des Lebens der Tiere spreche ja auch niemand. Der Mensch strebe nach Glück. Und für Freud bedeutet das: Sex als »die stärkste Erfahrung einer überwältigenden Lustempfindung« und damit »das Vorbild für unser Glücksstreben«.[286] Im Mittelpunkt des Menschen steht bei Freud nicht mehr die Vernunft, erst recht nicht die Moral, ja nicht einmal das Bewusstsein. Das Ich selbst wird von unbewussten Kräften gesteuert, den Trieben.

Schopenhauer, Marx, Darwin, Nietzsche, Freud: völlig unterschiedliche Denker mit unterschiedlichen Theorien. Doch wie sie über den Menschen denken, folgt demselben Motiv: Der Mensch hat seine Vorrangstellung im Universum verloren. Erschreckendes Fazit des bisherigen Ausflugs in die Geschichte: Das Ziel war die Befreiung des Menschen aus der Unmündigkeit, doch um den Preis des Verlustes eines feststehenden, dem Menschen innewohnenden Sinns.

Fundamente wackeln

Im 20. Jahrhundert wirken die zuvor vorgestellten Denkmodelle auf massive Weise weiter und entfalten ihre ganze Kraft. Die Idee vom Menschen nicht als »fester Größe«, sondern als Produkt sozialer

Bedingungen beginnt erst nach dem Zweiten Weltkrieg ihren großen Siegeszug. Hierfür ist die Überlappung zweier theoretischer Ströme bedeutsam. Der Gedanke des Zerbrechens der alten Ordnung und der Unglaubwürdigkeit einer einheitlichen Theorie erleidet durch die Schrecken zweier Weltkriege intuitiv Glaubwürdigkeit. Wie soll man noch an eine metaphysische Ordnung des Seins nach den Kategorien »wahr, gut und schön« glauben, wenn Menschen imstande sind, sechs Millionen andere Menschen auf industrielle Weise zu vernichten?

Der Kommunismus, bis dahin von den führenden Intellektuellen des Westens durchaus geliebt, erleidet einen empfindlichen Ansehensverlust, als nach dem Tod Stalins (1953) immer mehr Informationen über begangene Grausamkeiten bekannt werden und 1968 russische Panzer die Studentenbewegung des *Prager Frühlings* beenden. Im französischen Existenzialismus des Albert Camus (1913–1960) ist der Selbstmord das einzig wirklich ernste Problem der Philosophie.[287] Bei Jean-Paul Sartre (1905–1980) steht das Ich nur noch vor dem puren Nichts. Eine *Essenz* des Menschlichen gibt es nicht, der Mensch ist zur radikalen Freiheit verdammt.

Bekannter als Sartre ist heute seine Lebensgefährtin Simone de Beauvoir (1908–1986). Sie wendet den Gedanken auf die Frauenfrage an und wird dadurch zu einer Vordenkerin des modernen Feminismus. Ihr Mantra: Was eine Frau ist, das wird nicht durch die Biologie, sondern durch die Gesellschaft definiert. An dieser Stelle dockt der zweite theoretische Strom an, der *Strukturalismus*. Entstanden ist diese Denkrichtung in der Sprachforschung. Ferdinand de Saussure (1857–1913) hatte gezeigt, dass man die Bedeutung einzelner Laute in der Sprache nicht für sich genommen verstehen kann, sondern nur als Teil eines Systems. Dieser relativ einfache Gedanke entwickelte im Laufe des 20. Jahrhunderts eine unglaubliche Fruchtbarkeit in vielen anderen Wissensbereichen. Der Soziologe Claude Lévi-Strauss (1908–2009) verwendete strukturalistische Kategorien zur ethnologischen Beschreibung; Anwendungen auf die Psychoanalyse, die

Literaturkritik und alle anderen Bereiche der Künste folgen. All diese Bereiche werden jetzt als Strukturen beschrieben, in denen einzelne Elemente erst durch ihren Bezug zum gesamten System ihre Bedeutung bekommen.

Was folgt daraus? Wenn man keine einzelne Sache unabhängig vom System betrachten kann, gilt das auch für den Menschen.

Radikal formuliert das der französische Philosoph Gilles Deleuze (1925–1995) in seiner Schrift *Woran erkennt man den Strukturalismus?*: »Orte sind wichtiger als das, was sie ausfüllt. Vater, Mutter etc. sind zunächst Orte in der Struktur.«[288]

Diesen Satz muss man sich auf der Zunge zergehen lassen: Nicht die Person selbst ist mehr entscheidend, sondern nur, welchen Platz sie in der Struktur einnimmt.[289]

Strukturalistische Gedanken finden sich mittlerweile in allen Wissensbereichen. Besonders einflussreich war die Weiterentwicklung des Gedankens durch Michel Foucault (1926–1984) hin zum sogenannten Poststrukturalismus. Von Karl Marx übernimmt er die Theorie vom Kampf zwischen den Klassen und überträgt sie auf alle gesellschaftlichen Strukturen.[290] Ob Sprache, Wissenschaft oder Philosophie: Nach Foucault ist alles vom Kampf um Macht getrieben. Einen neutralen Blick auf die Welt gibt es nicht.

Dieser gedankliche Schritt ist entscheidend – und verhängnisvoll. Dass gesellschaftliche Strukturen unseren Blick auf die Welt prägen, steht außer Frage. In welchem Land man geboren wurde, mit welchem Geschlecht, in welcher sozialen Schicht, all das prägt das Denken zutiefst. Die postmodernen Theorien in der Gefolgschaft Foucaults gehen aber viel weiter: Sie behaupten, dass eine Weltsicht *nichts weiter* sei als die kulturelle Brille einer Gesellschaft. Warum diese Sicht höchst problematisch ist, versuche ich später noch zu beschreiben.

Es klingt wie eine Kombination aus Kommunismus und Nietzsche: Nicht die Wahrheit, sondern die Macht sozialer Gruppen definiert, was wahr und falsch, was moralisch gut und böse ist.

Unter Konstrukten

Eine weitere philosophische Richtung gewinnt im 20. Jahrhundert an großer Bedeutung. Sie beginnt bei der Frage: Wie entsteht menschliches Wissen? »*Konstruktivismus*« nennt sich die Denkschule, die davon ausgeht, dass wir nicht einfach die Wahrheit erkennen, sondern eine bestimmte Sicht der Dinge konstruieren. Als ich Literaturtheorie und Philosophie studierte, übte diese Sicht der Dinge eine große Faszination auf mich aus. In den spannendsten Seminaren ging es genau darum.

Im Konstruktivismus verbindet sich der Strukturalismus mit skeptischer Erkenntnistheorie und Wissenschaftsgeschichte.[291] Er besagt, dass wir Menschen nicht die Wahrheit erkennen, sondern nur immer neue Modelle konstruieren, mit denen wir uns in der Welt zurechtfinden – so wie sich die Menschen in *Matrix* nur in einer Illusion befinden, von der sie meinen, es sei die Wahrheit. Unser Verstand ist nach dieser Theorie nichts weiter als ein Werkzeug. Statt »wahr und falsch« also »nützlich oder unnütz«.[292]

In den zeitgenössischen Geistes- und Kulturwissenschaften haben all diese Gedanken immense Auswirkungen. So erforschen die Genderstudies gesellschaftliche Realitäten hinsichtlich dahinterstehender Vorstellungen von Geschlechtlichkeit und damit verbundener kultureller Praxis. Geschlechterrollen werden nicht als gegeben vorausgesetzt, sondern als Konstrukte und Produkte bestimmter sozialer Strukturen gewertet. Auch hier die Frage: Wem nützt was? In der noch jungen *critical race theory* und den *post-colonial studies* wird konstruktivistisches Denken auf die Bereiche »ethnische und regionale Herkunft« angewandt: Wo sehen wir die Welt nur durch eine westliche oder »weiße« Brille? Auch hier geht es um das Aufdecken von Machtstrukturen, die verhindern, dass bestimmte Stimmen überhaupt gehört werden.

Das Anliegen ist ein positives. Die Motive der Aufklärung und Befreiung sind deutlich spürbar: Menschen sollen aus Situationen der Machtlosigkeit zu Teilnehmern am Gespräch werden. Dazu muss zunächst aufgezeigt werden, dass bestimmte Machtkonstellationen nicht vom Himmel gefallen, sondern historisch gewachsen sind.[293] Dies ist ein wichtiger Schritt. Radikal postmoderne Denker gehen hier aber entscheidend weiter: Hinter den Machtkonstellationen steht nichts mehr, es ist alles *nur* Struktur.

Wenn aber alles nur Machtspiele gesellschaftlicher Gruppen sind und es nichts hinter der jeweiligen Perspektive gibt, wohin soll der Mensch sich denn dann befreien?

Wäre Befreiung aus einer Struktur nicht nur der Übertritt von einem Machtsystem in ein neues? Und was gäbe einem das Recht, das eine System überhaupt als dem anderen überlegen zu bezeichnen? Mit welchem Recht würde ein westlicher Wissenschaftler die in Afrika weit verbreitete Praxis der Genitalverstümmelung an Mädchen und Frauen kritisieren? Und wer hätte das Recht, jemandem zu widersprechen, der der Meinung ist, 2+2 ergebe 5? Vielleicht ist auch »2+2=4« nur die Ausgeburt einer kulturellen Machtstruktur.

Eric Harris würde sagen: Welches Gesetz hätte das Recht, zu bewerten, was ich denke und wozu ich mich entscheide? Wer definiert, wem was nutzen darf?

An die Stelle eines sinnvollen Gesprächs träte in der Gesellschaft nur noch ein Kampf verschiedener Gruppen mit ihren jeweiligen Überzeugungen gegeneinander. Der eine glaubt an die *flat earth*, der andere an *Q-Anon*, und jeder lebt dabei in seiner Blase. Übersetzung unmöglich. Lost in translation. Klingt nach einer verrückten Welt? Absolut. Doch leider sind wir im Begriff, genau diese Welt zu erschaffen. Oder leben wir teilweise schon darin?

Lektionen aus dem Hundepark

Um diesen Fragen nachzugehen, lohnt sich ein Ausflug in den Hundepark. Ja, richtig gelesen, in den Hundepark. Und zwar genauer in einen Stadtpark in Portland. Dort beobachtete die Autorin Helen Wilson das Begattungsverhalten von Hunden und stellte die Frage, ob es auch bei Hunden *rape culture* gebe, also systematische

Vergewaltigung. Ihre Perspektive auf Hunde sei aber nicht ausschlaggebend, da sie ja als Mensch nicht wisse, wie Hunde sich fühlten. Wilson widmete sich dann der Frage, ob die Verwendung von Hundeleinen durch Hundebesitzer homophob sei, wenn sie dazu diene, einen männlichen Hund vom Bespringen eines anderen männlichen abzuhalten; sie kam zu dem Schluss, dass das nicht automatisch so sei. Bei Menschen sei die Verwendung von Leinen für Männer jedenfalls politisch nicht umsetzbar.

In einer anderen Studie untersuchte die Forscherin Maria Gonzalez maskuline Stereotypen in der Sternenkunde und forderte eine feministische Astronomie. Professor Richard Baldwin wiederum untersuchte das Bodybuilding hinsichtlich zugrunde liegender Körpervorstellungen und forderte, *Fat Bobybuilding*, also bewusstes Dicksein, müsse als gleichberechtigte Sportart zugelassen werden. Nur so werde die ungerechte Bevorzugung schlanker Sportler durchbrochen.

Was haben diese 2017 und 2018 veröffentlichten drei Studien gemein? Sie sind alle kompletter Unsinn. Zusammen mit rund 20 anderen gefälschten Studien wurden sie von den Autoren Peter Boghossian, James Lindsay und Helen Pluckrose unter Pseudonymen an führende Organe der Forschung geschickt – darunter noch abenteuerlichere als die drei genannten. Sie wurden dennoch im *Peer-review*-Verfahren (also von anderen Forscherteams) überprüft, mehrfach ausdrücklich gelobt und in namhaften Zeitschriften veröffentlicht, obwohl rein gar nichts daran stimmte. Die als *Grievance Studies Affair* bekannt gewordene Sache flog schließlich auf und löste sehr unterschiedliche Reaktionen aus.[294] Die einen sahen darin einen Angriff auf besagte Forschungsfelder selbst, andere lobten, dass sie den Finger in die Wunde legten. Hinter der eher amüsanten Geschichte steht neben den oben bereits angeschnittenen Fragen eine entscheidende Einsicht: Wenn jede Ansicht über die Welt (also auch über Hunde, Sterne und Bodybuilding) von der eigenen kulturellen Brille definiert wird, gibt es keine Möglichkeit mehr, irgendeine Behauptung zu kritisieren. Und die Erde ist eine Scheibe?

Sinn gesucht

In den vorherigen Abschnitten wurde dargestellt, wie das heutige Bild vom Menschen und seiner Stellung in der Welt entstanden ist. Wir alle sind Kinder dieser Zeit und das Menschenbild der Scholastik wird für uns ebenso wenig wiederkehren wie das Hochmittelalter. Die pluralistische Gesellschaft hat noch nie zuvor da gewesene Freiheitsräume eröffnet, und politisch rechte Wunschträume von einheitlichen Gesellschaften sind ein undemokratischer Irrweg. Auch der phänomenale Siegeszug der modernen Naturwissenschaften und der Technik verdankt sich dem Selbstverständnis des Menschen als Wesen, das sich seines eigenen Verstandes bemächtigt und kritische Fragen stellen darf.

Das Positive an alledem zu übersehen, wäre Wahnsinn. Die entscheidende Frage ist daher, wie die Herzensressource Sinn darin ihren Platz behalten kann. Dieser Platz ist dann akut gefährdet, wenn es unmöglich wird, von Wahrheit zu sprechen. Dass das »Projekt Moderne« in sich selbst die Gefahr birgt, lebenswichtige eigene Grundlagen zu gefährden, zeigt die ökologische Bewegung. Für die Ökologie des Sinns trifft eben dasselbe zu. Eine dieser lebenswichtigen Grundlagen ist das Konzept der Wahrheit.

Wie der Mensch wirklich ist

Die diversen politischen Utopien gehen immer davon aus, dass eine ideale Gesellschaft auch ideale Menschen hervorbringen würde. Weil die ideale Gesellschaft aber immer noch nicht ganz gekommen war, musste Gewalt und Propaganda eingesetzt werden, um die dummen Massen zu ihrem Glück zu zwingen. Dass auch die politischen Führer der kommunistischen Staaten zu Größenwahn, Bestechlichkeit, Feigheit oder Brutalität neigen könnten, schien in der ursprünglichen Theorie nicht vorgesehen. Irgendwie waren immer alle wieder enttäuscht, wenn sich ein weiterer sozialistischer Staat trotz der humansten erklärten Ziele zu einer Tyrannei entwickelte.[295] Daran sieht man, dass das Problem des Kommunismus nicht in erster Linie die Theorie, sondern die Praxis war.

Auch im Garten Eden gibt es eine ideale Situation. Genau darin und obwohl der Mensch alles hat, offenbart sich seine Verführbarkeit. Sie beginnt dort, wo er mit der Wahrheit spielt. Für Alexander Solschenizyn zeichnete sich das als Essenz seiner vielen Jahre im GULAG ab. Die Bösen, das waren nicht nur die anderen und auch nicht der Kommunismus: »Allmählich wurde mir offenbar, dass die Linie, die Gut und Böse trennt, nicht zwischen Staaten, nicht zwischen Klassen und nicht zwischen Parteien verläuft, sondern quer durch jedes Menschenherz. (…) Selbst in einem vom Bösen besetzten Herzen hält sich ein Brückenkopf des Guten. Selbst im gütigsten Herzen – ein uneinnehmbarer Schlupfwinkel des Bösen.«[296] So kommt Solschenizyn zum Gegenteil der Theorie, dass der Mensch von der äußeren Struktur bestimmt wird. »Vom Bewusstsein und dem unbeirrbaren Glauben an das Menschentum hing es ab, ob du zum Tier wurdest oder Mensch bliebst.« Nur das und nicht »jene erbärmliche Ideologie ›Der Mensch ist für das Glück geschaffen‹« habe einen heilen Kern des Guten im Menschen erhalten können.[297] Zum Beispiel Taraschkewitsch, ein ganz einfacher und argloser Mithäftling. Der verriet ihm sein Geheimnis, innerlich nicht zu zerbrechen: »Ich habe Weiß immer Weiß genannt.«[298]

Der Griff nach der Wahrheit

Die Orientierung an der Wahrheit ist etwas so Fundamentales für den Menschen, dass er sich selbst verliert, wenn er sie verliert. In der Philosophie wurden unterschiedliche Versuche gestartet, Wahrheit zu definieren. Das Problem ist, dass jede Definition immer schon die Möglichkeit von Wahrheit voraussetzt. Andersherum ist das auch die gedankliche Achillesferse aller radikal relativistischen Theorien. Wenn alle Wahrheit relativ ist, dann gilt das auch für die Behauptung, dass alle Wahrheit relativ sei. Der Satz besagt dann einfach nicht mehr als ein Gähnen. »Objektive Wahrheit gibt es nicht« ist als Satz streng genommen unsinnig. Denn er selbst sagt ja etwas, das objektiv gelten will, also unabhängig von der momentanen Situation. Während manches kontextabhängig, kulturell geprägt und subjektiv ist, ist es ideologisch übergriffig, das über alles zu sagen. Auch wenn kein einzelner Mensch behaupten kann, die komplette Wahrheit zu erfassen, gibt es die Wahrheit.[299] Der Dichter Matthias Claudius (1740–1815) schrieb an seinen Sohn Johannes: »Die Wahrheit, mein lieber Sohn, richtet sich nicht nach uns, wir müssen uns nach ihr richten.«[300] Es ist das exakte Gegenteil von dem, was Ideologen sagen. In seinem Aufsatz *Was ist orthodoxer Marxismus?* schreibt der ungarische Philosoph Georg Lukács (1885–1971): »Denn die Entscheidung steht vor der Tatsache.« Wir stünden nicht wie Sklaven vor den Tatsachen, sondern wenn Tatsachen der Theorie widersprächen, antworte der echte Marxist: »Um so schlimmer für die Tatsachen.«[301] Ernüchtert können wir diesen entsetzlichen Satz heute ergänzen: Am schlimmsten für die Menschen, die unter einer solchen Ideologie leben und sterben müssen.

Denn auch das ist der Sinn der Garten-Eden-Geschichte: Wenn Menschen an den Baum der Erkenntnis rühren, fließt bald darauf Menschenblut.

Meine Wahrheit, deine Wahrheit

In einer Diskussion auf einer Social-Media-Plattform schreibt mir ein junger Mann, er wolle seine eigene Meinung nicht als wahr oder falsch bezeichnen. Denn die des anderen sei für den anderen ja auch wahr. Er begnüge sich damit, die Perspektive des anderen verstehen zu wollen.

Dieses kleine Ereignis ging mir nach. Zunächst empfand ich die bescheidene, offene Haltung dahinter als irgendwie anrührend. Bei dem diskutierten Thema ging es auch um keine lebenswichtige Frage. Doch wie wäre es, wenn es tatsächlich um eine Frage großer ethischer

Bedeutung gegangen wäre? Der Aussage »Keine Religion kann von sich behaupten, die wahre zu sein« hätte er vielleicht zugestimmt. Doch auch der Aussage »Das Foltern politischer Gefangener abzulehnen oder für erlaubt zu halten ist beides gleich gut«? Wohl kaum.

Im vorausgehenden Abschnitt habe ich dafür argumentiert, dass die Kategorie »Wahrheit« zum unersetzlichen Wurzelwerk des Menschengartens gehört. Ohne sie verdorrt der Sinn. Der Mensch kann nicht ohne dieses Wurzelwerk leben und das Leben stürzt ins Chaos und Haltlose. Als Kennzeichen des Menschenbilds der Moderne wurde neben dem geschichtlichen Gewordensein auch ein zweites genannt: Die Identität des Menschen besteht darin, seine Gefühle authentisch zu leben. Die Entstehung dieses Gedankens soll nachgezeichnet werden. Daraus versuche ich abzuleiten, warum wir heute Mühe mit den Kategorien »gut und böse« haben und warum genau das dazu beiträgt, dass wir uns als Gesellschaft immer schlechter verstehen.

»Wenn es zu dir passt …!«

Ein Kennzeichen des neuzeitlichen Selbst ist der Fokus auf dem Individuum. Es geht um persönliche Entfaltung. Die Werbung zeigt eine Frau, die einen Sportwagen kauft. Sie kauft ihn aber nicht, weil sie eben sonst nicht zur Arbeit kommt, sondern weil dieser Wagen Ausdruck ihres Lebensgefühls ist. Freude am Fahren. Bei der Berufswahl fragen wir, welcher Beruf zu jemandem passt, welcher Lebensstil, welche Kleidung. Wenn jemand sagt, dass er eine Beziehung beendet, weil sie nicht mehr zu ihm passt, verstehen wir das. Wenn jemand nach Bali reist, um wieder in Kontakt zu seiner inneren Kraft zu kommen, finden wir das einleuchtend. All dies sind Aussagen, die noch vor 100 Jahren für viele Menschen eher befremdlich geklungen hätten. Der kanadische Philosoph Charles Taylor verwendet für das moderne Selbstverständnis die Begriffe *Expressivismus* und *Zeitalter der Authentizität.*[302] Während es in früheren Zeiten eher darum gegangen sei, seinen Platz in der Gesellschaft einzunehmen und äußere Regeln zu befolgen, wende sich das Bild seit dem 18. Jahrhundert. Von herausragender Bedeutung war dabei Jean-Jacques Rousseau (1712–1778). In damals unerhörter Offenheit schildert er in seinen *Bekenntnissen* seine Kindheit. Die Absicht dahinter: Er möchte die wahre Natur des Menschen zeigen, indem er auf sein Innen zeigt.

Im kindlichen Urzustand sieht Rousseau die heile Natur, durch die Gesellschaft wird der Mensch verdorben. Der Gedanke wirkt aufs Erste nicht so gewichtig, doch er ist tatsächlich revolutionär. Die Quelle des Guten entspringe im Inneren des Individuums. Nicht im Befolgen äußerer Gesetze bestehe die Moral, sondern darin, authentisch zu sein. In Goethes *Die Leiden des jungen Werther* (1774) enthält der Autor sich jeder Bewertung. Der junge Held tötet sich selbst, doch diese Tat wird nicht kritisiert, denn sie entspringt einem leidenden, liebenden Herzen. Neben die Rationalität der Aufklärung ist ein anderes, starkes Motiv getreten: das Gefühl. Bei den Dichtern der Romantik siegt es über die konventionelle Moral. Wie gutes Leben aussieht, das sage das innere Empfinden und gerade nicht irgendeine äußere Instanz.[303] Es geht um authentische Gefühle und ihren authentischen Ausdruck. Das prägt unser heutiges Menschenbild zutiefst. Sind die Gefühle zentral für den Menschen, liegt die Übertragung nahe, es gehe dem Menschen grundsätzlich immer um Gefühle.

Der noch lebende schottisch-amerikanische Philosoph Alasdair MacIntyre kritisiert die Aufklärung: Sie sei bei dem Versuch gescheitert, eine Grundlage für die Moral zu schaffen. Stattdessen sieht er im Westen die irrige Annahme am Werk, hinter jedem Urteil über gutes oder schlechtes Handeln stehe nichts weiter als eine emotionale Vorliebe. Wenn ein Mensch zum Beispiel sagt »Es ist falsch, zu stehlen«, sagt er damit nichts anderes als »Ich fühle mich ungut bei dem Gedanken, ich mag das Stehlen nicht«. MacIntyre nennt diese Theorie *Emotivismus*.[304] Sie wird seit Jahrzehnten massiv von den Produkten der Popkultur befeuert. In den Fünfzigern waren es Filme mit Marlon Brando oder James Dean als jugendlichem Rebellen, der sich gegen die spießige Gesellschaft durchsetzt. 1999 rappt HipHop-Legende Tupac Shakur *Only God can judge me*, auf seinem Nike-Shirt steht *Just do it* und 2014 besingt Taylor Swift New York als den Ort, wo man jemand ganz anderes sein kann und »you can want what you want«.[305]

Verletzte Gefühle und Meinungsfreiheit, nein danke!

Was richtig ist und wie man leben soll, wird im Dunstkreis des Emotivismus zur Frage des persönlichen Geschmacks, des »Styles«. Das Problem: Wenn das Subjekt sich dadurch selbst definiert, wird alles, was die Anschauung oder den Lebensstil hinterfragt, als irrelevant ausgeblendet, oder noch schlimmer: zum persönlichen Angriff. Die Wahrscheinlichkeit, dass das passiert, wird indes trotz Multikulturalismus eher geringer. Das Internet versorgt uns ja automatisch mit solchen Informationen, die uns gute Gefühle vermitteln, also die uns bestätigen. Und wenn ohnehin ständig digitale Lautstärke auf uns einprasselt, wer hätte dann noch den Nerv, sich mit Dingen zu konfrontieren, die hinterfragen? In welchem Maße sich dadurch Verschwörungstheorien ausbreiten können, haben die letzten Jahre eindrucksvoll gezeigt.

Die Hinterfragung der eigenen Brille ist etwas ganz Wesentliches. Nur im Diskurs lernt man etwas. Nur durch das Hinterfragen kommt man der Wahrheit näher. Genau darauf haben aber viele keine Lust mehr. Im September 2020 erschien eine Studie in der *Kölner Zeitschrift für Soziologie und Sozialpsychologie*, für die Studenten der Soziologie und Politologie danach befragt wurden, wie sie dazu stünden, wenn ein Wissenschaftler zu umstrittenen Themen wie der Vereinbarkeit von Islam und Demokratie oder der Zuwanderung von ihren eigenen abweichende Meinungen vertrete. Ein Drittel bis über die Hälfte der Befragten sprachen sich dezidiert dagegen aus, dass Menschen mit kontroversen Standpunkten an der Universität reden dürften. Ein Drittel der Befragten war sogar dagegen, dass deren Bücher in der Universitätsbibliothek ausgelegt werden könnten, und forderte deren Entfernung.[306]

Diese Ergebnisse deuten auf ein massives Problem hin: Nach dem Staatstheoretiker John Locke (1632–1704) ist die Freiheit, eine eigene Meinung zu haben und sie zu äußern, die Grundbedingung einer freien Gesellschaft.[307] Wer eine eigene Meinung hat, riskiert damit aber, eine andere Person zu ärgern oder zu kränken. Und die Angst davor wird immer größer. Über 60% der 2019 in einer Studie Befragten gibt an, heute müsse »man sehr aufpassen, zu welchen Themen man sich wie äußert«. Es gebe »viele ungeschriebene Gesetze, welche Meinungen akzeptabel und zulässig sind und welche eher tabu«.[308] Das ist alarmierend, denn es handelt sich um alles andere als eine Einzelmeinung. Die Wahrnehmung, dass bestimmte Meinungen nicht gesagt werden dürfen, hat leider auch ihre juristische Berechtigung. Im Dezember 2013 muss sich die Musikerlegende Bob Dylan vor einem französischen Gericht für angebliche »Hassrede« verantworten. Vorausgegangen war eine Bemerkung, die Dylan im *Rolling Stone Magazine* über Rassismus in den USA gemacht hatte: Rassenkonflikte hinterließen bei den Opfern oft eine besondere Sensibilität für die jeweils andere Ethnie, so wie auch bei Juden gegen Nazis. Das Thema war Rassismus in den USA, doch in dem Zusammenhang sprach er auch von Serben und Kroaten. Eine kroatische Institution in Frankreich beschuldigte Dylan daraufhin, Kroaten in die Nähe von Nazis gerückt zu haben.[309] Das Verfahren wurde schließlich wegen einer Formalität eingestellt. Ansonsten hätte Dylan bis zu einem Jahr Gefängnisstrafe gedroht. Nun kann man Dylans Vergleich ohne Zweifel als unangemessen empfinden, doch ist er strafwürdige Hassrede? Erwarten wir von einem Musiker, dass er in einem Interview grundsätzlich nur Dinge sagt, die niemand auf der ganzen Welt als anstößig empfinden könnte?

Der Jurist Paul Coleman untersucht weltweit Prozesse, die mit Meinungsfreiheit zu tun haben. Er sieht Hassrede-Gesetze auch in Europa auf dem Vormarsch. Auf den ersten Blick klingt das gut.

Doch der Teufel steckt im Detail. Denn was ist Hass? In Polen droht eine zweijährige Gefängnisstrafe für die Verletzung religiöser Gefühle, in Dänemark die gleiche Haftstrafe für die »Beleidigung einer fremden Nation«. Genügt es, dass irgendwer sich durch Kritik an seiner Religion oder der Regierung seines Landes verletzt fühlt? Wie sollten so vage Formulierungen zu etwas anderem führen als zu Zensur oder Selbstzensur? In seinem Buch *Zensiert* hat Paul Coleman weitere neue Gesetze und Beispiele für ihre immer schärfere Anwendung gesammelt.[310]

Identitätsfalle

Niemand hat die Wahrheit für sich gepachtet. Deshalb braucht es den Diskurs. Eine Gesellschaft, die sich nach der Wahrheit ausrichtet, ist eine dialogbereite und sinnvolle Gesellschaft. Das klappt nur, wenn auch unbeliebte Meinungen geäußert werden dürfen. Weil im neuzeitlichen Menschenbild unsere Identitäten immer stärker durch individuelle Gefühle definiert werden, wird das Ich aber immer verletzlicher. Da kein Mensch ohne Anerkennung leben kann, sucht er sich eine Gruppe, in der er mit seiner Meinung anerkannt ist.

Der indische Nobelpreisträger und Träger des Friedenspreises des deutschen Buchhandels Amartya Sen sieht eines der Probleme der heutigen Gesellschaft in der Tendenz, »die Menschen in Schubladen einer singulären Identität (zu) stecken« und sie eben nicht als vielfältige Personen mit unterschiedlichen Zugehörigkeiten, »sondern vor allem als Mitglieder einer bestimmten sozialen Gruppe oder Gemeinschaft« zu sehen. Er bezeichnet das als »Identitätsfalle«.[311] Diese Falle ist die konsequente Folge eines Menschenbilds, das sich nicht nach der Wahrheit ausrichtet, sondern nach persönlicher Empfindung. Wenn es nichts gemeinsam als wahr Erkanntes gibt, auf das beide sich berufen können, bleibt nur noch der Kampf einer Gruppe gegen die andere. Beobachtet man den politischen Diskurs, besonders in den Medien und »sozialen« Netzwerken, kann man genau das beobachten.

Es ist nicht gut, es ist nicht normal – es ist die Kehrseite der Verabschiedung von der Wahrheit.

Problem 3: Biohackers, Golem und der Transhumanismus

Obenrum ist sie komplett nackt, als sie die Tür aufmacht. Leicht angetrunken und ein wenig verpeilt. Doch vielleicht ist das in dieser verrückten WG ja ganz normal. Jedenfalls zeigt sie Mia ihr Zimmer und verschwindet wieder. Warmes Licht fällt durch die Altstadtwohnung in Freiburg. Ganz so unbeschwert geht es dann aber nicht weiter. In der 2020 erschienenen deutschen Netflix-Serie *Biohackers* ist die Gentechnik so weit fortgeschritten, dass Forscher wie Computerhacker direkt in die DNA eingreifen können. Die Serie spielt in der Zukunft, doch die Technologie gibt es grundsätzlich schon heute. Man nennt sie *Genome Editing.*[312] Bei der dafür verwendeten *CRISPR*-Methode werden die Moleküle des Erbguts wie mit einer Schere zerteilt und neu zusammengesetzt: wie beim Editieren eines Textes am Computer.[313] Die Anwendungsmöglichkeiten dieser neuen Technologie sind riesig. Sie reichen von der grünen Gentechnik, die Nutzpflanzen widerstandsfähiger gegen Schädlinge machen kann, bis zur Behandlung von Erbkrankheiten wie Mukoviszidose. *Biohackers* zeichnet allerdings ein weniger friedliches Bild. In der Serie deckt die Medizinstudentin Mia das dunkle Treiben der Forscherin Prof. Lorenz auf. Diese verwendet Biohacking, um Menschen mit einem tödlichen Virus zu infizieren. Die Infektion ist nur durch die von Lorenz entwickelte Gentherapie heilbar. Ihr Ziel: die Beherrschung der Welt. Gruselig. Vorstellbar?

Die Frage, was eigentlich passiert, wenn Menschen eine Technologie entwickeln, die sie selbst zerstören kann, ist schon sehr alt. Am bekanntesten ist vielleicht die Figur Frankenstein. Noch älter ist die mittelalterliche Sage vom Golem. In dieser Sage erschafft ein jüdischer Weiser mit Hilfe von Zahlenmagie ein menschenähnliches Wesen, das ihm dient. Doch der Golem wird immer größer und am Schluss verliert der Weise die Kontrolle über ihn. Kernbotschaft der Sage: Wo Menschen etwas erfinden, kann es auch missbraucht werden.

Heute hat sich die Situation zugespitzt: Zum ersten Mal in der Menschheitsgeschichte wird der Mensch selbst zum möglichen Objekt radikaler Umgestaltung. Der Mensch will nicht mehr nur die Welt umgestalten, sondern das Menschsein selbst. Das Projekt kann mit *Transhumanismus* oder manchmal auch *Posthumanismus* überschrieben werden. Dabei geht es um die Optimierung oder sogar Überwindung der biologischen Ausstattung des Menschen, zum Beispiel durch »smarte« Drogen, die das Gehirn leistungsstärker machen, lebensverlängernde Diäten oder Prothesentechnik. Bei Letzterer sind auch enge Kombinationen von Mensch und Maschine denkbar. Oder ein Nanochip im Gehirn: nie wieder etwas vergessen und damit auch so schnell rechnen können wie ein Computer. Mit der CRISPR-Technologie lässt sich auch menschliches Erbgut verändern. Bei einer künstlichen Befruchtung könnte so die DNA des Kindes von genetischen Krankheiten befreit werden. Es ginge sogar noch mehr. Warum nicht auch andere vererbte Eigenschaften anpassen? Designerbabys mit passender Augenfarbe und hohem IQ zum Beispiel.

Ein noch radikalerer Ansatz des Transhumanismus versteht das lateinische *trans* (»über … hinweg«) wörtlich: Es geht um ein Hinauswachsen über das Menschliche. Fleisch und Knochen könnten durch robustere und effizientere Materialien (zum Beispiel Silizium und Stahl) ersetzt werden, wie bei der Marvel-Figur *Wolverine*. Nach Elon Musk hat das menschliche Gehirn ein Schnittstellenproblem. Es könne viel schneller Informationen verarbeiten, als diese zum Beispiel Wort für Wort manuell in einen Computer tippen. *Neuralink*, eine Technologie, an der er arbeitet, würde das Gehirn direkt mit der Cloud verbinden. Wenn das menschliche Bewusstsein nur Software und Information auf einer biologischen Hardware ist, dann wäre es ja eines Tages denkbar, einen Menschen komplett »in die Cloud hochzuladen« und den physischen Tod dadurch zu überwinden. Von genau solchen Szenarien war bereits im Zusammenhang mit der Serie *Black Mirror* die Rede. Diese Vorstellungen prägen die populäre Unterhaltungsindustrie sehr. Sie sind aber alles andere als verrückte Träumereien. Forscher arbeiten weltweit an der großen Baustelle des Transhumanismus, auch wenn sich nur wenige explizit als »Transhumanisten« bezeichnen würden.[314]

Verbesserung des Menschen?

Wie ist all das zu bewerten? Zunächst kann überhaupt nicht bestritten werden, dass hier tatsächlicher Fortschritt stattfindet. Heilung für bislang unheilbare Krankheiten oder viel besser steuerbare Prothesen: Wer wollte das nicht? Auch der Gedanke von der *Erweiterung* des Menschen (*human enhancement*) ist noch kein Problem. Warum sollten Menschen nicht länger leben oder sich nicht besser konzentrieren wollen? Auch Kaffee hilft vielen beim Denken und jede künstliche Herzklappe verlängert das Leben. Moralisch gut sind alle Eingriffe, die Menschen ein menschenwürdiges Leben ermöglichen.

Zu einem besonderen Problem wird der Transhumanismus aber, weil er die Frage aufwirft, was der Mensch eigentlich ist. Er ist deshalb die konsequente Fortsetzung der oben ausführlich beschriebenen Entwicklung des neuzeitlichen Selbst. Was der Mensch ist, das steht nicht mehr fest, er kann sich selbst gestalten. Wenn selbst der Tod überwindbar ist oder nach dem Bestreben mancher Forscher zumindest immer weiter hinausgezögert werden kann, gibt es kaum noch Grenzen für den Menschen.[315] Transhumanismus also als Befreiung und totale Macht. Unbegrenztes Leben, massiv gesteigerte mentale Fähigkeiten, von der Materie losgelöstes Bewusstsein. Die Vorstellung einer Menschheit, die alle ihre Träume verwirklichen kann, mutet ein bisschen wie Selbstüberschätzung an. Zugleich *unterschätzt* der Mensch sich dabei. Das Menschenbild des Transhumanismus ist das der Maschine und wird täglich befeuert durch Entwicklungen im Bereich der Künstliche-Intelligenz-Forschung: Algorithmen, die Bilder »erkennen«, »malen«, »Gedichte schreiben«, »Musik komponieren« können; Roboter, die sich ihren Weg allein durch unwegsames Gelände bahnen, selbstlernende Computerprogramme, die den Schachweltmeister besiegen.[316] All das sind erstaunliche Fähigkeiten, doch es sind nur Funktionen.

Ein Mensch dagegen ist viel mehr als das, was er »kann«. Er ist das Wesen, das nach dem Sinn fragt; das Wahrheit, Moral und Transzendenz erstrebt; das seine Toten bestattet und Autobiografien schreibt; das »Ich« sagt; das liebt und ohne Verbundenheit nicht leben kann.

Was also heißt das für die Zukunft? Es heißt, dass die Frage nach dem Menschenbild von noch viel größerer Relevanz sein wird. Und es bedeutet, dass das neuzeitliche Bild vom völlig losgelösten, grenzenlosen und auf Funktion und Materie reduzierten Menschen falsch und gefährlich ist.

Was wie eine Befreiung aus Zwängen aussah, hat den Menschen reduziert.

Freud reduziert den Menschen auf die Triebe, Darwin auf das Biologische und der Strukturalismus auf die sozialen Verhältnisse. Wenn der Mensch aber nichts weiter als soziale Konstruktion ist: Weshalb ihn dann nicht zu etwas ganz Neuem umerziehen? Wenn er nichts weiter als Biologie ist: Weshalb dann nicht die Biologie verändern? Wenn er nicht mehr als seine Triebe ist: Warum nicht alle unterdrücken oder neue erfinden? Der Gedanke der Formbarkeit des Menschen und der Traum von einem »neuen« Menschen war zentral sowohl für den Nationalsozialismus als auch für den Kommunismus. Und auch andere Kapitel der blutgetränkten Geschichte des 20. Jahrhunderts zeigen, dass nicht alles gut ist, was sich als »Verbesserung« verkauft. Denn wer bestimmt, was »besser« ist? Besser für wen und in welcher Hinsicht? Auf *human enhancement* angewendet: Ist ein schnelleres Gehirn überhaupt besser? Ist möglichst langes Leben immer erstrebenswert? Noch schwieriger: Ist es besser für einen unheilbar Kranken, wenn er stirbt? Oder wäre es besser, er wäre nicht geboren worden? Soll oder darf man es verhindern? Was wie eine rein philosophische Frage anmutet, hat die greifbarsten Auswirkungen. In Deutschland dürfen Schwangerschaften abgebrochen werden, wenn eine Behinderung vorliegt. Nach der Geburt ist der behinderte Mensch selbstverständlich Mensch mit allen Rechten. Wie problematisch diese Grenzziehung aber ist, zeigt ein Urteil des Bundesgerichtshofs vom 2. Januar 2021. Darin hebt das Gericht die Strafe für zwei zuvor von Berliner Landesgericht wegen Totschlages verurteilten Mediziner auf.[317] Diese hatten bei einem Kaiserschnitt eines der zwei Babys auf Wunsch der Mutter hin durch Injektion von Kaliumchlorid getötet. Das Kind war lebensfähig, war durch einen Hirnschaden aber schwer beeinträchtigt. Der Bundesgerichtshof bestätigte zwar den Schuldspruch, fand die sonst für Totschlag übliche Strafe aber nicht angemessen. Für behinderte Babys scheinen andere Regeln zu gelten, so lautet das erschreckende Fazit.

Bei der *Präimplantationsdiagnostik* werden schon heute durch künstliche Befruchtung gezeugte Embryonen molekulargenetisch untersucht, um zu entscheiden, welcher Embryo leben und welcher sterben soll.[318] Auch hier droht eine grundlegende Gefahr: Mit jedem Traum von einer »Verbesserung« des Menschen geht die Versuchung der Macht einher. Es sind nie alle, es sind jene, die im Besitz der technologischen und politischen Mittel sind, die dann definieren können, im Namen welchen Ideals was geopfert werden darf. Und ist der Mensch einmal auf das Machbare und Veränderbare reduziert, lautet diese Frage früher oder später: *wer* geopfert werden darf. So bringt die sich immer weiter optimierende Gesellschaft immer auch Verlierer hervor, jene, die eben nicht ins Bild passen. Doch wer garantiert, dass man morgen nicht selbst zu denen gehört, die nicht mehr mithalten können? Deren Leben – nicht mehr als lebenswert erachtet wird, weil es eben nicht perfekt und nicht leidensfrei ist? Dass die transhumanistische Bewegung zumindest eine Offenheit für eugenisches Denken hat, ist schockierend, aber leider gedanklich konsequent.[319] Das Bild vom beliebig formbaren, scheinbar völlig freien Menschen schlägt ins Unmenschliche um. Der Mensch, der auf das Gestaltbare reduziert wird und keine »höhere Ordnung« über sich anerkennt, wird am Schluss selbst Gegenstand einer rein machtbasierten Umgestaltung. Er wird zum Ding. Das ist aber nicht die Vervollkommnung des Menschen, sondern seine Abschaffung. Mir schaudert vor einer solchen Zukunft. Ihnen auch?

Verteidigung des Menschen

Darauf zu vertrauen, dass sich ein verantwortungsvoller Umgang mit den neuen technischen Möglichkeiten schon von selbst durchsetzen werde, ist naiv. Neue Technologien produzieren ihre eigene Sogwirkung – besonders dann, wenn sie zum Wohle der Menschheit erfunden wurden. Ethische Überlegungen zum Transhumanismus gibt es mittlerweile zuhauf.[320] Ein wiederkehrendes Argument ist dabei, dass Technik dem Menschen dienen müsse. Der Mensch solle nicht aus dem Blick geraten. Dieses Argument ist aber viel zu schwach und kommt zu spät. Das Problem besteht ja gerade darin, dass es im neuzeitlichen Selbstverständnis nichts Festes mehr gibt, das der Mensch einfach ist. Der Transhumanismus folgt zwingend und automatisch aus einem bestimmten Menschenbild.

Die Frage, von welchem Menschenbild wir ausgehen können, ist deshalb die entscheidende Zukunftsfrage. Mit billigem Kulturpessimismus hat das nichts zu tun. Wer die Zerstörung des Planeten nicht einfach als unabwendbare Folge des »Fortschritts« akzeptieren möchte, muss aufhören, die Erde »nur« als beliebig verfügbare Ressource zu betrachten. Sie ist mehr als das: ein komplexes System. Der Starautor Yuval Noah Harari zeichnet in seinem Bestseller *Homo*

Deus (2017) ein düsteres Zukunftsbild: »Die Menschen werden sich nicht mehr als autonome Wesen betrachten, die ihr Leben entsprechend den eigenen Wünschen führen, sondern viel eher als eine Ansammlung biochemischer Mechanismen, die von einem Netzwerk elektronischer Algorithmen ständig überwacht und gelenkt werden.«[321] Nachdem Harari auf den Seiten davor das Menschenbild gründlich dekonstruiert hat (»Der freie Wille ist eine Illusion«) und nichts mehr übrig bleibt als das Computermodell des menschlichen Hirns, ist es auch nicht verwunderlich, dass er sich sicher ist, dass Algorithmen den Menschen besiegen werden. Es genügt deshalb nicht, zu hoffen, dass wir am Schluss schon irgendwie einen ethischen Umgang mit all den neuen Technologien finden werden. Es gilt, das dahinterstehende Menschenbild zu entlarven. Entspringt es purer Ideologie, ist es falsch und gefährlich.[322]

Made in Eden

Wie also können wir über den Menschen denken? Wenn die metaphysischen Systeme der Antike auch nicht mehr überzeugen, gibt es immer noch Bilder und Symbole, die uns leiten. Auch die uralten Mythen vom Garten, aus dem der Mensch stammt, zeichnen ein Menschenbild.

Eden entwirft dabei geradezu das Gegenmodell zum Transhumanismus. Der Mensch wird dort als Geschöpf beschrieben. Geschöpf bedeutet: gewollt und gestaltet. Nicht Herr über Leben und Tod, doch auch viel mehr als nur Materie. Also genau zwischen dem Größenwahn und der Selbstunterschätzung des Transhumanismus. Als Geschöpf ist der Mensch ein Wesen aus Fleisch und Blut. Sein Denken und Fühlen sind untrennbar von seinem Sitz in Raum und Zeit, von seinem Körper. Außerdem wird der Mensch als Abbild Gottes beschrieben. Im Judentum ist Gott unsichtbar und größer als jedes Konzept von ihm. Wenn der Mensch als Abbild Gottes bezeichnet wird, heißt das auch: Er kann über sich selbst hinauswachsen. »Der

Mensch übersteigt den Menschen um ein Unendliches«, schrieb der Mathematiker Blaise Pascal schon im 17. Jahrhundert.[323] Das ist das Bild des Menschen der Freiheit: Freiheit, sich zu entfalten, Freiheit, zu entdecken, kreativ zu sein. In seiner Freiheit ist der Mensch in Beziehung gestellt, zu Gott und zu anderen Menschen. Er lernt sprechen und denken in der Beziehung mit anderen. Das ist nur möglich, weil er ein Leib ist. Die Grenzen des Leiblichen, die Verwundbarkeit und Endlichkeit des Leibes bieten zugleich erst die Möglichkeit für Begegnung. Wo es einen anderen gibt, da gibt es aber auch die Verpflichtung, ihn als Menschen zu behandeln.[324]

Das bedeutet vor allem: ihn nicht als Sache zu sehen. Jeder Mensch erfährt sich selbst als etwas kategorisch von einer Sache Verschiedenes. Wenn ich herausfinden will, wie ein Stück Kuchen schmeckt, muss ich hineinbeißen. Wenn ich jedoch Schmerzen habe, muss ich nicht erst herausfinden, ob ich Schmerzen habe. Eine solche Innenperspektive haben wir nur von uns selbst. Man nennt sie Bewusstsein. Und sie entzieht sich jeder Beschreibung von außen. Als Subjekt zu leben, ist etwas fundamental anderes, als ein Gegenstand zu sein. Es bedeutet, die Realität aus einer Perspektive wahrzunehmen, die sonst niemand einnehmen kann. Wenn ein Mensch einen anderen als Gegenstand behandelt, tut er ihm tiefes Unrecht. Wir spüren das intuitiv, wenn wir Vergewaltigung als Schändung empfinden, als noch mehr als »nur« Gewalt. Hier wird ein Mensch in der Mitte seiner Person zum Objekt gemacht. Das ist das eigentlich Böse an Menschenhandel, Sklaverei und der Bestialität der Konzentrationslager. Der Mensch ist keine Sache, sondern Person. Dass ein Wesen aus Wasser und Kohlenstoffatomen irgendwo auf einem der Milliarden Planeten im Universum anfängt, sich als »Ich« zu erleben, als Person, ist ein haarsträubend faszinierendes Wunder. Woher stammen Personalität, Bewusstsein, Ich? All das ist durch eine rein biologische Beschreibung der Welt noch nicht einmal ansatzweise erfasst. Wenn es eine ökologische Ordnung in der Natur gibt, was ist dann die Ordnung im Raum der Personen?

Die Ordnung der Werte

Die menschliche Fähigkeit, Würde in etwas zu erkennen, ist die Grundlage des Menschlichen und Ausdruck seiner Würde. Moral ist nicht nur Geschmack. Sie ist das, was uns nach Sinn suchen lässt. Sinn bedeutet eben gerade, sich nach etwas Größerem auszurichten, was Wert hat.

Niemand erkennt besser den Wert von jemandem als der, der liebt. Wer verliebt ist, sieht den anderen in neuem Licht. Das Schlimmste wäre, wenn diese eine besondere Person sterben würde. Wer frisch verliebt ist, dem erscheint das Leben sinnerfüllt. Natürlich lohnt es sich, zu leben. Die Liebe beantwortet die Sinnfrage. Die Liebe lässt einen Wert erkennen.

Was aber, wenn zwei Werte aufeinanderprallen? Aus Liebe zu Anna Boleyn schickte der englische König Heinrich VIII. seine Frau weg. Aus Liebe zu einer nächsten Frau ließ er Anna Boleyn hinrichten. Ein extremes Beispiel. Doch es zeigt, dass es nicht genügt, von »Liebe« oder »Werten« zu sprechen. Die Frage ist, welcher davon der höchste ist, in welcher Ordnung sie stehen.

Was am wichtigsten ist

Am 2. Februar 1945 wird Alfred Delp in Berlin-Plötzensee von den Nazis getötet. Der 37-Jährige geht ruhig und gelassen zur Hinrichtungsstätte. Zuvor hatte die Gestapo ihm noch die Freilassung angeboten, dafür hätte er nur sein Ordensgelübde brechen müssen. Delp ist Jesuit und gegen Hitler eingestellt. Kurz vor seinem Tod schrieb er aus der Gefängniszelle: »Brot ist wichtig, die Freiheit ist wichtiger, am wichtigsten aber die ungebrochene Treue und die unverratene Anbetung.«[325]

Der Garten Eden erzählt von einer lebensfreundlichen Ordnung, in die der Mensch gestellt ist. Er ist Person, weil er von einem Gott geschaffen ist, der selbst Person ist.[326] Doch was meint Delp mit »Anbetung« und »Treue«? Zunächst ist »Treue« ein Wort aus dem Raum der Beziehung. Treu zu sein bedeutet, zu lieben, auch wenn man sich nicht danach fühlt; die Wahrheit zu sagen, auch wenn der andere Weg der leichtere wäre. »Anbetung« bedeutet, dass einem etwas »heilig ist«. Das muss überhaupt nicht religiös sein. »Mein Feierabend ist mir heilig« bedeutet: Das darf niemand antasten. Es bleibt unverfügbar. Nur haben wir Menschen Mühe damit, dass etwas radikal unserer Verfügbarkeit entzogen ist.[327] Genau davon erzählt eigentlich die Geschichte von der Versuchung durch die Schlange. Nur wo der Mensch respektiert, dass es für ihn Unverfügbares gibt, bleibt das Leben heil. Das bedeutet aber, dass er etwas höher achtet als sich selbst. Religiös gesprochen nennt man dieses Höher-Achten Anbetung. Sie ist die Ordnung der Realität.

Jede Person hat Würde. Wenn, wie Delp das glaubte, Gott höchste Person ist, hat er auch höchste Würde. Das könnte die pure Macht eines Tyrannen sein. Doch bei Personen geht es nicht nur um Macht. Personen suchen eben nach mehr als nur nach der Durchsetzung ihrer Wünsche. Im tiefsten suchen Personen – nach anderen Personen. Die Wahrheit über den Menschen ist, dass er nach Liebe sucht. Die christliche Überzeugung über Gott ist, dass er die Liebe ist. Er verdient unsere Anbetung nicht, weil er einfach mächtig ist, sondern weil er gut ist, weil er die Liebe ist. Dass er nicht wirklich gut ist, sondern die wirklich beste Frucht vorenthält: Genau das war dagegen die Suggestion der Schlange.

Wen betest du an?

Während Spiritualität boomt, haben wir mit einem Konzept wie »Anbetung« eher Mühe. Rein statistisch können sich relativ viele Menschen die Existenz Gottes oder des Jenseits vorstellen. Rund 80% neigen zu dem Glauben, dass es ein Leben nach dem Tod gibt. Doch nur etwa die Hälfte glaubt, dass man nach dem Tod Rechenschaft für sein Leben ablegen muss.[328] Kein Wunder: Natürlich ist die Vorstellung von irgendetwas Höherem, Transzendentem relativ ungefährlich, solange es mir nicht ins Leben pfuscht. Und das passt gut zu einem Menschenbild, das sich stark verbreitet hat.

Was ist die Alternative? Die Gefahr von Spiritualität ist, dass sie zu einem weiteren Mittel der Selbstoptimierung wird. Durch Meditation wird man ruhiger, vielleicht sogar erleuchtet. Doch sie wird leicht zu etwas, bei dem das Ich bei sich selbst bleibt. Bei der Anbetung ist das anders. Der Mensch tritt vor ein allmächtiges Du, ein liebendes Du. Er wird zum Auge, das nicht mehr sich selbst sieht. Er erlebt sich als geliebt und gewollt, zugleich aber auch als endlich: Gebet »als Einübung ins rechte Verhältnis zu Gott, zur Welt und zu sich selbst«.[329] Im Gespräch mit Gott findet der Mensch sich selbst wieder, so würde Alfred Delp das vielleicht sagen, selbst in der Todeszelle. In der Gegenwart des Heiligen wird der Mensch heil.[330]

Das bedeutet nicht, immer eine Antwort auf alle Fragen zu bekommen. Es bedeutet auch nicht, sich nach dem alten metaphysischen Menschenbild zurückzusehnen. Schon gar nicht kann es bedeuten, der angeblich so bösen säkularen Moderne die religiöse Wahrheit um die Ohren zu schlagen. Nur müssen wir uns bewusst sein, dass Information ohne Verbundenheit nur zur Trennung führt; dass Wahrheit ohne Liebe überhaupt keine Wahrheit ist. Und: Die Sehnsucht nach Sinn steckt auch im digitalen und transhumanen Zeitalter in jedem Menschen. Manchmal geht es dabei auch mehr um die Fragen als um die Antworten. Das große Projekt Menschheit braucht deshalb Gesprächsteilnehmer, die die Sehnsucht nach Sinn wachhalten. Die noch ahnen, dass der Mensch den Menschen um ein Unendliches übersteigt.

Die an Eden erinnern.

GEHEIMNIS 3:

SCHÖNHEIT

Es gibt auch eine ästhetische Umweltverschmutzung. Eine weggeworfene Chipstüte im Wald. Eine leere Plastikflasche im Ozean. Tatsächlich ist das eine der mächtigsten Quellen für die ganze ökologische Bewegung: die Erkenntnis, dass die Natur schön ist; dass es einfach falsch ist, sie mit hässlichem Müll zu überschütten.

Nach dem langen Abschnitt über »Sinn« geht es im Folgenden um etwas scheinbar viel Harmloseres. Doch Sie werden sehen, auch hier dreht sich alles zutiefst um die Frage, in was für einer Welt wir eigentlich leben wollen.

Bei Vorträgen frage ich die Zuhörer immer wieder, was sie eigentlich schön finden. Wie aus der Pistole geschossen kommen Begriffe wie »Sonnenuntergang«, »Berge«, »das Meer«. Ich habe das vor Tausenden von Menschen ausprobiert, in Deutschland, in den USA, in Sri Lanka, in Kasachstan, in Ägypten und in Lettland: Die Antworten sind ähnlich. Was mir dabei klar wurde: Weil wir Menschen die Natur schön finden, pflanzen wir Gärten. Das ganze Konzept eines Gartens ist unverständlich ohne den Aspekt der Schönheit. Wenn die mythischen Erzählungen vom Ursprung den Menschen also in einem Garten verorten, sagt das auch etwas über die große Bedeutung der Schönheit für uns. Im Buch Genesis beginnt die Geschichte des Menschen eben nicht in einer Fabrik, nicht in einer Lagerhalle, nicht auf einem Schlachtfeld, nicht in einer Wüste, auch nicht in der Wildnis, sondern in einem Garten. In einem Garten, dessen Name *Eden* schon das bedeutet, was ihn auszeichnet: »*Lust, Wohlgefallen, Schönheit*«. Schönheit, so könnte man die Geschichte deuten, ist der natürliche Lebensraum des Menschen. Beim Blick auf moderne Städte kann man das kaum glauben.

Hitparade des Hässlichen

Universitätsrankings sind hoch im Kurs. Welche Uni liegt in welchem Fach ganz vorne? Ich war mit meiner *Ludwig-Maximilians-Universität* in München eigentlich ganz zufrieden. Im Jahr 2018 legte das Magazin *Vice* eine etwas andersartige Rangliste vor. Sie sortierte die deutschen Universitäten nach Hässlichkeit.[331] Ganz vorne steht ein Komplex aus grauen Betonrechtecken. »Äußerlich versprüht die Universität Bielefeld den einladenden Charme einer Industrieanlage, in der wahlweise Unkrautmittel oder Asbestplatten hergestellt werden«,[332] so das spöttische Resümee. Darauf folgen Siegen, Regensburg, Bochum … Allesamt Ensembles klobiger, unförmiger Betonquader. Über so etwas könnte man achselzuckend hinwegsehen, schließlich geht es doch mehr um die Lehre als um die Architektur. Ist eine Universität nicht einfach ein Zweckbau? Ohne Zweifel. Doch das waren frühere Universitäten auch. Ein Gedankenspiel: Wäre eine Rangliste der hässlichsten Universitäten des 15. Jahrhunderts denkbar? Zur Auswahl stünde die *Divinity School* in Oxford mit ihrer filigranen gotischen Kreuzrippendecke, die lichtdurchflutete Kapelle des *King's College* in Cambridge, die *Escuelas Mayores* der Universität Salamanca mit ihrer reichverzierten plateresken Fassade. Allesamt Zweckbauten, allesamt Bauwerke von überragender Schönheit, die uns noch heute intuitiv in Staunen versetzen. Wer kein Bild vor Augen hat, kann sich Harry Potters Schule *Hogwarts* vorstellen. Auch an weniger illustren Orten als Cambridge oder Salamanca sahen Universitäten bis ins späte 19. Jahrhundert erhaben, prächtig und ehrwürdig aus.

Seither hat sich einiges geändert. Ist das ein Zufall oder folgt es einer Regel?

Stellen Sie sich eine Zeitungsannonce vor: »Große Altstadtwohnung, Gründerzeit, renoviert, Parkett«. Welche Bilder sehen Sie? Wie sieht eine Altstadt aus, wie eine Gründerzeitwohnung? Wie fühlt es sich an, dort zu wohnen? Was würde die Miete etwa kosten? Nun eine zweite Zeitungsannonce: »Große Wohnung in der Vorstadt, 12. Stock, 70er Jahre, renoviert, Betonfußboden«. Wie stellt man sich diese Wohnung vor? Was kostet sie und welches Gefühl vermittelt sie?

Hat meine Tochter recht?

Am Anfang des Buches habe ich schon die Geschichte von meiner Tochter Anna erzählt. Sie fragte mich, warum alle alten Gebäude so schön und alle modernen so hässlich seien. Wie kommt sie auf diese Idee? Vergleicht man in Europa Gebäude, die seit etwa 1930 gebaut wurden, mit solchen, die nur wenige Jahrzehnte früher gebaut wurden, ist der Unterschied frappierend. So steht in unserem Stadtteil Augsburg-Göggingen ein Kurhaus mit einem 1886 eröffneten Parktheater. Obwohl es bestimmt kein Theater von Weltrang ist, verschlägt es dem Besucher beim Eintritt doch schier die Sprache. Eine Farbenpracht an Glasfenstern, gusseisernen Wendeltreppen, goldbelegten Kapitellen, rotem Samt und floralen Ornamenten. Die Außenanlage erinnert an einen französischen Barockgarten mit Springbrunnen, begehbaren Veranden und Parkgrotten. Kein Wunder, dass sich das kleine Parktheater kaum vor Anfragen für Veranstaltungen, Fotoshootings und Konferenzen retten kann.

Ein Theater weit größerer Bedeutung ist die Staatsoper Hamburg. In dem 1955 eröffneten Neubau jedoch wird kaum je ein Brautpaar seine Hochzeitsfotos machen wollen. Die Fassade ist ein großes Rechteck aus Glas und Beton. Der Zuschauerraum könnte auch ein Cinemaxx sein, er ist nur etwas höher.

Betrachtet man Fotografien deutscher Innenstädte vor 100 Jahren und vergleicht sie mit heute, braucht man starke Nerven oder Antidepressiva. Neben dem Bremer Dom befand sich früher die prächtige neugotische Börse. An ihrer Stelle steht seit 1966 der Stahlbetonbau der Bremischen Bürgerschaft. In Karlsruhe musste das alte Hoftheater der massigen Betonkonstruktion des Bundesverfassungsgerichts weichen. Das ehemals parkähnlich angelegte Areal zwischen dem Theater und dem Residenzschloss wird heute von einer großen Autostraße brutal durchschnitten.[333] Noch trister sieht es bei den Wohnvierteln aus. Das Berliner Märkische Viertel, Fürstenried-West in München oder Darmstadt-Kranichstein sind geradezu ikonischer Inbegriff grauer, uniformer, hässlicher Wohnblocksiedlungen. Und jede Stadt kennt ihre entsprechenden tristen Neubaugebiete, ihre klotzigen Gesundheitsämter, ihre öden Betonschulen und seelenlosen Bahnhofsplätze.

Wer einwendet, das liege nur an der Zerstörung durch den Zweiten Weltkrieg und den folgenden schnellen und kostengünstigen Aufbau, den belehrt ein Blick ins Ausland. Wer einmal über New York geflogen ist, dem fällt vielleicht das riesige Areal immer gleicher Ypsilon-förmiger Häuser auf der anderen Flussseite von Manhattan auf. Die *Queensbridge houses* sind ein 1939 erbautes Projekt sozialen Wohnungsbaus im Stadteil Queens. Wer Bilder dieser Siedlung sieht, versteht intuitiv, warum sie auch eine der Gegenden mit der höchsten Kriminalitätsrate ist. Grau, monoton, die Stilistik eines riesigen Gefängnisses unter offenem Himmel. Noch schlimmer sieht es in Minsk, Nowosibirsk oder Bukarest aus. Die Plattenbausiedlungen der Ära Chruschtschow prägen Hunderte oder Tausende von ehemals kommunistischen Städten. Und selbst in Santiago de Chile finden sich dieselben eintönig grauen Wohnblöcke.[334] Ganz ohne Weltkrieg. Hat meine Tochter Anna also recht?

Ein Einwand

Zunächst könnte man erwidern, dass in früheren Zeiten auch nicht alles schön gewesen sei. Vielleicht habe sich auch nur das Schönste erhalten. So bestaunen wir zwar heute noch die *Sainte Chapelle* in Paris, doch nicht die stinkenden Kanäle und halbverfallenen Armenviertel des mittelalterlichen Paris, wie sie etwa Victor Hugo zeichnet. Ist der verklärende Blick in die Vergangenheit und die angeblich »gute alte Zeit« nicht so alt wie die Menschheit selbst und haben nicht schon die Griechen in der Antike auf die verdorbenen Sitten der Jugend geschimpft? Zunächst stimmt es natürlich: Das meiste aus der Antike, dem Mittelalter und der Renaissance ist überhaupt nicht erhalten. Natürlich war damals nicht alles schön. Ganz im Gegenteil: Im prächtigen Schloss von Versailles gab es kein WC, in einer mittelalterlichen Universität fror man im Winter ganz erbärmlich und die meisten Menschen lebten ohnehin in für uns heute kaum vorstellbaren prekären Verhältnissen. Wahrscheinlich würde man tatsächlich lieber in einem grauen, aber geheizten Plattenbau leben als in einer zugigen Altbauwohnung mit bröckelnder Stuckdecke und ohne fließendes Wasser. Auch das gehört zum Bild. Die moderne Architektur bringt außerdem nicht nur langweilige Betonklötze hervor, sondern auch Großartiges. Man denke nur an die kühne Bogenarchitektur des 1973 eröffneten *Sydney Opera House*.

Die Hamburger *Elbphilharmonie* wird in Zukunft wahrscheinlich ebenso bewundert werden, wie wir heute die *Royal Albert Hall* in London bestaunen. Natürlich war früher nicht alles schön und natürlich ist heute nicht alles hässlich. Das bedeutet aber, dass gerade die schönen Dinge die Zeit überdauern. Während die Betonkolosse der Sechziger- und Siebzigerjahre zunehmend abgerissen werden, wird die *Sainte Chapelle* wahrscheinlich so lange stehen, wie es Menschen gibt.

Diese Schönheit, an der frühere Generationen unter großen Opfern gebaut haben, zieht noch Jahrhunderte später an. Ob Florenz, Antwerpen, Prag, Wien, Stockholm oder Rothenburg ob der Tauber: Besucher strömen in die alten Städte. Die Bewohner von Städten wie Venedig, Porto oder Dubrovnik genießen nicht nur bis heute die Schönheit der früher erschaffenen Gebäude, ihre Wirtschaft lebt auch maßgeblich vom Tourismus, den sie hervorbringt. Das Schöne hält sich und ist sogar noch nach Jahrhunderten wirtschaftlich von größtem Wert.

Als Familie sind wir schon an einige dieser wunderbaren Orte gereist. Vielleicht sind wir Eltern also selbst schuld, dass unsere Tochter unzufrieden mit Betonblockarchitektur geworden ist.

Ein zweiter Einwand

Als die Stadt Frankfurt am Main im Jahr 2005 den Abriss des *Technischen Rathauses* beschloss, entstand ein jahrelanger Streit um das zukünftige Aussehen der Altstadt. Als massiger Klotz mitten am *Alten*

Markt, also in genau jenem historischen Viertel, in dem früher der Krönungsweg der deutschen Kaiser verlief, hatte das Bauwerk seit seiner Entstehung 1974 die Gemüter erhitzt. Wie sollte das nun nach dem Abriss frei gewordene Gelände bebaut werden? Nach intensiven Debatten setzte sich ein Wiederaufbau der Gebäude des Dom-Römer-Areals nach historischem Vorbild durch. CDU und GRÜNE hatten den Vorschlag entschlossen unterstützt. Die Frankfurter Bürger begrüßten diese Entscheidung mit großer Mehrheit, dennoch reißt die Kritik bis heute nicht ab. Der historisierende Neubau sei unauthentisch, die Inszenierung eines Traums, eine Niederlage der modernen Architektur, gar ein heimlicher Sieg des Rechtspopulismus.[335]

Ist das ästhetische Empfinden der Frankfurter vielleicht nichts weiter als Nostalgie? Oder, noch schlimmer, einer heimlichen Sehnsucht nach vordemokratischen Zeiten geschuldet? Wird das Argument der Schönheit nicht einfach nur vorgeschoben, um das Kokettieren mit antimodernen Ideen zu kaschieren? Oder gar: Gibt es so etwas wie zeitunabhängige Schönheit schlichtweg nicht? Und überhaupt: Kann man Schönheit eigentlich bewerten? Ist Geschmack nicht subjektiv und »schön« relativ?

Anstelle einer Definition

Was bedeutet »schön«? Seit Menschen Philosophie treiben, haben sie auch Theorien über die Schönheit entwickelt. Denn das Thema ist so alt wie die Menschheit selbst. In seinem schon anfangs erwähnten TED-Talk *A Darwinian Theory of Beauty*[336] präsentiert der Philosoph Denis Dutton (1944–2010) eine Auswahl der ältesten Objekte der Menschheit. Neben den bereits erwähnten symmetrischen Faustkeilen führt er den archäologischen Fund sechs Meter hoher Steinsäulen auf, die keine ersichtliche Funktion haben. Man kann sie nicht heben, mit ihnen nichts bearbeiten, sie sind zu nichts zu gebrauchen. Auch sie sind symmetrisch. Offenbar fand der Steinzeitmensch auch sie schön.

Spätestens 100.000 v. Chr. hat die Schönheit den Menschen fest im Griff. Körper und Gegenstände werden bemalt, Schmuck aus Muscheln hergestellt und Werkzeuge zunehmend verziert.[337] Das Charakteristische an all diesen Dingen ist: Sie sind nicht notwendig. Ein bemalter Körper ist nicht gesünder. Eine Halskette hilft nicht gegen den Hungertod. Eine bemalte Höhle schützt nicht davor, darin von Angehörigen eines anderen Stammes überfallen und getötet zu werden. All diese Dinge dienen keinem direkten Zweck. Oder anders ausgedrückt: Wenn sie einem Zweck dienen, dann einem, der selbst unmittelbar mit Schönheit zu tun hat. Dass mit Verzierungen und Bemalungen auch magische Vorstellungen verbunden waren, erklärt auch noch nicht, weshalb ausgerechnet künstlerischen und ästhetischen Merkmalen diese besonderen Kräfte zugesprochen wurden.

Menschen haben Kunstvolles geschaffen, lange bevor irgendjemand versucht hat, darüber zu philosophieren. Daher anstelle einer komplizierten Definition ein alltägliches Beispiel: Was das Schöne für uns bedeutet, wird am besten deutlich, wenn man sich den ganz normalen Gebrauch des Wortes »schön« vor Augen hält.

»Ach, wie schön!«, sagt Eliane, als sie das Wohnzimmer von René und Marta betritt. Die Einladung war schon länger ausgesprochen, heute ist es endlich so weit. Zu feiern gibt es einiges. Eliane kennt die beiden schon lange, sie war aber noch nie in ihrer neuen Wohnung.

Marta und ihr Mann sind begeisterte Gastgeber. Auf dem Tisch steht ein Strauß weißer Lilien. Die dunkelroten Stoffservietten und die weiße Tischdecke passen wunderbar dazu. Kerzen brennen. Als Aperitif hat René etwas Besonderes ausgesucht. Der Champagner ist von 2014, denn so lange haben sich die Freunde nicht mehr gesehen, seit Eliane damals nach Kanada ging. »Cheers!«, die Gläser klingen. »Das ist das Silberbesteck meiner Großmutter«, erklärt Marta, als sich alle gesetzt haben und mit dem Salat beginnen. René ist Hobbykoch und hat seit Tagen mit neuen Rezepten herumprobiert. Ob der Spätburgunder zur Hauptspeise passen wird? Schon bald ist die Stimmung fröhlich, Geschichten aus der gemeinsamen Vergangenheit werden ausgebreitet. Als Nachspeise gibt es Panna Cotta, mit bunten Früchten auf zierlichen Porzellantellern angerichtet. Zum Abschluss Espresso und lange Umarmungen – was für ein schöner Abend!

Merkmale des Schönen

In dieser schlichten Szene steckt viel von dem, was wir ganz alltäglich unter »dem Schönen« verstehen. Ein reich gedeckter Tisch. Da fällt zunächst eine gewisse Ordnung auf. Die Messer liegen rechts, die Gabeln links. Die Teller stehen in einem bestimmten Abstand. Diese Ordnung ist nicht beliebig, sondern folgt einem ganz natürlichen Sinn. Der Abstand ist eben so bemessen, dass jeder am Tisch bequem sitzen kann. Fände Eliane nur zwei gedeckte Plätze vor, könnte sie sich fragen, ob sie überhaupt erwünscht sei. Der festlich gedeckte Tisch jedoch macht klar: Du bist willkommen, hier hast du Platz.

Neben der Ordnung gibt es auch das Prinzip der Abwechslung. Es wäre eigenartig, wenn alles auf dem Tisch nur eine Farbe hätte. Schön, dass Rot und Weiß sich abwechseln, dass es Unterschiedliches zu essen und zu trinken gibt. Die Abwechslung folgt aber einem Gesetz der Harmonie. Stünde anstelle der Lilien ein Gartenzwerg aus Plastik auf dem Tisch, wäre das vielleicht noch ein witziger Kontrast zum Silberbesteck. Folgte aber Cola auf den Champagner und eine Tüte Gummibärchen auf den ersten Gang, könnte man sich fragen, ob das hier tatsächlich noch ein festliches Abendessen ist. Dass der Wein perfekt zum Essen und die Beilage perfekt zum Fleisch passen, zeigt, dass die Kombination nicht zufällig entstanden ist, sondern Interesse, Mühe und vielleicht sogar Liebe im Spiel war. Wenn René erzählt, dass er seit Tagen in der Küche Soßen reduziert und Gemüse eingelegt hat, unterstreicht das auch, dass ihm der Gast wichtig ist. In alledem fällt die Liebe zum Detail auf. Auf keinem Messer findet sich ein kleiner Schmutzfleck, sogar die Servietten sind sorgsam gefaltet.

Das Schöne ist nicht achtlos, sondern geht auch mit dem Kleinen bewusst um. Dieser bewusste Umgang wiederum unterstreicht die

Bedeutung der Dinge. Das Besteck ist ein Erbstück und der Champagner kostet 80 €. Natürlich wird er nicht aus Pappbechern getrunken. Hätten die Freunde das Wiedersehen bei einem Döner im Einkaufszentrum gefeiert, wäre sie nachher auch alle satt gewesen. Das Ereignis hätte aber nicht dieselbe Bedeutung bekommen.

Bei der Auswahl von Speisen und Getränken haben Marta und René daran gedacht, was Eliane schmecken könnte. Sie wissen, dass sie nicht so gerne scharf isst und gerne Wein trinkt. Die Schönheit dieses Abendessens hat also etwas zutiefst Persönliches. Marta hat in den letzten Jahren ihre Liebe zu deutschen Weinen entdeckt und öffnet deshalb eine Flasche von einem kleinen Weingut an der Nahe, das sie bei der Radtour letzten Sommer zufällig entdeckt hat. René wiederum kocht nicht nur irgendwelche Gerichte, sondern etwas aus dem Kochbuch eines Starkochs, den er besonders verehrt. Das Rezept für die Panna Cotta hat er dagegen noch von seiner Großtante, die Italienerin war. So passt es ganz gut, dass er auf seinem Plattenspieler zum Ende des Abends hin italienische Hits der Achtziger auflegt und die drei Freunde zu tanzen beginnen. *Adesso tu* von Eros Ramazotti klingt in die Nacht. Schon lange hat Eliane sich nicht mehr so wohl gefühlt.

»Das wäre doch alles nicht nötig gewesen«, sagt Eliane zum Abschluss. Sie hätte sich auch gefreut, wenn die Freunde weniger Aufwand betrieben hätten. Doch zu einem Fest gehört auch die Großzügigkeit. Großzügigkeit bedeutet »mehr als nötig«. Genau darin gleicht sie allem Schönen. So ist es nicht verwunderlich, dass die Schönheit im menschlichen Leben ihren Sitz besonders dort hat, wo Menschen ihre Verbundenheit feiern. Aus diesem Grund ist die soeben beschriebene Szene nicht banal, sondern eine der tiefsten und ursprünglichsten Menschheitserfahrungen. Die Gastfreundschaft um ein Feuer und das Teilen von Nahrung gehört schon zu den prägenden Szenen der ersten Menschen.

Im sozialen Raum sind auch die ersten Künste entstanden. Steinzeitliche Malerei zeigt gemeinschaftliche Jagdszenen und schmückt die Wände der bewohnten Höhlen. Tanz, Musik und Geschichtenerzählen sind alles soziale Ereignisse. Besondere Bedeutung bekommt das Schöne, wenn es um die Liebe geht. Stirbt ein geliebter Angehöriger, schmücken Menschen sein Grab. Heiraten zwei Menschen, ist das ein Anlass für Gesang und Tanz. Braut und Bräutigam schmücken sich. Kaum ein Thema beschäftigt die Dichtung des Menschen so sehr wie die Liebe und der Tod – eben weil Menschen sich lieben und sterben.

Die ursprüngliche Erfahrung des Schönen ist also untrennbar von dem, was es heißt, ein Mensch zu sein und unter Menschen zu leben. In alledem unterscheiden sie sich massiv von Tieren. Indem Menschen eben nicht nur fressen, sondern den Tisch decken, indem sie nicht nur kopulieren, sondern Vermählung feiern, indem sie ihre Toten mit Gesang und Schmuck begleiten – genau darin zeigen sie, dass sie Menschen sind.

Kulturelle Ausprägungen sind höchst verschieden, doch grundsätzlich ist das Schöne immer mehr als das unmittelbar Notwendige. Mir persönlich kommt das sehr entgegen, denn ich liebe gutes Essen und rauschende Feste. Ich liebe die Merkmale des Schönen: Individualität, Großzügigkeit, Ordnung, Abwechslung, Wertschätzung, Harmonie und Liebe zum Detail.

Gespaltenes Verhältnis

Unsere Zeit prägt ein eigenartiges Doppelverhältnis zur Schönheit. Noch nie gab es eine Zeit, in der es so viel Möglichkeit gab, Schönes zu sehen. Digitale Fotografie hat die weltweite Anzahl an Aufnahmen exponentiell steigen lassen. Instagram lebt vom Schönen, und wenn es nur die sorgsam arrangierte Müslischüssel ist. Ich selbst bin begeisterter Nutzer dieser Plattform.

Viele Menschen können immer mehr nach dem leben, was sie schön finden. Konsum und Wohlstand ermöglichen es der wachsenden globalen Mittelschicht, sich auszusuchen, wie sie sich kleiden und wie sie ihre Wohnung einrichten will. Weltweiter Tourismus macht die schönsten Flecke innerhalb weniger Flugstunden erreichbar. Und wer sich selbst nicht schön findet, kann daran mehr verändern als je eine Menschengeneration zuvor. Wir haben Sehnsucht nach schönen Momenten wie dem gerade beschriebenen Abendessen.

Jim Denevan ist einer der *New Traditionals* und hat die Organisation *Outstanding in the field* gegründet. Dabei werden mitten in der Natur lange Tafeln gedeckt, an denen Hunderte Platz finden: am Strand, in einem Weinberg, in einem Buchweizenfeld. Festliches Ambiente, beste Produkte direkt aus der Landschaft, in der man sich befindet. Natur, Gemeinschaft und Genuss verbinden sich. Der besondere Reiz besteht darin, dass man nicht weiß, neben wem man sitzt und wie das Wetter wird. In einer Welt von Planbarkeit und Schnellimbiss boomen solche Ideen. *Outstanding in the field* hat schon über 1000 solcher Events veranstaltet.

Solche und andere Fakten zeigen, wie sehr Schönheit und Ästhetik auch heute gefeiert wird. Andererseits, und das scheint wie ein Paradox, wird beispielsweise immer mehr Fastfood gegessen.[338] Wir fotografieren die Natur mit großer Begeisterung, derweil werden immer mehr Naturflächen in Deutschland zugebaut und heimische Tierarten sterben aus. Die milliardenschwere Mode- und Beautyindustrie lebt vom Wunsch des Menschen, schön zu sein. Photoshop kann ungleichmäßige Gesichter (oder zu kontrastschwache Sonnenuntergänge) mit einem Knopfdruck noch »schöner« machen. Zugleich üben dadurch geförderte Idealvorstellungen massiven Druck aus, gerade auf Mädchen und junge Frauen. Wir können immer schneller und für weniger Geld nach Tokio, São Paulo oder Johannesburg fliegen. Doch das, was wir dort sehen, gleicht sich immer mehr an. Flughäfen, Busbahnhöfe, Autobahnen, Wohnblocks, Applestores und Mac Donalds sehen an all diesen Orten ziemlich gleich aus. Ebenso die Kleidung der Menschen, die Gegenstände, die sie verwenden, und die Müllberge, die sie produzieren. Ist Einheitsbrei schön? Gehört Individualität und Unverwechselbarkeit zu den Merkmalen von Schönheit?

Eine überflüssige Frage?

»Schönheit ist ein Ort, den man nicht mehr verlassen möchte.« So fasste Anna Philipp den Begriff für sich zusammen, als wir wie schon oft bei stundenlangen Gesprächen mit gutem Wein über die Schönheit philosophierten. Sie ist Mitglied des *Bundes Deutscher Architekten* und Trägerin zahlreicher Auszeichnungen. Ihre Spezialität sind exklusive Wohnhäuser, Orte, an denen man sich wohlfühlt. Über mangelnde Nachfrage kann sie sich nicht beschweren. Ich fühle mich beschenkt, dass wir gemeinsam schon einige Bühnen- und Bauprojekte realisieren konnten.

Auffällig ist, wie bewusst sie davon spricht, schöne Gebäude erschaffen zu wollen. Ganz selbstverständlich ist das nämlich nicht. In all ihren Jahren als Studentin und mittlerweile auch Dozentin für Architektur hatte sie nahezu nie etwas über Schönheit gehört. Im Mittelpunkt standen die Geradlinigkeit, die Funktionalität und die Praktikabilität eines Entwurfs.

Auch in der zeitgenössischen Kunst hat das Wort »schön« keinen besonders guten Ruf. Moderne Inszenierungen im Theater wollen provozieren. Ästhetische Erwartungen müssen durchbrochen werden. Gerade das Gefällige, das Schöne steht im Verdacht, naiv und verlogen zu sein.

Ist die Frage nach der Schönheit nicht außerdem ein Luxusproblem? Pandemien, drohende ökologische Katastrophen, krasse Menschenrechtsverletzungen: Wen interessiert im Lichte solch drängender Themen diese eher akademisch anmutende Frage? Die Welt ist nun einmal nicht schön, so könnte der Realist fortfahren – und muss es auch nicht sein. Oder doch?

Wer moderne Kunstausstellungen besucht, könnte den Eindruck gewinnen, das Streben nach Schönheit sei heute kein Ziel mehr. Die *documenta* ist die weltweit wichtigste Ausstellung zeitgenössischer Kunst. Wer im Sommer 2017 die *14. documenta* besuchte, konnte sich des Eindrucks kaum erwehren, es gehe hier mehr um Politik als um Schönheit.[339] Zentrales Monument: Ein Parthenon aus Plastikfolie, in dem Bücher zu sehen waren, die irgendwo auf der Welt verboten sind. Eine große Installation aus Bootwracks sollte auf die schrecklichen Situationen von Flucht und Migration auf dem Mittelmeer verweisen. Die Rekonstruktion einer Mühle, an der spanische Kolonialherren ihre Sklaven zu unmenschlicher Arbeit zwangen, weckte Erinnerungen an die blutige Geschichte der Eroberung Südamerikas. Ging man an der gespenstischen Holzmaschine vorbei und betrat die »Orangerie«, erklangen ungewohnte Gesänge. Als ich den halbdunklen Raum an einem heißen Junitag betrat, atmete ich spontan auf.

In einer Videoinstallation des Künstlers Romuald Karmakar sah man minutenlang orthodoxe Mönche in irgendeinem russischen Kloster. Dunkle Gewänder, lange Bärte, gesammelte Gesichter der eher jungen Mönche. Schwebende Gesänge, die scheinbar aus der Ewigkeit kamen. Eine zutiefst in sich ruhende Polyphonie, ein Ort der Ruhe. Für die zahlreichen Besucher, die diesen Raum betraten, ein krasser Kontrast. Offenbar der einzige Moment auf der *documenta*, wo es nicht um Politik oder ein »Anliegen« von Kunst ging. Die endlosen Gesänge wirkten auf entspannende Weise zweckfrei: vielleicht der Grund, warum so viele Menschen sich setzten und lange zuhörten.

Schönheit ist tatsächlich ein Ort, den man nicht mehr verlassen möchte. Und die Frage, wo man sein möchte und sich wohlfühlt, ist eine der grundsätzlichsten Menschheitsfragen. Die Bewohner Frankfurts rebellierten gegen das *Technische Rathaus* nicht einfach nur aus ästhetischen Gründen. Sie hatten das Gefühl, »ihrer Stadt« beraubt zu werden, sich nicht mehr heimisch fühlen zu können, wenn der historische Stadtkern so aussieht.

Die Schönheit einer Stadt macht sie zu einem Ort, an dem man gerne wohnt und den man nicht zerstören möchte. Nach der klassischen philosophischen Sicht liegt es daran, dass Schönheit, Wahrheit und das Gute untrennbar verbunden sind. Durch die Schönheit erkennt der Mensch den Wert von etwas, zum Beispiel der Natur. Mit dem Wert erkennt er auch den moralischen Appell, das Schöne nicht zu zerstören. Ein sinnvolles Leben ist eines, das sich am Guten und Wahren orientiert. Dass das Schöne uns gefällt und sogar zum Guten und Wahren führen kann, ist eine machtvolle Aussage über den Kosmos und die Stellung des Menschen darin. Es ist keineswegs ein randständiges Thema, sondern ein ganz zentrales. Es führt uns direkt ins Herz der Frage dieses Buches: wie wir eigentlich leben wollen.

Die große Theorie

Schönheit kann man nicht definieren. Genau wie *die Wahrheit*, *das Gute* oder *das Sein* ist der Begriff *Schönheit* so grundlegend für unser Denken, dass jede mögliche Definition immer schon etwas von ihm voraussetzt. Interessant ist aber, was welche Epoche darunter versteht. Denn im jeweiligen Verständnis von Schönheit leuchtet Entscheidendes über die jeweilige Weltsicht auf.

Die gesamte antike Philosophiegeschichte hindurch herrscht eine Vorstellung von der Schönheit, die im Wesentlichen auf Platon zurückgeht. Im Dialog *Philebos* diskutieren Sokrates und Protarchos über Lust und Unlust. Unvergesslich sind mir die Stunden im Griechisch-Leistungskurs mit unseren tastenden Versuchen, diesen Dialog zu übersetzen. Dabei gelang es unserem Lehrer, echte Faszination für die philosophischen Gedanken im Text zu entzünden. Protarchos klang für uns 18-Jährige ziemlich modern, wenn er die These vertritt, das glückliche Leben bestehe darin, seinen Lüsten gemäß zu leben, also das zu tun, was Spaß macht und die Bedürfnisse befriedigt. Sokrates entgegnet ironisch, dann müsste der von der Krätze

Befallene ein sehr glücklicher Mensch sein. Denn der habe ständig das Bedürfnis, sich zu kratzen, und könnte es sich auch ständig erfüllen. Nicht jede Lust sei nämlich gleich gut, sondern nur die, die »zur Wahrheit des Seins beiträgt«. »Denn aus Angemessenheit und Verhältnismäßigkeit entsteht uns doch überall offenbar Schönheit und Tugend.«[340] Zugrunde liegt also eine Ordnung der Welt, eine Symmetrie. Wer etwas Schönes sieht, wird an diese Ordnung erinnert und spürt in sich die Aufforderung, entsprechend zu handeln. Das klang für junge Leute, die gerade ihren Führerschein gemacht hatten, zwar etwas ernüchternd, aber irgendwie doch wahr.

Der Physiker Werner Heisenberg fasst Platons Sicht poetisch zusammen: »Die Seele erschrickt, sie erschauert beim Anblick des Schönen, da sie spürt, dass etwas in ihr aufgerufen wird, das ihr nicht von außen durch die Sinne zugetragen worden ist, sondern das in ihr in einem tief unbewussten Bereich schon immer angelegt war.«[341]

Das Wahre, das Gute und das Schöne gehören also zusammen. Warum soll ich glauben, dass 2+2 4 ergibt? Weil es wahr ist. Warum soll ich einer alten Dame über die Straße helfen? Weil es gut ist. Warum soll ich dieses Gemälde betrachten? Weil es schön ist.

Für Platon gilt all das absolut. Wichtig ist, dass für ihn und seine Schule das Schöne viel mehr ist als nur das »Gefällige«, es ist untrennbar vom Tugendhaften. Die Idee des Guten ist das Höchste, nach dem alles sich ausrichtet. Platon meint damit das ganz allgemeine Verständnis von rechtem Handeln. In allen Kulturen gibt es bestimmte Pflichten der Eltern gegen ihre Kinder und Pflichten der Kinder gegen die Eltern. Überall gilt Dankbarkeit als gut, überall ist der Geizige verächtlich und der Großherzige geachtet, fast überall gilt Unparteilichkeit als Tugend des Richters und Tapferkeit als Tugend des Kämpfers.[342] Das Schöne ist also nicht einfach das »Nette«, sondern enthält auch das, was Respekt verdient und Ehrfurcht einflößt, das Erhabene.[343]

Wer einmal in einem griechischen Tempel stand, dem leuchtet es ein. Der Gedanke eines geordneten Universums, in dem der Mensch seinen Platz findet, prägt auch die klassische griechische Kunst. Die Symmetrie und der Goldene Schnitt vermitteln das Bild einer Welt, in der das Wahre, das Gute und das Schöne Wesensmerkmale des Göttlichen sind.

Über den Neuplatonismus gelangt diese Sicht des Schönen ins Christentum. Am vollständigsten ausformuliert ist sie in der Metaphysik des Thomas von Aquin. Das Wahre, das Gute und das Schöne werden zu Erscheinungsweisen des Seins. Diese drei als *Transzendentalien* bezeichneten Eigenschaften des Seins verweisen nach Thomas direkt auf den göttlichen Ursprung.

Erst im 18. Jahrhundert beginnt diese »große Theorie« ihre Glaubwürdigkeit zu verlieren. Es kommt einem Paukenschlag gleich, wenn David Hume im Jahr 1757 schreibt: »Beauty is no quality in things themselves: It exists merely in the mind which contemplates.« Die Schönheit liegt im Auge des Betrachters und niemand hat das Recht, einem anderen seine Vorstellung von Geschmack aufzudrängen.[344] Immanuel Kant ist ebenso weit von der Metaphysik eines Thomas von Aquin entfernt, sieht Schönheit aber als nicht rein relativ. Ein ästhetisches Urteil unterscheidet sich von einem reinen Geschmacksurteil. Die Aussage »Ich mag Vanilleeis« ist etwas anderes als »Paris ist schön«. Während der erste Satz rein subjektiv ist, erhoffe ich von dem zweiten, dass auch andere zustimmen, und würde vielleicht sogar versuchen, sie zu überzeugen.

Doch was genau sagt jemand, wenn er sagt: »Diese Blume ist schön«? Nach Kant bedeutet es Freude an etwas, einfach nur weil es da ist. »Interesseloses Wohlgefallen« nennt er es und meint damit eben nicht Desinteresse, sondern Bejahen, ohne dass man etwas davon hat.[345] Paris ist also schön, auch wenn ich mir davon nichts kaufen kann.

Tiere kennen nur die »interessierte« Einstellung: Der Hund verliert das Interesse am Knochen, wenn er ein Stück Fleisch gefunden hat. Wir Menschen dagegen unterscheiden zwischen Dingen, die uns als Mittel dienen, und solchen, die an sich schon wertvoll sind und keinen weiteren Zweck brauchen.

Etwas als »schön« zu bezeichnen, bedeutet, es als Zweck in sich selbst zu sehen. Wer ein Musikstück von Bach schön findet, möchte genau dieses Musikstück hören. Es hilft nichts, ihm stattdessen eines von den Beatles vorzuspielen und zu sagen: »Das tut's genauso.« Wer einen bestimmten Menschen schön findet, möchte eben genau diesen Menschen wiedersehen und nicht irgendeinen beliebigen anderen.

Ein Echo der »großen Tradition« der Einheit von Wahr, Gut und Schön findet sich noch bei Friedrich Schiller (1759–1805). Für ihn ist die ästhetische Erziehung des Menschen wichtig, weil durch die Erfahrung mit dem Schönen das Empfindungsvermögen des Menschen ausgebildet wird.[346] Im Mittelpunkt steht das tugendhafte Handeln. Auch der Gedanke des Erhabenen findet sich bei ihm wieder.[347] Nur durch das Erhabene bekomme der Mensch eine Ahnung von seiner eigenen Bedeutung als Wesen, das die Weite der Natur erkennen und sich ihr mit freiem Willen entgegenstellen kann.

Die Romantiker sind die Letzten, bei denen die Schönheit noch göttlich anmutet. John Keats (1795–1821) dichtet noch in seiner *Ode an eine griechische Urne*: »Beauty is truth, truth beauty,—that is all Ye know on earth, and all ye need to know.«[348] Kurz darauf bezeichnet der französische Schriftsteller und frühe Vertreter des literarischen Realismus Stendhal (1783–1842) sie wenigstens noch als »ein Versprechen von Glück«.[349] Am Ende desselben Jahrhunderts schreibt Nietzsche, wenn ein Philosoph sage, das Gute und das Schöne seien eins und dann noch das Wahre dazu, dann solle man ihn verprügeln. »Die Wahrheit ist häßlich (...)«[350] Am Anfang des 20. Jahrhunderts ist die »große Theorie« beschädigt wie eine sturmreif geschossene Bastion. Nach 2300 Jahren wird an ihrer Stelle einer ganz neuen Gottheit ein Tempel errichtet: der Funktion. Doch vorher wird die alte Welt in Flammen aufgehen.

Der große Bruch 1: Entweihungen

Im Jahr 2004 wurden 500 Museumsdirektoren, Kuratoren und Sammler aus der ganzen Welt befragt, welches Kunstwerk des vergangenen Jahrhunderts das einflussreichste sei. Was für eine schwierige Frage! In keinem Jahrhundert zuvor haben Menschen so viel Kunst produziert wie im 20. Millionen Werke von Künstlern von allen Kontinenten. Die Entscheidung der Experten fiel überraschenderweise sehr eindeutig aus. Das einflussreichste Kunstwerk des 20. Jahrhunderts ist Marcel Duchamps *Fountain* (Brunnen) aus dem Jahr 1917. Es handelt sich um nichts weiter als ein handelsübliches Pissoir.[351] Das mittlerweile verschollene Originalobjekt löste von Anfang an hitzige Debatten aus. Ob das noch Kunst sei und was Kunst überhaupt sei, das war im Jahr 1917 nicht mehr klar. Doch die Veränderung betraf weit mehr als nur die Ästhetik. Pablo Picassos Gemälde *Les Demoiselles d'Avignon* (1907) war nicht nur ein Tabubruch, weil es alle bisher gängigen Perspektiven auflöste und zersplitterte. Im entstehenden Kubismus löst sich die Malerei radikal von dem Anspruch, die Realität abzubilden. Die Realität wird zerschnitten und neu konstruiert. Doch nicht nur wie, sondern auch was dargestellt wird, war ein Skandal. Das Bild zeigt fünf nackte Prostituierte in breiten Posen.

Die Schriftstellerin Virginia Woolf (1882–1941) war damals Mitglied der avantgardistischen *Bloomsbury-Gruppe* in London. Dort experimentierte man mit neuen Kunstformen ebenso unkonventionell wie mit sexueller Freizügigkeit. Die Abkehr von der bürgerlichen Ästhetik war zugleich eine Abkehr von der bürgerlichen Moral. Nach einer Ausstellung neuartiger Gemälde in London schrieb Woolf: »Ungefähr im Dezember 1910 änderte sich die menschliche Natur.«[352] Was war vorausgegangen und worauf gründet sich dieses radikale Statement?

In der Romantik hat das Schöne noch seinen festen Platz, löst sich aber nach und nach aus der engen Verbindung zu »wahr« und »gut«.

Das Schöne wird ein Wert an sich, ja der einzige eigentliche Wert. Bei den Klassikern des französischen Realismus Gustave Flaubert und Victor Hugo ist das Dargestellte hässlich. *Madame Bovary* (1856) hat zwar heiße Affären, doch endet sie in qualvollem Selbstmord. *Der Glöckner von Notre Dame* (1831) ist zwar ein bezauberndes Buch, doch die dargestellte Gesellschaft ist grausam und zutiefst ungerecht. Nicht die Wahrheit ist gut oder schön, nur noch die Kunst. Pointiert bringt das Charles Baudelaire in seinen *Blumen des Bösen* (1857) zum Ausdruck. In dem Gedicht *Liebe zur Lüge* heißt es: »Doch warum soll mir nicht allein der Schein genügen, der dieses Herz, das Wahrheit flieht, erfreuen kann? (…) Gegrüßt, geputzte Maske! Ich bet die Schönheit an.«[353] Die Schönheit als reine Lüge – Nietzsche war begeistert. Bei Oscar Wilde (1854–1900) ist das Schöne der letzte Fixstern eines sinnlosen Firmaments. Es ist der reine Ausdruck um seiner selbst willen. Mit Wahrheit und Güte hat sein *l'art pour l'art* nichts mehr zu tun, mit Moral schon gar nicht. So soll in Wildes Roman *Das Bildnis des Dorian Gray* ein Abbild vollendeter Schönheit entstehen. Doch am Ende stehen Mord, Schande und Grauen. Das Allerschönste wurde zum puren Ekel.

Rebellion

Das Subversive in der Kunst gab es schon immer. Auch in Shakespeares *Hamlet* kann im Theaterspiel die Wahrheit gesagt werden, die die Mächtigen erzittern lässt. Hätte die Kunst nicht die Kraft, Gewohntes zu durchbrechen, würde sie zum langweiligen Zierrat verkommen. Das Durchbrechen und Umstürzen wird jedoch Anfang des 20. Jahrhunderts zum entscheidenden Wesensmerkmal der Kunst. In der Theorie des *Russischen Formalismus* wird Literatur gerade dadurch definiert, dass sie etwas auf andere, neue Weise zeigt. Das Andere und Neue ist jedoch nicht mehr das Gute. Nicht umsonst entstehen sowohl der russische Formalismus als auch Duchamps

Fountain während des Ersten Weltkriegs. Eine idealistische Generation war in den Kampf gezogen. Die bestialischen Auswüchse des Grabenkriegs und die Sinnlosigkeit der Materialschlachten hinterließen sie zutiefst desillusioniert. Die verspielten Kunstformen der Spätromantik und des Jugendstils verschwinden. In der Lyrik verstummt der Reim und die Versmaße werden unregelmäßig. Die Zwölftonmusik bricht mit allen bisherigen Regeln der Komposition und schockiert mit ihrer krassen Dissonanz.

Die Hamburger Philosophin Birgit Riecki fasst die Mentalität nach den Weltkriegen zusammen: »Schönheit hat keinen legitimen Ort mehr in der harten und rohen Welt, wie sie heute ist, denn diese Welt verdient keine Schönheit.«[354]

Wenn Schönheit nicht mehr in die »harte Welt« passt, dann wird die Rebellion gegen das Schöne zur Pflicht. Der Befreiungsschlag gegen bürgerliche Konventionen wird im 20. Jahrhundert zu einer unablässigen Rebellion gegen das Gegebene. Die Kunst der Postmoderne ist nicht denkbar ohne ihre Tabubrüche. Joseph Beuys präsentiert einen Haufen Müll als Kunstwerk. Der Theaterregisseur Hans Neuenfels stellt 1966 im Rahmen einer Inszenierung Passanten Fragen wie: »Warum schänden Sie nicht kleine Mädchen?« Hermann Nitsch kreuzigt ein totes Schwein und verschmiert Leinwände mit Blut. Die Beispiele ließen sich fortsetzen. Während Kunst sich in früheren Zeiten als Kult am Schönen verstand, begegnet nun zunehmend das Gegenteil. Kunst muss der verlogenen Schönheit die Maske vom Gesicht reißen. Zur Zielscheibe wird alles, was früher »erhaben« genannt wurde. Im Giebel des 1820 erbauten klassizistischen *Fridericianum* in Kassel lässt die documenta 14 den ironischen Spruch »being safe is scary« prangen. Der Künstler Andres Serrano versenkt ein Kruzifix im eigenen Urin und schafft dadurch sein bekanntestes Werk. *Piss Christ* wird preisgekrönt und für 277.000 US-Dollar verkauft.

Deathworks

Der amerikanische Soziologie Philip Rieff (1922–2006) nennt solche Kunstwerke *Deathworks* und bezeichnet sie als charakteristisch für die Kunst der Gegenwart. Während die Kunst aller früheren Zeiten an eine bestehende, sogar heilige Ordnung geglaubt habe, sei es ein besonderes Merkmal der Postmoderne, die Rebellion gegen jede Ordnung zum Selbstzweck zu erheben. Das Motiv der Entweihung steht im Zentrum ihrer Ästhetik.[355]

»Entweihung« ist ein Begriff aus dem Bereich des Religiösen und ist untrennbar von der Vorstellung von etwas »Heiligem« oder »Erhabenem«. Das muss nicht unbedingt sakral verstanden werden. Es bedeutet, dass etwas dem menschlichen Zugriff entzogen ist. Als Achilles in der *Ilias* den Leichnam seines getöteten Feindes Hektor um die Mauern von Troja schleift, wird das als Frevel bezeichnet. »Denn die stumme Erde misshandelt er mit seinem Zürnen.«[356] Homers epische Kunst ist der Anwalt der heiligen Ordnung, wenn sie die Tat des Achilles als Leichenschändung zeichnet. Dass es aber Dinge gibt, die auf jeden Fall verboten sind, und dass Moral nicht nur Ausdruck des persönlichen Geschmacks ist: davon ist die Neuzeit nicht mehr unbedingt überzeugt. Entsprechend attraktiv klingt auch eine Auffassung von Kunst in unseren Ohren, in der es kein Gut und Böse mehr gibt. Der eine malt eben eine Landschaft, der andere kreuzigt einen Kadaver.

In dieser Auffassung verbinden sich die vorher nachvollzogenen Linien, die unsere Zeit prägen und die wir beachten müssen, wollen wir eine *Eden Culture*. Denn dass die Schönheit nur im Auge des Betrachters liegt, entspricht eben auch dem, wie wir auch über die Wahrheit und das Gute denken. Dazu sagt Roger Scruton: »Zustimmung findet diese Argumentation, weil sie die Menschen scheinbar von der Bürde der Kultur befreit, ihnen vermittelt, dass man alle Meisterwerke folgenlos ignorieren kann, dass Fernsehserien nicht schlechter sind als Shakespeare (…) Das Ganze passt zum derzeit modischen kulturellen Relativismus und gibt dann den Einstieg in Universitätsseminare zur Ästhetik ab.«[357]

Die alte »große Theorie« liegt in Trümmern. An ihre Stelle treten Nihilismus und Spott. In seinem Roman *Der Ekel* lässt Sartre in der Gestalt von Antoine seine ganze Verachtung an dem aus, was noch 100 Jahre zuvor das Erhabenste war: »Wenn man bedenkt, dass es Idioten gibt, die Trost aus den schönen Künsten schöpfen. (…) Sie glauben, dass die Schönheit mit ihnen fühlt. Die Arschlöcher.«[358]

Der große Bruch 2: Kult des Funktionalen

Optimistischer als im Europa des *fin de siecle* ging es in Amerika zu. Dort hatte ein Bauboom die Großstädte erreicht und die Wirtschaft florierte. Ein junger Mann aus Österreich arbeitete dort als Maurer und Bodenleger. Er war von der Effizienz der amerikanischen Bauweise fasziniert. Vom amerikanischen Starachitekten Louis Sullivan (1856–1924) übernahm er den Slogan *Form follows function*. Das, wozu etwas da ist, bestimmt, wie seine Form auszusehen hat.

Adolf Loos (1870–1933) kehrte in seine Heimat zurück und formulierte daraus seinen berühmten Vortrag *Ornament und Verbrechen*. Ziel ist das schmucklos Funktionale, denn Ornamente seien vergeudete Arbeitskraft und deshalb kriminell.[359] Sofort setzte er seine neu erkannte Lehre entschieden um. Als er einen Architekturpreis gewann und 1910 direkt gegenüber der Wiener Hofburg mit dem Bau des *Looshauses* begann, löste er Empörung aus. Angeblich ließ Kaiser Franz Joseph die Fenster vernageln, von denen aus man die schlichte Fassade des Neubaues sehen konnte. Das Fehlen der Fensterverdachungen und jeder anderen schmückenden Elemente wurde als »unanständige Nacktheit«[360], als unmoralisch empfunden.

Auf andere jedoch machte Loos großen Eindruck. In Deutschland wurde er von den Vordenkern der Bauhaus-Bewegung rezipiert. In Frankreich ließ Le Corbusier (1887–1965) den Text in seinem Magazin *L'Esprit nouveau* publizieren. Er sollte später einer der weltweit wichtigsten Pioniere der modernen Architektur werden. Um nicht weniger als »neuen Esprit« ging es auch dem Bauhaus. Dieser Zusammenschluss innovativ denkender Künstler und Handwerker hatte sich dem Projekt einer völligen Erneuerung der visuellen Gestaltung verschrieben. Seit 1925 in Dessau ansässig, entwickelte sich das Bauhaus zu einer Institution, die Design und Architektur bis heute prägt wie keine andere. Quadratische Wohnsiedlungen aus grauem Beton? Ein freipendelnder Stuhl, der nur aus einem Metallrohr besteht? Ein Wasserglas, das man bei IKEA kaufen kann? Allesamt Entwürfe aus dem Bauhaus.[361] Über Ludwig Mies van der Rohe (1886–1969) gelangt die neue Art zu bauen auch nach Amerika. Sein Slogan: »Weniger ist mehr.« Der *Internationale Stil* entsteht und prägt heute die ganze Welt.[362] Er lebt von dem Gedanken *Form follows function.*

Der Bauhaus-Gründer Walter Gropius (1883–1969) war sich bewusst, dass es um nicht weniger als eine Revolution ging. Am Ende des *Bauhaus Manifests* von 1919 heißt es: »Wollen, erdenken, erschaffen wir gemeinsam den neuen Bau der Zukunft, der alles in einer Gestalt sein wird: Architektur und Plastik und Malerei, der aus Millionen Händen der Handwerker einst gen Himmel steigen wird als kristallenes Sinnbild eines neuen kommenden Glaubens.« Nicht nur neue Gestaltungsweisen also, sondern sogar ein neuer Glaube. Ein Glaube aber – woran?

Triumph des Betons

Die Radikalität, mit der der *Internationale Stil* mit der Ästhetik des 19. Jahrhunderts bricht, lässt sich nicht verstehen ohne die Empfindung einer tiefen Krise, die die Kultur der westlichen Welt vor dem Ersten Weltkrieg prägt. Die schwerfälligen, alten Monarchien sind zunehmend unfähig, die sozialen Krisen zu bewältigen. Überall entstehen revolutionäre Gruppen. Doch nicht nur die Politik ist davon betroffen. Der Traum von einem ganz anderen Leben ist umfassender. Die Nacktbader, die Wandervogelbewegung und die Anthroposophie Rudolf Steiners entstehen alle Anfang des neuen Jahrhunderts und stellen komplett alternative Lebensentwürfe dar. Ausbruch aus dem Alten ist die Devise, auch in der Ästhetik. Der Klassizismus des 19. Jahrhunderts wird als unglaubwürdig empfunden. Die griechischen Säulen der Gründerzeit konnte man im Katalog bestellen. Die Kunst erstickt im Schwulst einer leblosen Vergangenheit. Alles verströmt den Dunst des Verfalls.

Im krassen Gegensatz dazu stehen die technologischen Revolutionen derselben Zeit. Im Jahr 1880 werden Europas Städte von Pferdekutschen befahren und von Gaslaternen erleuchtet. Vierzig Jahre später kreisen Flugzeuge am Himmel, Straßenbahnen und Autos füllen die Straßen und elektrisches Licht macht die Nacht zum Tag. Der Optimismus der technischen Weiterentwicklung ergreift nun auch die Ästhetik.[363] Jede Vorstellung von Schönheit lebt aus einer zugrunde liegenden Philosophie. Die Ästhetik des *Internationalen Stils* speist sich aus der Philosophie des technischen Fortschritts. Auf extremste Weise formuliert das Filippo Tommaso Marinetti (1876–1944) in seinem einflussreichen *Manifest des Futurismus*, das am 20. Februar 1909 in der Pariser Zeitung *Le Figaro* erscheint: »Wir erklären, dass sich die Herrlichkeit der Welt um eine neue Schönheit bereichert hat: die Schönheit der Geschwindigkeit. Ein Rennwagen, dessen Karosserie große Rohre schmücken, die Schlangen mit explosivem Atem gleichen (...) ein aufheulendes Auto, das auf Kartätschen zu laufen scheint, ist schöner als die Nike von Samothrake.«[364]

Die auf Funktion reduzierte Ästhetik und die Verherrlichung der Technik passten erschreckend gut gewissen zeitgenössischen politischen Bewegungen. Der italienische Faschismus und der deutsche Nationalsozialismus verstanden sich beide als Befreiungsschlag aus der verstaubten Bürgerlichkeit der Monarchie. Das »Zurück zur Natur« der diversen Reformbewegungen wird nun zu einem »Zurück zur Rasse«. Der Mensch ist ein Tier und für den Kampf gemacht. Härte, Zielstrebigkeit und klare Hierarchien sind zentrale Werte.

Was passt besser zu einer solchen Ideologie als eine Ästhetik, die alles Frühere entweder gnadenlos verachtet oder brachial funktionalisiert? Zwar wurde das Bauhaus selbst unter den Nationalsozialisten geschlossen, die Ästhetik des *Internationalen Stils* hatte trotzdem stärksten Eindruck auf die faschistischen Bewegungen gemacht. Betrachtet man heute die Überreste der mitunter größenwahnsinnigen Bauprojekte Hitlers, so ist die stilistische Nähe zum Bauhaus unübersehbar.[365] Le Corbusier arbeitete als offizieller Stadtplaner für die mit den Nazis kooperierende Vichy-Regierung. Zum Glück wurden dabei nicht alle Entwürfe umgesetzt. Einer seiner Pläne sah vor, große Teile von Paris komplett zu planieren und stattdessen riesige Wohntürme und mehrspurige Stadtautobahnen zu bauen.[366]

Auch den absoluten ethischen Tiefpunkt der Menschheitsgeschichte begleitete eine auf Funktion getrimmte Ästhetik. Auf eine Nummer und rein auf die körperliche Arbeitskraft reduzierte Menschen wurden von den Nazis auf industrielle Weise erfasst, transportiert, auf engstem Raum untergebracht und ermordet. Das Konzentrationslager diente auf perfideste Art einem radikal zu Ende gedachten Funktionalismus.

Welche Funktion?

Weder ist das Bauhaus für die Verbrechen der Nazis verantwortlich, noch soll behauptet werden, Vertreter des *Internationalen Stils* hätten nicht überragend Schönes geschaffen. Bauhaus-Designklassiker wie der *Barcelona Chair* oder die silberne Teekanne von Marianne Brandt berühren uns in ihrer zeitlosen Eleganz noch nach 100 Jahren. Gebäude wie Le Corbusiers Kapelle *Notre-Dame-du-Haut* in Ronchamp oder die Meisterhäuser in Dessau strahlen bis heute etwas zugleich Kühnes, Originelles und in sich Stimmiges aus. Eine ästhetische Schule kann aber nicht nur an genialen Einzelwerken gemessen werden. Der Designphilosoph Stefan Sagmeister fasst es treffend zusammen: Auf jedes großartige modernistische Gebäude kommen Hunderte hässliche. Insgesamt seien durch den *Internationalen Stil* weltweit insgesamt mehr als 170 Millionen Wohnungen schnell und lieblos erbaut worden. Jeder achte Mensch wurde in einer davon untergebracht.[367]

Der ästhetische Funktionalismus war dabei schon lange zum rein wirtschaftlichen geworden. Es war einfach billig, so zu bauen. Es passte in den Siegeszug des westlichen Kapitalismus ebenso gut wie in die gigantischen Bauprojekte der kommunistischen Utopisten. Nicht gegen Schönheit sei die sowjetische Architektur, nur gegen das Überflüssige, so Chruschtschow im Jahre 1954.[368]

Das grundsätzliche Problem der Doktrin *Form follows function* ist die Frage, was genau die Funktion sein soll. Was ist die *Funktion* eines Hauses? Genügt es, dass es nicht einstürzt und nicht hineinregnet? Die Gründungsväter des Bauhauses waren an dieser Stelle durchaus noch sensibel. So muss nach Walter Gropius ein Kunstwerk zwar tatsächlich »funktionieren«, doch umschließt das auch »geistige Zwecke«.[369] Die künstlerischen Vordenker des Bauhauses Wassily Kandinsky und Martin Itten waren tief geprägt von spirituellen und religiösen Motiven. Es ging ja um ein »Zurück« zu etwas Ursprünglichem, zurück zum Handwerk und zum Material. In der Bauhaus-Ästhetik ist ein Entwurf »ehrlich«, wenn er nichts kaschiert.[370] Doch in welcher Hinsicht ist ein unverkleideter Kabelschacht ehrlicher als einer, der von einer Zierleiste verdeckt wird? Sollte ein Bauwerk nicht auch ästhetische Ansprüche erfüllen? Schönheit als eigenständigen Zweck scheint der *Internationale Stil* nicht mehr denken zu können.

Tatsächlich ist das Motto *Form follows function* ein Etikettenschwindel. Als Papst Sixtus V. im Jahre 1593 eine große, gerade Straße durch das Herz der Stadt Roms bauen ließ, folgte dies durchaus einer angestrebten Funktion. Die bis heute erhaltene *Via Sistina* verbindet bedeutende Kirchen, Paläste und Monumente in einer gemeinsamen Linie. Dadurch entsteht eine festliche Kulisse für Prozessionen und

Feste. Als Sichtachse erschließt sie das bunte Gemisch aus antiken, mittelalterlichen und barocken Gebäuden als eine harmonische Einheit. Bis heute bezaubert die *Via Sistina* Touristen und Bewohner zugleich.[371]

Auch einer Funktion, jedoch einer völlig anderen, folgt die Berliner *Bundesautobahn 100*. Auch sie ist dem Anliegen geschuldet, Teile einer Großstadt miteinander zu verbinden. Wer sie befährt, passiert das Heizkraftwerk Wilmersdorf, das Autobahndreieck Charlottenburg und den Tunnel unter dem Ortsteil Britz. Kaum jemand wird versucht sein, an einer dieser Stationen für ein Foto zu halten. Auch Prozessionen werden auf der Bundesautobahn 100 kaum jemals stattfinden. Sie folgt nur einer einzigen Funktion: der Geschwindigkeit der Fortbewegung mit dem Auto. Die *Via Sistina* dagegen folgt einer Vielzahl von Funktionen. Man kann dort flanieren, in einem Straßencafé sitzen, Fotos oder einen Heiratsantrag machen, mit Kindern spielen, Straßenmusikern zuhören, Blumen kaufen und den Sonnenaufgang hinter dem Brunnen an der Piazza Bernini bestaunen. Die Funktion der *Via Sistina* hat nicht nur die Maschine, sondern das gesamte menschliche Leben im Blick. Genau deshalb berührt sie uns, während die *Bundesautobahn 100* so tot, kalt und grau ist wie so viele Bauwerke des *Internationalen Stils*, der mehr für Maschinen gemacht ist als für Menschen. Mir scheint, meine Tochter Anna hat nicht ganz unrecht.

Eine japanische Teetasse und die Wegwerfkultur

Während das *Technische Rathaus* schon nach wenigen Jahrzehnten abgerissen wurde, steht die *Hagia Sophia* in Istanbul seit dem Jahr 537 n. Chr. Sie diente seither als Kirche, Kaserne, Stallung, Museum und als Moschee. *Form follows function* funktioniert, aber meist nicht dauerhaft. Was nur für eine Funktion geschaffen wird, wird früher oder später weggeworfen. Was jedoch schön ist, für das findet sich immer wieder eine neue Funktion. Eine schöne japanische Teetasse kann ganz unterschiedlichen Zwecken dienen. Man kann nicht nur Tee daraus trinken, sondern auch Murmeln darin aufbewahren, Kresse anpflanzen oder sie einfach auf das Fenstersims stellen. Bei MacDonalds kann man Salat aus einer Plastikschüssel essen. Doch der Wert der Schüssel endet mit ihrer Verwendung. Sie wird weggeworfen. So wie heute beinahe alles.

Wer es sich leisten konnte, errichtete in früheren Zeiten Bauwerke, die Jahrhunderte überdauern sollten. Der Wert eines solchen Gebäudes drückte sich auch durch die schöne Gestaltung aus, die dazu führt, dass es noch heute gefragt ist. Wir dagegen haben uns daran gewöhnt, das Mobiltelefon alle drei Jahre und die Kleidung alle fünf Jahre durch neue zu ersetzen.

Die weltweit wachsenden Müllberge entspringen in letzter Konsequenz der Logik des Funktionalen. Wenn alles nur nach seiner Funktion bewertet wird, wird es früher oder später seinen Wert verlieren. Doch die Ästhetik einer Zeit ist nicht nur Ausdruck eines Weltbilds, sie wirkt auch auf dieses zurück. Philip Rieff steht den von ihm als »Deathworks« bezeichneten Kunstwerken deshalb so kritisch gegenüber, weil Kunst immer auch eine Aussage über den Menschen ist. Als Andy Warhol in den Sechzigerjahren Verpackungen ganz alltäglicher Konsumgüter als Kunstwerke ausstellte, trieb er den Funktionalismus der modernen Ästhetik nur bis zur letzten Konsequenz. Alles ist Verpackung, alles ist käuflich und alles landet schließlich auf dem Müll.

Am Ende der Zerstörung der »großen Theorie« und der Reduktion auf die Funktion steht nicht die Befreiung der Kunst, sondern der steinharte Kapitalismus. Wenn alles Funktion ist, wird alles Ware. Wo alles käuflich wird, wird auch der Mensch selbst zur Ware.

Deshalb entspringt der umfassende Siegeszug der Pornografie mit großer Folgerichtigkeit aus *Form follows function.* Erotik war immer Teil der Kunst. Die Schönheit des menschlichen Körpers ist nicht trennbar von seiner Sexualität. Das Spiel mit Kleidung und Nacktheit, Verführung und Zurückhaltung, Laszivität und Sittsamkeit durchzieht die menschliche Kunstgeschichte und macht keinen geringen Teil ihres Zaubers aus. Pornografisch wird eine Darstellung, wenn sie den menschlichen Körper auf das Sexuelle reduziert. Pornos sollen einen bestimmten Zweck und eine bestimmte Funktion erfüllen. Gesichter sind weniger wichtig als die Geschlechtsteile, eine komplizierte Handlung, Dialoge und Zwischentöne sind überflüssig. Gerade die Reduktion auf das Sexuelle macht eine Darstellung pornografisch. Die Pornoindustrie wiederum ist auf verstörende Weise mit zutiefst unmenschlichen Praktiken verbunden. Im Jahr 2020 wurde aufgedeckt, dass *Pornhub*, die weltweit größte Plattform für Pornofilme, zahllose Videos führte, die sexuellen Missbrauch an Minderjährigen zeigen.[372] Führende Kreditkartenfirmen beendeten daraufhin ihre Zusammenarbeit mit der Onlineportal. Die amerikanische NGO *Exoduscry* hatte in ihren Kampagnen schon lange auf die Missstände hingewiesen. Seit Jahren betreut sie Aussteigerinnen aus dem Pornogeschäft und berichtet von enger Verzahnung mit dem Menschenhandel und mit sexueller Gewalt an Frauen und Mädchen.[373]

Wir leben in einer Wegwerfkultur. Sie steht in großer Gefahr, auch Menschen als etwas zu betrachten, das man gebrauchen und danach achtlos beiseiteschieben kann. Eine Gesellschaft bleibt aber nur menschlich, wenn sie Schönheit und Würde auch dort sieht, wo es keine Funktion, keinen Nutzen bringt. Tiefere Schönheit, auch dort, wo sie vielleicht äußeren ästhetischen Idealen nicht entspricht: in einem Menschen mit schwerer Behinderung; einem alten, unheilbar kranken Menschen; dem ungewollten, ungeborenen Leben; dem gesellschaftlich Marginalisierten; dem schuldig Gewordenen im Gefängnis; denen, die es eben nicht schaffen, die »nichts bringen«. Ohne das Schöne verliert die Welt ihre Menschlichkeit. Eine Ökologie des Garten Edens muss deshalb um die Schönheit kämpfen.

Und das beginnt damit, die beiden falschen Dogmen zu widerlegen.

Dazu nun ein Blick in das Reich der am wenigsten bestrittenen Schönheit: die Natur.

Schönheit: wahr und unverzweckt

Schönheit lässt sich nicht definieren. Doch wie eine Zeit über Schönheit denkt, verrät viel über ihre Vorstellung vom Menschen und der Welt. Wir glauben heute, dass Schönheit im Auge des Betrachters liegt und eine Funktion erfüllt. Ich halte beides für falsch. Mein Anliegen ist nicht, die moderne Kunst oder Architektur generell zu kritisieren. Zum einen muss Kunst nicht unbedingt schön sein, zum anderen gibt es genug Beispiele herausragender moderner Kunstwerke. Das Ziel meines Angriffs ist die Theorie, wonach Schönheit beliebig und dem Zweck untergeordnet ist.

Ein komischer Vogel

Sein Hochzeitsanzug ist strahlend rot und verläuft in der Mitte in sattes Gelb. Schon sein knallbuntes Federkleid macht den männlichen Flammenlaubenvogel zu einem echten Hingucker in den tropischen Wäldern Neuguineas. Doch wenn er auf Brautschau geht, genügt das noch nicht. Um die Aufmerksamkeit eines Weibchens auf sich zu ziehen, baut er eine Laube, daher auch sein Name. Wer da an ein Dach aus dürren Zweigen denkt, unterschätzt den Flammenlaubenvogel. Er baut nämlich ein wahres Kunstwerk, das er mit farbigen Gegenständen schmückt: Blumen, Beeren, Schneckenhäuser oder, wenn er in der Nähe einer Stadt lebt, auch bunte Flaschendeckel oder Plastikperlen. Manche Vögel arrangieren sie sogar in einer Reihenfolge von klein nach groß. So entsteht eine optische Illusion, die den Eingang in die Laube noch attraktiver für das Weibchen machen soll – so ähnlich wie in der perspektivischen Architektur der Renaissance. Doch Frau Flammenlaubvogel ist anspruchsvoll. Noch ist ihre Gunst nicht gewonnen. Erst muss er noch einen aufwendigen Tanz aufführen, bei dem seine Pupillen auf- und zugehen, sich die Federn spreizen und die Flügel abwechselnd seinen Kopf bedecken. Ist sein Unterfangen von Erfolg gekrönt, hat er jetzt endlich, was er wollte. Der Geschlechtsakt dauert zwei bis drei Sekunden. Das Pärchen wird sich danach nie wieder sehen.

Die Frage, warum Tiere wie der Pfau oder die Mandarinente so auffällig geschmückt sind, hat schon Charles Darwin umgetrieben. Seine Theorie: Die braunen Federn der Weibchen sollen tarnen und so den Nachwuchs schützen, die bunten des Männchens dagegen das Interesse des Weibchens wecken. Das klingt einleuchtend. Eine der Grundannahmen der Evolutionstheorie ist, dass genetische Veränderungen der reproduktiven Fitness der Spezies dienen. Warum hat der Feldhase ein braunes Fell? Weil er dann weniger leicht von dem Greifvogel entdeckt wird, der ihn sonst fressen würde. Dem Flammenlaubenvogel geht es da schlechter: Er ist mit seinem Leuchtrot vor grünem Laub überdeutlich sichtbar. Warum »wählt« die Evolution zusätzlich die Entstehung einer so unfassbar aufwendigen, ressourcenverzehrenden Methode, das Weibchen anzulocken? Ginge das nicht einfacher? Als Charles Darwin das Argument einführte, dass nicht immer das stärkere Männchen die Gunst des Weibchens gewinne, sondern manchmal auch das schönere, gab er der Biologie mit dieser scheinbaren Erklärung ein weit größeres Rätsel auf, das sie bis heute beschäftigt. Warum ist ausgerechnet das Schöne anziehend? Warum scheint es der Natur so wichtig, dass sie Dinge wie die oben beschriebene Laube hervorbringt, die jeder Kosten-Nutzen-Rechnung spotten? Wenn die Evolution die Regeln bestimmt, warum ist die Regel dann nicht, dass der weibliche Flammenlaubenvogel mit einem kleinen, dürren Zweig und zweimaligem Hüpfen zufrieden ist?

Eine mögliche Antwort nennen die israelischen Biologen Amotz und Avishag Zahavi das *Handicap-Prinzip*. So ist das bunte Federkleid des Pfaus eigentlich eine Behinderung, weil es die Tarnung erschwert. Indem das Männchen sich dennoch damit schmückt, signalisiert es zusätzlich Stärke – wie ein besonders tapferer Krieger, der seine Überlegenheit dadurch zeigt, dass er ohne Helm ficht.[374]

Tatsächlich lassen sich bei Fröschen, Fischen und Vögeln weibliche Tiere finden, die ihre Partner offensichtlich nach Schönheit auswählen.[375] Bei einigen Spezies konnte auch gezeigt werden, dass die Nachkommen der schöneren Männchen ein robusteres Immunsystem und bessere Überlebenschancen hatten. Das war aber die Ausnahme von der Regel. Insgesamt konnte die Handicap-Theorie nicht an genetisch vorteilhaften Ergebnissen bewiesen werden. Schönheit ist im Tierreich an unzähligen Stellen zu finden, doch bei Weitem nicht immer bringt sie einen erkennbaren Vorteil. Warum gibt es sie also?

Richard Prum ist Professor für evolutionäre Biologie an der *Yale-Universität* und vertritt die These, Vögel hätten ein buntes Federkleid entwickelt, einfach weil sie es schön finden. In seinem Buch *The Evolution of Beauty* führt er Beispiele an, in denen die Entwicklung aufwendiger »schöner« Eigenschaften nicht nur nichts nutzt, sondern sogar große Nachteile mit sich bringt.[376] Schönheit müsse neben dem Überleben als eigenständiges Ziel der Evolution betrachtet werden. So hätten sich die ersten Federn bei Dinosauriern entwickelt, als sie sich noch lange nicht zum Fliegen eigneten. Sie seien einfach schön gewesen. Prums Thesen sind nicht unwidersprochen geblieben. Dennoch gibt die Schönheit der Natur den Biologen weiter Rätsel auf.[377] Warum sind Tiere und Pflanzen mit solcher Regelmäßigkeit schön? Warum ist diese Schönheit oft unvorstellbar komplex, ja verschwenderisch? Zwar kann das Schöne in der Natur auch evolutionäre Funktionen erfüllen, doch es ist eben nicht darauf reduzierbar.

Natürlich ist die Blüte der Passionsblume auch deshalb so kunstvoll aufgebaut, um Insekten anzulocken. Doch das wäre auch mit einem viel einfacheren Mechanismus denkbar. In der Natur gilt nicht »Form follows function«, sondern »Function follows beauty« beziehungsweise: Die Schönheit selbst genügt schon als Ziel.

Sexy Künstler und langweilige Jäger

Vergleiche mit dem Tierreich sind nie ganz unproblematisch, doch auch bei der Entwicklung des menschlichen Sinnes für das Schöne gilt das soeben beschriebene Prinzip. Dass Sex dabei eine wesentliche Rolle spielt, hatte Charles Darwin zu Recht vermutet. Warum Männer einen bestimmten Typus Frau als attraktiv empfinden, lässt sich leicht durch sexuelle Auswahl erklären. Andersherum ist das schon etwas schwieriger. Nach Denis Dutton kommt aber gerade den Frauen die entscheidende Bedeutung zu, wenn es um die Entstehung der schönen Künste geht. Wie bei allen Säugetieren trägt die Frau menschheitsgeschichtlich die Hauptlast der Fortpflanzung. Bei der Auswahl eines idealen Partners ging es den Frauen nach Dutton seit Urzeiten nicht nur um Körperkraft, sondern auch um soziale Fähigkeiten. Wortgewandte und kunstfertige Männer konnten Frauen auf andere Weise beeindrucken.[378] Warum hat sich das Geschichtenerzählen entwickelt? Weil lebhaftes Vorstellungsvermögen auch für die frühen Jäger und Sammler wichtig war. Indem ein Mann spannende Geschichten erzählen kann, erweist er sich auch als fähig, über kompliziertere Dinge nachzudenken, etwa eine Mammutjagd in einer größeren Gruppe. Dass Frauen starke Krieger attraktiv finden, ist nicht verwunderlich. Dass die Künste entstanden, hängt nach Dutton aber damit zusammen, dass schon Steinzeitfrauen Künstlertypen bewunderten.[379] Denn spätestens mit der Sesshaftwerdung wurden neben Jagd und Krieg andere Dinge wichtig. Engeres Zusammenwohnen erforderte von beiden Geschlechtern soziales Miteinander, die Fähigkeit, Kinder zu erziehen, und emotionale Selbstkontrolle. Wer singen, malen oder tanzen kann, ist in alledem auch besser als jemand, der nur als Speerwerfer etwas taugt.

Jedoch zeigt sich auch hier deutlich, dass der Gedanke des Funktionalismus an eine Grenze stößt. Sicherlich lässt sich zeigen, dass ein Sinn für Schönheit positive Auswirkungen auf das soziale Leben hat. Das beweist aber noch lange nicht, dass es diesen Sinn nur deshalb gibt. Die komplexe Höher- und Weiterentwicklung der Kunst lässt sich noch nicht allein dadurch erklären, sie scheint eigenen Gesetzen zu folgen. Das trifft auf viele Aspekte des menschlichen Lebens zu. Wer würde bestreiten, dass Menschen Nahrung zubereiten, um satt zu werden? Doch die Kochkunst und alle kulturell höchst bedeutsamen Traditionen rund um das Essen gehen weit darüber hinaus. Auch menschliche Erotik hat ihren Sitz und Ursprung zweifellos in der Fortpflanzung. Sie folgt aber einer eigenen Logik, in der Romantik, Lust und Schönheit auch dort eine Rolle spielen, wo es nicht oder noch nicht um Fortpflanzung geht. Und das sogar auf anatomischer Ebene: Der weibliche Orgasmus hat keine rein biologische Funktion. Vielmehr strebt die menschliche Natur einer kulturellen, künstlerischen und erotischen Entwicklung entgegen, die eigenen Gesetzen folgt.[380] Function follows beauty.

Schönheit ist objektiv

Der eine findet eine Wagneroper schön, der andere langweilig. Der eine mag Sommersprossen, der andere nicht. Über Geschmack lässt sich streiten. Natürlich findet nicht jeder dasselbe schön. Idealvorstellungen des weiblichen Körpers zum Beispiel haben sich quer durch die Jahrhunderte stark verändert und unterscheiden sich auch heutzutage noch zwischen den Ländern.

Dass das Schönheitsempfinden auch subjektiv ist, ist ein Gemeinplatz. Niemand kann das bestreiten. Interessant und weniger bekannt ist aber, dass es objektive Regeln gibt, warum wir etwas tendenziell schön oder hässlich finden.

Am Universitätsklinikum Jena beschäftigt sich eine Forschungsgruppe unter Leitung von Professor Christoph Redies mit *experimenteller Ästhetik*. Mittlerweile liegt eine Vielzahl neurologischer Studien vor, die zeigen, dass unser Schönheitsempfinden alles andere als zufällig ist. Zunächst gibt es eindeutige Trends. Die Lieblingsfarbe der Menschheit ist zum Beispiel Blau, bei Männern dicht gefolgt von Grün, bei Frauen von Violett.[381] Symmetrische Gesichter wirken am schönsten auf uns, die Symmetrie spielt allgemein eine wichtige Rolle bei dem, was die meisten Menschen schön nennen.[382] Wird die Symmetrie allerdings zu groß, wirkt ein Bild zum Beispiel langweilig. In einem Gesicht kann gerade ein auffälliges Muttermal einen interessanten Akzent setzen. Als attraktiv empfinden wir das, was regelmäßig genug ist, um uns vertraut zu sein, und doch neu genug, um nicht zu langweilen. Dieser Grundsatz ist tief in der Funktionsweise des menschlichen Gehirns verankert und erinnert an unser früheres Thema Bindung. Von zu viel Neuem ist man überfordert. Das Gehirn liebt wiederkehrende Muster und aktiviert das Belohnungssystem, wenn sie erkannt werden. Zugleich wird durch das Entdecken von etwas Neuem noch ein zweites Mal das Belohnungshormon Dopamin ausgeschüttet. Diese Balance von Sicherheit und Entdeckung ist eine wichtige Grundlage, und diese hilft, einen weiteren Aspekt unseres Schönheitsempfindens zu erhellen: Wir finden das schön, was wir lieben. Dass das eigene Baby das schönste der ganzen Welt ist, weiß jede Mutter und jeder Vater, auch wenn diesem Urteil natürlich viel Subjektives anhaftet. Da spielt jedoch das Bindungshormon Oxytocin eine entscheidende Rolle. Weniger klar ist das bei den Gefühlen, die wir zum Beispiel mit einer vertrauten Gegend verbinden oder mit der gemütlichen Sofaecke, die vielleicht nicht perfekt designt ist, die man aber um kein Bauhaus der Welt eintauschen wollte.

»Zu Hause ist es immer noch am schönsten.« Wir finden das schön, was uns vertraut ist. Das nun könnte wieder nach »Auge des

Betrachters« klingen, also nach nur subjektiver Schönheit. Doch hören wir genauer hin. Wer »Dieses Haus ist schön« sagt, sagt einen kategorial anderen Satz als jemand, der »Ich mag Vanilleeis« sagt. Der Satz »Ich mag Vanilleeis« ist rein subjektiv. Er beansprucht nicht, etwas zu sagen, was über eine persönliche Vorliebe hinausgeht. Deshalb wäre es auch sinnlos, ihm zu widersprechen. Er stellt keine Behauptung auf – der Satz »Dieses Haus ist schön« dagegen sehr wohl. Ihm kann widersprochen und darüber kann gestritten werden.

Die Tatsache, dass es überhaupt so etwas wie Museen, einheitliche Stile einer Epoche oder den Kunstmarkt gibt, zeigt, dass Menschen sich sehr wohl darüber verständigen können, was mehrheitlich als schön empfunden wird. Die Kriterien können natürlich Gegenstand hitziger Debatten sein. Niemand kann bestimmen, was für alle »objektiv schön« ist. Gäbe es Schönheit aber überhaupt nur als subjektives Kriterium, dann wäre jede Diskussion darüber unmöglich. Das Gleiche trifft auf das Wahre und das Gute zu. Wer »XY ist wahr« oder »XY ist gut / gerecht« sagt, meint damit eben nicht nur »Ich persönlich mag XY«. Sondern er wünscht, andere würden es genauso sehen.

Lernen, zu staunen

Wie aber könnte jemand einen anderen davon überzeugen, dass etwas wirklich schön ist? Zurück zum Beispiel der Musik. Wer zum ersten Mal Bachs *Kunst der Fuge* (BWV 1080) hört, ist vielleicht nicht beeindruckt. Das Stück dauert weit über eine Stunde und gerade wenn man sonst eher Pop zu hören gewohnt ist, kann die verwirrende Melodieführung undurchsichtig und langweilig wirken. Ist die *Kunst der Fuge* also nicht schön, weil sie vielen nicht gefällt? Wohl niemand, der sich mit Musik intensiver beschäftigt hat, würde dem zustimmen. Vielmehr würde man erwidern: »Du sagst, das sei nicht schön? Dann hast du keine Ahnung von Musik.« Es gibt in der Musikwissenschaft keine Diskussion darüber, ob Bach ein großer Künstler war. Das ist keine

Frage von persönlichem Geschmack. Je intensiver sich jemand mit der *Kunst der Fuge* auseinandersetzt, desto unausweichlicher wird die Erkenntnis, dass es sich wirklich um ein Meisterwerk handelt. Wer sich damit vertraut macht, der erkennt auch das Schöne darin. Das trifft auf alle Bereiche der Kunst zu. Wer sich mit der Architektur einer gotischen Kathedrale beschäftigt, kann nicht anders, als zu staunen. Wer Thomas Manns dicke Romane auf den ersten Blick langweilig findet, wird unendlich belohnt, wenn er sich erst mit dieser reichen Welt an Figuren und Motiven vertraut gemacht hat. Hat man sich darauf eingelassen, entdeckt man die Schönheit. Auch an dieser Stelle ist der Unterschied zum rein Subjektiven wichtig. Die Aussage »Ich mag Vanilleeis« ist primär eine Aussage über mich selbst. Die Aussage »Dieses Haus ist schön« ist aber eine, bei der der Blick ganz auf die Sache selbst geht. In ihr wird etwas Wertvolles erkannt. Deshalb ergeht aus dem Schönen auch eine Forderung. Der Satz »Dieses Haus ist schön« könnte wie folgt weitergeführt werden: »Deshalb soll man es nicht abreißen.« Aus der Schönheit ergibt sich die Forderung, etwas zu schützen. Es ist eben nicht egal, ob es das Schöne gibt. Genauso wenig es egal ist, ob etwas wahr oder falsch, gut oder böse ist. Wenn wir sagen »XY ist schön«, sagen wir dadurch auch: »Es ist gut, dass es XY gibt«!

»Amo: volo ut sis.« Angeblich hat Augustinus die Liebe so definiert – »Ich will, dass du bist.« Prägnanter ist das vielleicht nie wieder formuliert worden. Wer einen Menschen liebt, will, dass er oder sie nicht stirbt. Wer etwas schön findet, bejaht seine Existenz und will nicht, dass es vergeht.

Kulturunterschiede

Wenn das stimmt, wird umso klarer, warum die »große Theorie« das Schöne in direkte Nachbarschaft zum Guten und Wahren gerückt hat.

Der entscheidende Einspruch liegt aber auf der Hand. Die Kunst der neuseeländischen Maori unterscheidet sich grundlegend von der

der afrikanischen Zande. Chinesische Lyrik folgt völlig anderen Regeln als italienische. Ist diese Varianz nicht gerade der Beweis, dass es »objektive Schönheit« genauso wenig gibt wie objektive Wahrheit oder das objektiv Gute?[383] Die damit verbundenen Fragen gehören zu den schwierigsten der Philosophie und können hier natürlich nicht in ihrer ganzen Tragweite geschildert werden. Fest steht aber, dass eine radikal relativistische Sicht Entscheidendes übersieht. Gerade die darwinistischen Erklärungsversuche des Schönen zeigen, dass es Regeln sowohl für die biologische Ausdifferenzierung schöner Merkmale gibt als auch für das Entstehen unseres ästhetischen Empfindens.[384] Diese Regeln sind aber für Menschen aller Kulturen grundsätzlich gleich, wir sprachen vorher davon: Menschen finden das schön, was bekannt genug ist, um vertraut zu wirken, und neu genug, um dennoch nicht zu langweilen. So werden symmetrische Gesichter kulturübergreifend als schön empfunden, am schönsten jedoch jene, die ein klein wenig von der perfekten Symmetrie (die langweilig wäre) abweichen.

Nach Dutton zeigt die ethnografische Praxis, dass es deshalb auch möglich ist, die Kunst fremder Völker zu erforschen, zu verstehen und zu erlernen. Verschiedene Stilrichtungen sind keine undurchdringbaren, nach außen abgeschotteten Welten (*inkommensurabel* nennt das die Philosophie). Zwischen ihnen ist Verständigung und Übersetzung möglich, wie bei Sprachen. Die Einheit der Kunst, so Dutton, resultiert aus der Einheit der Menschheit.[385]

Eine Nacht auf Helgoland

Das Meer rauscht in der lauen Juninacht. Der junge Physiker hat stundenlang gerechnet, an Schlaf ist nicht zu denken. Als er ins Freie tritt, wird es schon dämmrig. Er wandert bis zur Südspitze des Oberlandes und wartet auf den Morgen. Als die Sonne prachtvoll über dem Meer aufgeht, ist es Werner Heisenberg (1901–1976), als sei auch in seinem Inneren plötzlich alles hell geworden. Seit Jahren hatten ihn und seine Kollegen Niels Bohr und Albert Einstein überaus komplizierte Fragen umgetrieben. Wie ließen sich die verstörenden neuen Erkenntnisse in der Forschung mit der bisherigen Physik verbinden?

In jener Nacht nun geschieht etwas Besonderes. Mit einem Moment sieht Heisenberg nach Wochen des Rechnens eine Lösung vor seinem inneren Auge. Er erschrickt zutiefst. »Ich hatte das Gefühl, durch die Oberfläche der atomaren Erscheinungen hindurch auf einen tief darunter liegenden Grund von merkwürdiger innerer Schönheit zu schauen«, schrieb er später.[386] Heisenberg hatte soeben die erste mathematische Formulierung der Quantenmechanik entdeckt – eine Revolution des gesamten physikalischen Systems, deren Auswirkungen wir bis heute noch kaum vollständig begreifen. Später erhielt er den Physik-Nobelpreis.

Dass das Schöne erfreut oder Interesse weckt, ist jedem bekannt. Auch, dass es in der Biologie anzutreffen ist. Doch Werner Heisenbergs Nachdenken über seine Nacht an den Klippen von Helgoland eröffnete noch weit größere Horizonte. In einem Vortrag an der *Bayerischen Akademie der Schönen Künste* spricht der Physiker am 9. Oktober 1970 über *Die Bedeutung des Schönen in den exakten Naturwissenschaften*[387]. Er selbst habe sich nach den ersten Entdeckungen der Quantentheorie durch Max Planck (1858–1947) in seinem Weltbild erschüttert gefunden. Die Physik ging durch eine Krise wie zeitgleich die klassische Malerei wegen der Auswirkungen von Kubismus und abstrakter Kunst. Als er schließlich seine mathematische Formulierung fand, war es ihm, als hätte er sie durch ihre Schönheit als wahr erkannt. Diesem Gedanken geht er in besagtem Aufsatz weiter nach. »Die Bedeutung des Schönen für das Auffinden des Wahren ist zu allen Zeiten erkannt und hervorgehoben worden. (…) ›Die Schönheit ist der Glanz der Wahrheit‹, kann auch so gedeutet werden, dass der Forscher die Wahrheit zuerst an diesem Glanz, an ihrem Hervorleuchten erkennt.«[388]

Die Einfachheit und Schönheit einer mathematischen Formel ist ein Kennzeichen ihrer Wahrheit. Darin musste auch Einstein ihm zustimmen, der der Quantentheorie gegenüber ansonsten kritisch eingestellt blieb. Symmetrie, Ordnung, Balance, Stimmigkeit, Einfachheit und Originalität sind Kriterien, die auf Gärten, Gesichter und mathematische Formeln gleichermaßen zutreffen können. Sie sind Kennzeichen des Schönen. Und ein Hinweis auf die Wahrheit, ein Hervorleuchten.

Glanz des Wahren

Die Folgen dieser Einsicht sind massiv. Es würde bedeuten, dass die Natur Schönheit nicht nur als Ziel vorsieht und hervorbringt, sondern dass Schönheit zur Grundstruktur des Universums gehört. Beweisen lässt sich das zwar nicht, doch ohne eine solche Annahme bleibt unverständlich, warum unser Sinn für Schönheit offenbar mit der Erkenntnis realer Gegebenheiten im Universum korreliert. Ordnung und Symmetrie sind nämlich nichts, was Menschen erfinden, wir finden es bereits vor.

Ein Beispiel aus der Welt der Zahlen: Der deutsche Mathematiker Leonhard Euler (1707–1783) entdeckte, dass sich die Zahlen 1, 0, π, i und e in einer einzigen Formel vereinen lassen. Nach der so genannten *Eulerschen Identität* gilt: *e hoch i mal π plus 1 ergibt 0.* Die *Eulersche Identität* gilt als schönste Formel der Mathematik. Denn in ihr sind die 5 Grundzahlen der Mathematik (und nur die) und die drei mathematischen Grundoperationen (und nur die) in eine einzige, einfache Abhängigkeit gebracht. Das Frappierende dabei ist: Die Ordnung, die diese Formel beschreibt, ist nicht erfunden, sondern real. Die Zahl π wurde nicht von Menschen festgelegt, sondern ist das exakte Verhältnis des Durchmessers eines Kreises zu seinem Umfang. Die eulersche Zahl *e* beschreibt Wachstumskurven in der Biologie oder exponentielle chemische Reaktionen. Auch die Ausbreitung des

Coronavirus verlief streckenweise als e-Funktion. Die imaginäre Zahl i wiederum ist unerlässlich in der Berechnung von Schwingungen oder der Wechselstromtechnik. Auf den Zahlen 1 und 0 beruhen alle natürlichen Zahlen und mit Hilfe der drei Grundoperationen Addition, Multiplikation und Potenzieren lässt sich alles berechnen, was man berechnen kann. Dass all diese Elemente sich auf eine so einfache, elegante Formel bringen lassen, ist schlicht umwerfend. Die naheliegendste Erklärung ist, dass es eine Ordnung im Universum gibt und dass sie schön ist.

Darwin und die Langeweile

Wenn das wahr ist, dann ist Schönheit eines der wichtigsten Themen der Menschheit. Der Physiker und Nobelpreisträger Richard Feynman würde dem zustimmen. Er schreibt: »Wahrheit kann man an ihrer Schönheit und Einfachheit erkennen.«[389] Was aber, wenn uns als Menschen die Fähigkeit abhandenkäme, das Schöne zu erkennen? Genau das kann passieren. In seinen 1887 erschienenen Tagebüchern beschreibt Charles Darwin eine eigenartige Entwicklung, die in seinem Inneren stattgefunden hat. Früher habe er Musik, Malerei und Dichtung geliebt. Doch jetzt bereite ihm die Lektüre von Shakespeare Übelkeit. Er empfinde keinerlei Freude mehr daran. Infolge seiner jahrzehntelangen Forschertätigkeit habe sich sein Gehirn zu einer Art Maschine entwickelt, die Unmengen von Fakten zu Regeln zermahle. Der Verlust seines Empfindens für das Schöne sei ein Verlust an Freude und vielleicht sogar schädlich für sein moralisches Empfinden.[390]

Darwins Befürchtungen waren nicht unbegründet. In ihrem Buch *On Beauty and Being Just*[391] beschreibt Elaine Scarry die ethischen und politischen Implikationen unseres Verständnisses von Schönheit. Die Symmetrie werde als schön empfunden und liege unserer Vorstellung von Gerechtigkeit zugrunde. Nicht zufällig bedeute das englische Wort *fair* zugleich *gerecht* und *schön.*

Das Schöne nämlich lehre das Subjekt die Zurücknahme seines Selbst. Diese Rücknahme des Selbst sei für die Gerechtigkeit wesentlich.

Wie schon oben kurz angedeutet wurde, enthält der Gedanke des Schönen das Zweckfreie. Eine Rose ist schön, völlig unabhängig davon, ob sie jemandem »nutzt«. Wer einen Sonnenuntergang betrachtet, »hat nichts davon«. Die Frage, was es einem denn brächte, über einen Sonnenuntergang oder eine virtuose Pianistin zu staunen, ist unsinnig. Dass etwas schön ist, genügt als Grund. Das meint Scarry, wenn sie von der »Rücknahme des Selbst« schreibt. Wenn etwas schön ist, spielt es keine Rolle, ob es mir und meinen egoistischen Motiven nützt. Genau darin besteht die Parallele zum Guten. Einem armen Kind zu helfen, ist eine gute Tat, auch gerade weil es mir nichts nützt. Würde ich Profit daraus schlagen, wäre die Tat vielleicht noch immer gut. Doch das wahrhaft Gute selbst besteht darin, dass es mir nicht nur um meine Interessen geht. Genau an dieser Stelle sieht Darwin sein eigenes Problem: Er hatte sich einen rein zweckgebundenen Blick auf die Natur angewöhnt und genau dadurch das Staunen verlernt.

Nur das Echte strahlt

Zurück zum Dinner bei Marta und René. Als Eliane nach dem Abend im Taxi sitzt, ist sie ganz beschwingt. Sie hat sich so wohl gefühlt bei den beiden! Am nächsten Tag ruft sie an, um sich noch einmal für die schönen Stunden zu bedanken. Man stelle sich nun vor, René würde ihr antworten, er freue sich, dass der Abend so schön für sie gewesen sei. Und jetzt, wo das Vertrauensverhältnis so gut sei, wolle er ihr auch von einer interessanten Geldanlageoption erzählen. Er sei seit Kurzem nebenberuflich für eine Investmentfirma tätig. Wortreich und nicht ganz ohne emotionalen Druck legt er Eliane ans

Herz, doch unbedingt in einen neuen Wertpapierfonds einzusteigen. Was würde mit Eliane in diesem Moment passieren? Wie würden sich ihre Gefühle über den vergangenen Abend ändern? Vielleicht denkt sie sich jetzt, das ganze Abendessen sei also einfach nur eine Masche gewesen, sie als Kundin zu gewinnen? Die Freundlichkeit des Paares sei also gar nicht echt gewesen?

An Elianes traurigen Gedanken werden zwei Dinge deutlich. Das Schöne lebt davon, dass es nicht verzweckt wird. Und das Schöne lebt davon, dass es echt ist. Das ist auch der Unterschied zum Kitsch: einer Form, die schön aussieht, aber nicht echt ist. Eine Plastikblume, die pinker ist als jede echte Orchidee. Volkstümliche Musik, die nichts mit der echten traditionellen Musik zu tun hat, sondern nur für Touristen erfunden ist. Ein schwülstiges Gedicht, das mit so vielen emotionalen Superlativen um sich wirft, dass es nicht glaubwürdig klingt. Effekthascherei. So eine »Schönheit« kann durchaus auch Blicke auf sich ziehen, doch sie erscheint schnell als hohl. Sie berührt uns nicht, oder wenn, dann nur peinlich. Zu dicke Schminke, eine zu protzige Armbanduhr, zu demonstrativ zur Schau gestellter Sex-Appeal oder Reichtum bewirken, dass man innerlich einen Schritt zurückgeht.

Als elegant und anmutig empfinden wir es dagegen, wenn Schönheit auf so brachiale Machtmittel freiwillig verzichtet. Philosophisch könnte man sogar sagen: Die Schönheit verliert etwas, wenn es ihr um sich selbst geht. Schön ist das, was aus sich selbst heraus strahlt. Der Dichter Angelus Silesius (1624–1677) schreibt: »Die Ros' ist ohn' Warum, sie blühet, weil sie blühet. Sie acht' nicht ihrer selbst, fragt nicht, ob man sie siehet.«[392]

Die Rose muss nichts tun, um schön zu sein. Sie ist einfach, ist es. Jeder Versuch, sich noch schöner zu machen, würde ihr etwas von genau der Schönheit nehmen. Sie ruht in dem, was sie ist. Natürlich ist das alles sehr blumig ausgedrückt, doch Angelus Silesius ist dabei von tief philosophischen Ideen durchdrungen. Weil das Schöne Kennzeichen des Wahren und des Guten ist, bezieht es sich direkt auf das Sein. Denn die Wahrheit eines Satzes besteht darin, dass er tatsächlich wahr *ist*. Guter Wein zeichnet sich nicht durch etwas aus, was er tut, sondern was er *ist* – unabhängig davon, ob jemand den Wein nun mag oder nicht. Hier kommen Objektivität und Subjektivität zusammen, wie in den Aussagen vorher: Der Wein ist gut, obwohl ich ihn nicht mag. Wenn wir etwas als schön erkennen und anziehend finden, sagen wir dadurch unbewusst Ja zum Sein. »Ist nicht jede Begegnung mit dem Schönen (…) ein uns geschenktes oder aufgezwungenes Ja zur Schöpfung?«[393], fragt der deutsche Altphilologe und Kritiker Gerhard Nebel (1903–1974). Schönheit zu erkennen bedeutet also ein Ja zur Welt und zum Menschen, ein Ja dazu, dass es etwas gibt, ein Ja dazu, dass es Wahrheit und das Gute gibt, ein Ja zur Welt und zu ihrem Schöpfer. Das klingt sehr philosophisch, doch es ist genau das faszinierende Geheimnis, das anklingt, wenn der Ursprung des Menschen in einem Garten der Schönheit gesehen wird.

Wer sich in einem schönen Garten wohlfühlt, entdeckt ein tiefes Gefühl des Beheimatetseins.

»Es geht um die fundamentale Erfahrung, dass die Welt der richtige und passende Platz für uns ist – eine Heimat, in der unsere menschlichen Fähigkeiten und Hoffnungen ihre Bestätigung finden können. (…) Eine Welt, in der solche Dinge ihren Platz haben, bietet auch einen Ort für uns«, so Roger Scruton.[394] In der Welt finden aber nicht nur schöne Dinge ihren Platz, sondern unsere Suche nach Sinn, Wahrheit und Gerechtigkeit findet auch ihre Entsprechung: Es gibt das Schöne, das tatsächlich wahr und gut ist. In einer Welt, in der unendlich viel Böses, Hässliches und Verlogenes existieren, strahlt dennoch etwas von einem heilen Urgrund auf, den wir intuitiv immer geahnt hatten. »In der Erfahrung des Schönen kehrt die Welt zu uns heim und wir kehren zurück in den Schoß der Welt.«[395]

Eine Überlebensfrage

Im Lichte dieser philosophischen Überlegungen wird verständlich, warum für die Menschheit unendlich viel auf dem Spiel steht, wenn das Konzept »Schönheit« zerfällt. Niemand hat das ergreifender ausgedrückt als der Schweizer Theologe Hans Urs von Balthasar, der einer Theologie der Schönheit ein monumentales achtbändiges Werk gewidmet hat, das wie folgt beginnt: »Schönheit heißt das Wort, das unser erstes sein soll. Schönheit ist das letzte, woran der denkende Verstand sich wagen kann, weil es nur als unfassbarer Glanz das Doppelgestirn des Wahren und Guten und sein unauflösbares Zueinander umspielt, Schönheit, die interesselose, ohne die die alte Welt sich selbst nicht verstehen wollte, die aber von der neuen Welt der Interessen unmerklich-merklich Abschied genommen hat, um sie ihrer Gier und ihrer Traurigkeit zu überlassen. (...) Schönheit, an die wir nicht mehr zu glauben wagen, aus der wir einen Schein gemacht haben, um sie leichter loswerden zu können, Schönheit, die (wie sich heute weist) mindestens ebensoviel Mut und Entscheidungskraft für sich fordert wie Wahrheit und Gutheit, und die sich von den beiden Schwestern nicht trennen und vertreiben lässt, ohne in geheimnisvoller Rache beide mit sich fortzuziehen. Wer bei ihrem Namen die Lippen schürzt, als sei sie das Zierstück einer bürgerlichen Vergangenheit, von dem kann man sicher sein, dass er – heimlich oder offen zugestanden – schon nicht mehr beten und bald nicht mehr lieben kann.«[396] Doch was passiert, wenn wir nicht mehr an die Schönheit glauben? Weiter Balthasar: »In einer Welt ohne Schönheit (...) hat auch das Gute seine Anziehungskraft, die Evidenz seines Getan-werden-müssens eingebüßt; der Mensch steht davor und fragt sich, warum er es tun soll, und nicht lieber das andere, das Böse. Es ist ja auch eine Möglichkeit, die erregendere sogar (...) In einer Welt, die es sich nicht mehr zutraut, das Schöne zu bejahen, haben die Beweise für die Wahrheit ihre Schlüssigkeit eingebüßt, das heißt, die Syllogismen klappern zwar pflichtschuldig wie die Rotationsmaschinen oder die Rechen-Roboter, die pro Minute eine genau wissbare Anzahl Ergebnisse fehlerlos ausspeien, aber das Schließen selbst ist ein Mechanismus, der niemanden mehr fesselt, der Schluss selbst schließt nicht mehr.«[397]

Wir brauchen eine Renaissance der Schönheit! Sie ist einer der wichtigsten Beiträge zu einer Ökologie des Menschlichen. Aus den philosophischen Überlegungen zum Schönen leite ich im Folgenden sieben Thesen ab. Schönheit beheimatet, weckt Leben, macht das Leben ganz, ist gnädig, lebt von Hingabe, ist großzügig und ist spirituell. Jede dieser Thesen formuliere ich als eine konkrete Idee, wie wir zu einer Neuentdeckung des Schönen beitragen können.

Sieben Thesen für eine neue Renaissance

1. Das Schöne bevorzugen

Schönheit ergibt sich nicht aus der Funktion, sondern erst Schönheit bewirkt, dass etwas langfristig »funktioniert«. Wenn es unterschiedliche Lösungen gibt, sollte nach Möglichkeit die schönere bevorzugt werden, auch wenn sie etwas teurer ist. Denn die Wahrscheinlichkeit ist hoch, dass man besser damit umgeht und der Funktionswert der Sache länger erhalten bleibt. So wie frühere Baumeister die Rathäuser, Klöster, Bibliotheken und sogar Gasthäuser so entwarfen, dass sie Jahrhunderte überdauern können.

Das Schöne ist in der Regel das Nachhaltigere. Deshalb ist das Argument des manchmal höheren Preises nicht schlagend. Im Privaten kann das bedeuten, Möbel zu kaufen, die nicht nach zehn Jahren weggeworfen werden, sondern sich noch als Erbstück eignen würden. Oder etwas weniger anspruchsvoll: dem gemeinsamen Essen mit sorgsam gedecktem Tisch, Blumen und liebevoll zubereiteten Gerichten einen wertvollen Rahmen geben. Man benimmt sich anders bei Tisch, wenn es eine Tischkultur gibt – und die muss nicht unbedingt mehr Geld kosten, sondern nimmt häufig einfach nur mehr Zeit in Anspruch.

Dass das Schöne immer Auswirkungen auf das soziale Miteinander hat, lässt sich auch statistisch zeigen. Amerikanische Wissenschaftler haben systematisch untersucht, wie Menschen sich an unterschiedlichen Orten in Großstädten fühlen. Das Innere der Anfang des 20. Jahrhunderts im *Beaux-Arts-Stil* erbauten *Grand Central Station* in New York ziert eine Sternhimmeldecke. Wer von dort in wenigen Minuten zur *Pennsylvania Station* fährt, findet sich in einem dunklen unterirdischen Komplex vor. Die Wissenschaftler des *New England Complex System Institute* (*NESCI*) – einer Forschungseinrichtung, die komplexe Daten analysiert – haben einen Stimmungs-Stadtplan für New York erstellt, der anhand von Social-Media-Posts überwiegend negative Emotionen von Passanten rot und positive grün anzeigt. Der Stadtplan zeigt die *Grand Central Station* immer grün, *Pennsylvania Station* dagegen immer rot. Mit Hilfe elektronischer Armbänder untersuchte ein anderes Forscherteam die Emotionen von Menschen, die in großen Lebensmittelmärkten mit tristen Glasfassaden einkauften, und von solchen, die sich in einer bunten Ladenstraße befanden. Auch hier waren die Ergebnisse eindeutig.[398]

Mittlerweile gibt es weltweit Projekte, Stadteile bewusst schöner zu gestalten, weil das erwiesenermaßen die Lebenszufriedenheit der Einwohner fördert. Als Edi Rama im Jahr 2000 Bürgermeister von Tirana wurde, befand sich die Stadt in einem schrecklichen Zustand. Sowjetische Plattenbauten, grauer Beton und riesige Straßen, die quer durch das Stadtzentrum verliefen. Er ist selbst Künstler und entschied sich mit Hilfe von Finanzen aus dem Ausland, die graue Stadt in Farbe zu tauchen. Er ließ Bäume pflanzen und den Stadtkern als einen Ort neu gestalten, an dem man gerne spazieren geht. Bedenken gab es viele. War Albanien nicht viel zu arm, um auf die Schönheit seiner Hauptstadt Wert zu legen? Doch der Erfolg blieb nicht aus. Die Kriminalitätsrate in der Stadt sank, die Steuereinnahmen stiegen und

60% der Einwohner fanden die Veränderung Tiranas gut. Edi Rama ist heute Ministerpräsident Albaniens und fest davon überzeugt, dass Schönheit beim Kampf gegen Kriminalität helfen kann – und ein Beleg dafür, dass auch moderne Architektur schön sein kann, dass es dabei nicht um eine rückwärtsgewandte »Bau-Nostalgie« geht.[399]

Wenn man sich in seinen Entscheidungen nicht nur von Nützlichkeit und Preis leiten lässt, ist das ein Statement dafür, dass manches wertvoll ist, unabhängig von Geld und Funktion. Genau das ist der Gedanke, der jeder Ökologie zugrunde liegt. Wer das Schöne dem Billigen, Schnellen und Lieblosen vorzieht, gibt dafür Zeugnis, dass es Dinge gibt, die es eben nicht zu kaufen gibt und niemals zu kaufen geben darf: Menschen. Sex. Gemeinschaft. Gerechtigkeit. Ehre. Das Leben. Alles eigentlich, was uns Menschen zutiefst ausmacht.

2. Um das Exzellente ringen

Sorgfältig führt das kleine Mädchen den Pinsel, bis eine schwarze Blüte auf dem weißen Tuch erkennbar ist. Wer sie so angestrengt in das Malen vertieft sieht, kann leicht vergessen, wo sie sich befindet. Amina lebt in einem Flüchtlingslager im Irak zwischen Zeltplanen, leeren Plastikflaschen, sehr viel Sand und noch mehr Ungewissheit. Doch heute nimmt sie an einem Workshop von *ARTHELPS* teil. Dabei kann sie sich nicht nur künstlerisch ausprobieren, sie lernt auch etwas. Denn aus den entstehenden Malereien werden vielleicht Produkte – bedruckte Taschen, T-Shirts oder Turnschuhe. Gegründet wurde die Organisation von meinen Freunden Yasemin Lupo und ihrem Mann Thomas, sie sind es auch, die mir von der beschriebenen Begegnung erzählten. Der hatte eine extrem erfolgreiche Karriere als Designer-Direktor bei Jung von Matt absolviert, einer der wichtigsten deutschen Werbeagenturen. Die beiden beschlossen irgendwann, aus allem Gewohnten auszubrechen und mit Kreativität etwas anderes zu machen als Werbung. Sie arbeiten in den Favelas Südamerikas, im Kriegsgebiet der Ostukraine und mit Jugendlichen in Afghanistan. *ARTHELPS* heißt die Organisation, weil das Ehepaar Lupo davon überzeugt ist, dass auch Menschen in diesen Ländern mehr brauchen als nur materielle Hilfe. Traumatisierte Kinder und entwurzelte Erwachsene in einem Armenviertel beginnen zu lächeln, wenn sie inmitten all der Trümmer um sie herum auf einmal eingeladen werden, mit Farben zu malen. Es wird etwas in ihnen lebendig, wenn sie es einfach ausprobieren.

ARTHELPS ist mittlerweile ein Netzwerk von professionellen Künstlern. Durch Kontakt mit »richtigen« Künstlern kann jeder, der am Workshop teilnimmt, etwas lernen. Am Ende steht ein Produkt mit exzellenter Qualität, das vermarktet wird. Die dadurch entstehenden Finanzen werden eingesetzt, um etwas Konkretes vor Ort zu ermöglichen.

Dadurch bekommen die Teilnehmer das Bewusstsein, nicht nur beschäftigt worden zu sein, sondern an etwas Bedeutsamen mitschaffen zu können. Dieses *Bedeutsame* bezeichne ich als *Exzellenz*, etwas, das eine möglichst hohe Qualität erreicht. *Exzellenz* drückt auch eine Wahrheit aus, die heute manchmal nicht gehört werden will: Nicht alles, was gut gemeint ist, ist auch gut. Nicht alles, was kreativ ist, ist auch schon schön. Wer nicht auch wertet, verkennt Wert. Deshalb enthält das Konzept der Schönheit immer auch eine Wertung. Etwas schön zu nennen, bedeutet, dass es schöner oder weniger schön sein kann als etwas anderes.

Die Möglichkeit der Wertung beruht auf der Grundeinsicht, dass Schönheit nicht nur subjektiv ist. Das bedeutet: Wenn Schönheit nicht nur subjektiv ist, müssen Menschen darüber debattieren und sogar darum streiten, was sie als schön empfinden. Was hat all das mit dem Irak und den Favelas zu tun? Das Positive, das *ARTHELPS* bewirkt, hängt damit zusammen, dass es darum geht, etwas Exzellentes zu erschaffen. Dazu kommt ein Mensch aber nur, wenn er sich mit anderen misst, von anderen lernt, sich der Kritik anderer aussetzt.

Wir leben in einer Zeit, in der die kreative Entfaltung des Einzelnen zum Glück durchweg als hoher Wert angesehen wird. Zugleich lehnt das postmoderne Menschenbild alles ab, was die individuelle Entfaltung behindert. Entfaltung bedeutet aber zumindest im Ästhetischen nicht, dass es keine Regeln gibt. Im Gegenteil: Nur wer die Technik eines Musikinstruments mühsam erlernt hat, kann improvisieren. Das Gleiche trifft auf alles Schöne zu. Es hat mit Anstrengung zu tun. Wer morgens nicht früh aufsteht, hat keine Chance, den Sonnenaufgang zu sehen. Wer den mühsamen Aufstieg zum Gipfel geschafft hat, wird durch den atemberaubenden Ausblick belohnt.

In der Neuzeit freilich gibt es auch die Seilbahn. Statt der Mühe, Ölmalerei zu erlernen, gibt es auch einen passenden Filter bei Photoshop. Anstelle echter Lektüre, bei der man sich zum Beispiel durch Dantes *Göttliche Komödie* arbeitet, gibt es eine Zusammenfassung auf Wikipedia. Doch all das ist nicht dasselbe. Das Gehirn baut spezifische Kräfte ab, wenn es nicht mehr gefordert wird. Um das Schöne zu erhalten, brauchen wir die Bemühung um das Exzellente.[400]

Das Vermögen, Begeisterung für das Exzellente zu wecken, ist die größte Kraft eines Pädagogen. Informationen allein können stumm und blind bleiben. Erst die Begeisterung erweckt Kreativität, wie es an einer schönen Stelle bei Johann Gottfried Herder (1744–1803) heißt und übrigens auch für die Welt des Glaubens zutrifft: »Denn Flamme steckt Flamme an, Gegenwart des Geistes erweckt Gegenwart des Geistes.«[401]

Amina hat gerade etwas davon gespürt.

3. Kontemplation statt Meditation

Sein Blick hat etwas Durchdringendes unter den buschigen Augenbrauen. Die Antipasti scheint er ganz zu vergessen an diesem warmen Juniabend. Wenn er erzählt, spricht er wie zu sich selbst, wie in einen dunklen Raum hinein. Dann hellen sich seine Züge plötzlich auf und ein warmes Lächeln wendet sich mir zu. Das erste Mal getroffen hatte ich Wim Wenders auf der *SCHØN*, einer Konferenz über Kreativität und Spiritualität, bei der wir Künstler aller Couleur zusammengebracht hatten. Seither ist ein Jahr vergangen und Wenders hat einige Monate in China verbracht. Filme wie *Paris Texas* und *Der Himmel über Berlin* machten Wenders zum weltberühmten Vorreiter der cineastischen Avantgarde. Doch in China war er nur zum *Photographieren* (so schreibt er das Wort für die echte Kunst und unterscheidet es streng vom »Fotografieren« für das reine Handwerk).

Wir sitzen in einer Pizzeria im schweizerischen Fribourg und er erzählt (tatsächlich handelt sich um dasselbe bereits vorher erwähnte Abendessen mit Hartmut Rosa, doch der war schon aufgebrochen): Jeden Morgen habe er sich aufgemacht und sei zu dem Berg mit der markanten Form gegangen. Die Kamera hatte er dabei. Doch ein Bild hatte er noch keines gemacht. Er sah die Kiesel und den Sand. Er sah das Heidekraut und die Felsen. So vergingen Stunden und so vergingen Tage. An einem Morgen war es so weit. Das Bergpanorama war ihm jetzt schon wohlvertraut. Doch erst heute war auch *er* dem Berg vertraut. Er hatte den Eindruck, die Landschaft sei erst jetzt bereit, ihm ein Bild von sich zu schenken. Er nahm das Photo auf und ging nach Hause.

Es sei ein liebender Blick, kein nehmender, der den wahren Photographen auszeichne. Der Schwarzweißfilm *Der Himmel über Berlin* (1987) handelt von Engeln, die ganz unerkannt unter den Menschen gehen. Niemand kann sie sehen, nur die Kinder. Wie aber soll man Engel darstellen? Wie verhalten sie sich? Wenders entschied sich, den Schauspielern (allen voran Bruno Ganz in der Hauptrolle) nur eine Anweisung zu geben: Sie sollen alle Menschen voll Liebe anblicken. Während der Dreharbeiten erschien es Wenders, als werde er selbst von oben mit einem solchen Blick des Wohlwollens angesehen.

Wovon Wim Wenders an diesem Abend sprach, das nennt Arthur Schopenhauer das eigentlich Besondere an einer Erfahrung mit dem Schönen: »daß wir, in den Zustand der reinen Kontemplation tretend (…) gleichsam uns selbst loswerden«[402]. *Kontemplation* ist ein altes Wort aus der christlichen Spiritualität. Es bezeichnet ein einfaches Schauen auf die Wahrheit unter dem Einfluss der Liebe.[403] Wer Wim Wenders darüber sprechen hört, der kann nicht umhin, den schreienden Kontrast zum heutigen überwiegend konsumorientierten Blick wahrzunehmen.

Weit weg von der Pizzeria in Fribourg, auf dem norwegischen Nærøyfjord. Ringsum ragen schroffe Felsen auf, das Wasser schimmert smaragdgrün und azurblau, strahlender Sonnenschein. Eine atemberaubende Kulisse. Die vielen Touristen, die mit uns an der kleinen Kreuzfahrt teilnahmen, stammten aus aller Herren Länder. Die vielen Asiaten müssen einen großen Preis für diese weite Reise bezahlt haben. Doch obwohl sich mit jeder Biegung des Fjords ein weiterer spektakulärer Ausblick bot, erlahmte das Interesse der meisten Reisenden schnell. In den ersten Minuten waren alle auf dem Deck gestanden und hatten ihre Videos gemacht. Nach und nach suchten sich die meisten aber einen Sitzplatz im Inneren. Was taten sie da? Am liebsten würde ich als Beweis ein Video zeigen, das ich selbst von dieser skurrilen Szene gemacht habe. Es zeigt Dutzende von Touristen, die auf die Bildschirme ihrer Smartphones blicken. Sie chatten, lesen Nachrichten, sehen sich Filme an – während draußen wohl eine der eindrucksvollsten Landschaften an ihnen vorüberzieht, in denen sie sich je befunden haben.

Als Vielreisender habe ich solche Situationen zu oft erlebt, um sie für Einzelfälle zu halten. Wir sind dabei, uns den liebenden, betrachtenden Blick mehr und mehr abzugewöhnen. Was für ein Verlust! Wem nützt die exklusivste Kreuzfahrt, wenn man nicht sieht? »Nicht das Vielwissen sättigt und befriedigt die Seele, sondern das Verspüren und Verkosten der Dinge von innen her«, schreibt Ignatius von Loyola in der Einführung seines bekannten Exerzitienbuches.[404] Solches Verkosten ist aber etwas anderes als das »Erreichen« von etwas. Auch die Touristen auf dem Boot kehrten mit schönen Fotos nach Hause zurück. Tatsächlich ist genau das vielfach die innere Motivation hinter dem Touristischen: Da war ich schon, das hab' ich schon gesehen, hier sind die Fotos. Die schönsten zehn Städte auf der Bucketlist abgehakt, den 3000er erklommen, den Marathon geschafft. *Aggressionsmodus* nennt Hartmut Rosa diesen Umgang mit der Welt und er prägt unser Verhalten immer mehr. Die Welt verstehen, erreichen und kontrollieren zu können, bedeutet aber auch, sie zu entzaubern.[405]

Was ist das Gegenteil davon? Achtsamkeit ist in, Meditationsapps boomen. Doch dabei geht es erstaunlich oft auch wieder darum, etwas zu erreichen: ruhiger schlafen oder leistungsfähiger bei der Arbeit werden. Am Ende steht doch wieder das Ego, das sich selbst optimieren will. Die Kontemplation geht einen anderen Weg. Sie verweilt nicht beim Ich, sucht aber auch nicht die Überwindung des Ich. Sie öffnet sich ganz für das Du. Indem Wenders den Berg nicht einfach ablichtet, sondern ihn auf sich zukommen lässt, tritt er in einen lebendigen Kontakt mit der Natur. Der Berg wird ihm zum Du, wenn man so will.

Einen solchen verweilenden, liebenden Blick kann man in der Natur lernen, doch ebenso in der Kunst und besonders in einer Beziehung. Er ist das Gegenteil des Multitasking und elementar wichtig für das menschliche Leben. Byung-Chul Han schreibt: »Die kulturellen Leistungen der Menschheit (…) verdanken wir einer tiefen, kontemplativen Aufmerksamkeit.«[406]

Der liebende Blick auf das, was ist, ist Krönung und Abschluss der Geschichte vom Garten Eden. Am Ende sieht sich Gott alles zufrieden an und ruht sich aus. Der Mensch, der denselben Blick einnimmt, tritt ebenso ein in einen Ort der Ruhe. Und er öffnet sich für den, der diesen Blick auf ihm selbst ruhen lässt. Deshalb haben die christlichen Theologen die Kontemplation immer als Form des Gebets bezeichnet. Sie reicht tiefer als die Meditation, weil sie unmittelbar in die Begegnung führt.

Doch man muss nicht an Gott glauben, um die tiefe Aussage der Erfahrung von Eden zu erleben: Jede Begegnung mit dem Schönen und der Kunst kann dabei helfen. Wir haben sie heute nötiger denn je. Der große Denker der philosophischen Hermeneutik Hans-Georg Gadamer (1900–2002) sagt es so: »Das Wesen der Zeiterfahrung der Kunst ist, dass wir zu verweilen lernen. Das ist vielleicht die uns zugemessene Entsprechung zu dem, was man Ewigkeit nennt.«[407]

4. Der barmherzige Blick

An ihrem Augenlid glitzert eine dicke Träne und doch steht sie ganz selbstbewusst da. Auf ihren Unterarmen große Tattoos und viele tiefe Narben. Yana ist nackt, komplett. Ihr dürrer, junger Körper wirkt zerbrechlich wie eine chinesische Vase. Der Fotograf Jan Schlegel wurde international bekannt durch seine Serie *The Last of It's Kind.* Er suchte dafür abgelegene Regionen Afrikas auf und schuf Bilder von Menschen, die zu den Letzten ihrer Ethnie gehören. Zu einem afrikanischen Stamm gehört Yana nicht, sie ist ein Instagram-Model aus Russland. Auf ihrem Kanal zeigt sie sich in extremen Outfits, mit schockierendem Make-up und in verstörenden Posen.

Jan Schlegel konnte ihr Vertrauen gewinnen, sich von ihm ganz anders fotografieren zu lassen. Mit einer alten analogen Kamera, handentwickelt und schwarzweiß. Ohne Schminke und Maske, ohne Photoshop. Schlegels Bilder sind nicht erotisch, erst recht haben sie nichts Pornografisches. Dafür zeigen sie das Unperfekte viel zu deutlich: Der Mensch in seiner Verwundbarkeit und Verletztheit. Bei Yana buchstäblich: die Narben, die sie sich selbst zugefügt hat. Und als sie in Schlegels Atelier zum ersten Mal ungeschützt vor die Kamera trat, geschah etwas Eigenartiges in ihr. Plötzlich stiegen ihr Tränen in die Augen; in genau diesem Moment entstand das besagte Bild. Weshalb sie weine? »I feel loved«, antwortete Yana.

Mit seiner Serie über die afrikanischen Völker berühmt geworden, wollte Schlegel zeigen, dass auch unsere westliche Gesellschaft in Subkulturen zerfällt, die wie verschiedene Stämme einander immer fremder werden. *Tribes of our generation* nannte er seine Serie. Befremdlich wirkt dabei einiges. Eine junge Frau hat sich hornförmige Implantate in die Stirn setzen und das Weiß der Augen komplett schwärzen lassen; eine andere das ganze Gesicht mit Piercings übersät, eine andere wiederum buchstäblich jeden Zentimeter ihres Körpers mit Tätowierungen überzogen.

Auch Jan Schlegel sprach auf der *SCHØN,* und das Motto der Konferenz aufgreifend fragte ich ihn auf der Bühne, ob er all das schön fände. Er stutzte, so als verstünde er nicht recht. Nach kurzem Überlegen antwortete er, er habe sich das eigentlich nie gefragt. Wenn er die Narben und Piercings sehe, denke er nicht darüber nach, ob das schön sei. Er denke sich nur: Das ist Yana.

Schlegels Kunst trifft deshalb den Nerv der Zeit, weil wir spüren, dass sie das Problem hinter der oft beklagten Zersplitterung der Gesellschaft berührt. Kunst muss nicht schön sein, aber sie kann Schönes offenbaren. Wie die Verliebten an den kleinen Schönheitsfehlern des anderen sogar Gefallen finden können, kann der liebevolle Blick eines Künstlers den tieferen Wert offenbaren.

Wenn auch im Gescheiterten und Gebrochenen noch etwas Gutes gesehen wird, nennt man das *Gnade*. Es ist wohl kein Zufall, dass *Schönheit* und *Gnade* in Sprachen wie dem Altgriechischen, dem Französischen oder dem Englischen nah beieinander liegen. *Grace* kann eben beides heißen. Auch im Deutschen spricht man von einer »begnadeten Sopranistin«. Denn dass das wirklich Schöne gelingt, ist immer auch eine Gnade. Zugleich wirft das Schöne einen gnädigen Schein auf die Welt. »Grace finds beauty in everything«, heißt es in einem U2-Song, und er drückt eine tiefe Wahrheit aus.

In einer Welt mit Photoshop und Schönheitsoperationen kommt der Kunst eine besondere Verantwortung zu: den Wert des verletzbaren menschlichen Lebens zu zeigen. Man denke an die schockierenden Filmaufnahmen Ai Weiweis von einem gekenterten Flüchtlingsboot im Mittelmeer oder die monumentalen Fotografien Sebastião Salgados von den schrecklichen Zuständen in den Goldminen Brasiliens. Vieles wollen wir nicht sehen. Doch nur wenn wir lernen, auch im armen, im leidenden, behinderten, ungeborenen und im sterbenden Menschen etwas zutiefst Würdevolles zu sehen, spüren wir unseren eigenen unverbrüchlichen Wert als Mensch.

Gerade weil Selbstoptimierung ein Megatrend ist, brauchen wir den Blick der Barmherzigkeit mehr denn je, der die Schönheit im vermeintlich Nicht-Schönen entdeckt. Denn ohne diesen Blick kollabiert das Ökosystem der Menschlichkeit.

5. Schöner Sex

Romeo und Julia. Orpheus und Eurydike. Adam und Eva. Kein anderes Thema durchzieht die Literatur so sehr wie die alte Geschichte vom Suchen und Finden, vom Zauber der Liebe. Dass die Liebe etwas mit Schönheit zu tun hat, ist tief in die Menschheitsgeschichte eingeschrieben. Natürlich zieht man sich schön an für den Menschen, den man liebt. Natürlich lassen Paare sich vor romantischen Sonnenuntergängen fotografieren. Natürlich finden wir es nicht nur in Ordnung oder interessant, wenn zwei sich finden und glücklich werden. Wir finden das *schön.*

Auch das Erotische ist nicht wegzudenken aus der Kunstgeschichte. Was wäre sie ohne die vielen Werke, in denen es um die Liebe geht? Das betrifft »große« Kunst ebenso wie heutige Kinofilme. Dass in *Titanic* Jack für seine Rose stirbt, rührt heute ebenso an wie der Liebestod von Tristan und Isolde im Hochmittelalter. Doch so wie Menschen immer wussten, dass menschliche Liebe etwas Wunderschönes ist, wussten sie auch, dass genau da ein Ort großer Verletzbarkeit liegt. *Corruptio optimi pessima*, lautet eine alte lateinische Spruchweisheit: Die Verdrehung des Allerbesten ist das Allerschlimmste. Beim Schrecken sexueller Gewalt wird das überdeutlich. Was eigentlich das Schönste und Intimste sein sollte, wird zur tiefsten Erniedrigung.

Wir empfinden eine Vergewaltigung als etwas kategorial anderes als andere Formen von Gewalt. Das war bereits in der Antike so. Platon fordert dafür die Todesstrafe, in Athen scheint das auch durchaus Praxis gewesen zu sein.[408] Im Gegensatz zu »normalen Verbrechen« wurde Vergewaltigung wie ein Sakrileg oder wie Leichenschändung empfunden. Einen Menschen, der sich an einem Kind vergeht, nennt der Volksmund »Kinderschänder«. Der Begriff ist umstritten, weil er klingt, als würde er das Opfer anstelle des Täters stigmatisieren. Zugleich nimmt er das Gefühl der Befleckung radikal ernst, das Vergewaltigungsopfer haben. Es ist ungleich schlimmer, ein Kind sexuell zu missbrauchen, als einem Kind ständig Alkohol zu trinken zu geben, obwohl beides falsch ist. Denn bei Sexualität und Liebe geht es ums Ganze.

Dass wir Erotik als schön empfinden, ist zutiefst menschlich. Wir finden sie schön, weil sie nicht nur eine biologische Funktion ist. Natürlich geht es beim Sex auch um Befriedigung und Spaß. Doch das ist nur ein kleiner Ausschnitt aus dem geheimnisvollen Zauberreich der Liebe. Die ganze Pointe des Erotischen besteht darin, dass es eben nicht nur um mich selbst geht. Wie bei allem Schönen geht es darum, sich selbst zu vergessen. Wer wirklich verliebt ist, denkt beim Küssen eben nicht darüber nach, wie es ihm gerade geht. Dass sich gerade dadurch Glück einstellt, dass man sich hingibt und vergisst, ist das große Geheimnis des Schönen. Es dient keinem Zweck, sondern ist ein Ziel in sich selbst. Und doch entspringt ihm unendliche Großzügigkeit.

In der Sexualität wird das ganz konkret. Aus der Liebe zwischen zwei Menschen kann ein neuer Mensch entstehen. Natürlich geht es bei der menschlichen Liebe nicht nur um Zeugung. Das neue Leben entspringt dem zweckfrei-schönen Spiel der Liebe absichtslos – so wie Sinn und Freude sich gerade deshalb einstellen, weil man etwas tut, das nicht nur dem eigenen Ego dient.

Die Geschichte der sexuellen Befreiung ist auch eine Geschichte der Entdeckung ihrer zweckfreien Schönheit. Sie ist eben nicht mehr sündhafte Lust, notwendiges Übel zur Zeugung der Nachkommenschaft. Von dieser Theorie weiß der Garten Eden übrigens auch nichts. Zwei nackte Menschen, füreinander erschaffen – von Scham und sexueller Verklemmung keine Spur.

In der sexuellen Revolution verbinden sich geistesgeschichtliche Linien, die in diesem Buch schon wiederholt zur Sprache gekommen sind. Der Mensch erfährt sich als Individuum, nicht nur als fremdbestimmtes Glied der Gesellschaft. Die Entdeckung und das Ausleben der eigenen Gefühle werden zentral, Regelbefolgung verliert an Wert. Die Macht gesellschaftlicher Sanktionen schwindet und unterschiedlichste sexuelle Erfahrungen werden verfügbar. Ist Europa muss niemand mehr fürchten, als Ehebrecher gesteinigt zu werden. Im Gegenteil: Seine Sexualität unbelastet von engen Moralvorstellungen zu leben, gilt als Kennzeichen von Selbstbestimmung und Welterfahrung.

Doch die Verfügbarkeit des Erotischen birgt das Risiko seiner Entzauberung. Was Max Weber für die Technisierung der Welt beschrieb, trifft nun auch für die Sexualität zu: was ohne Probleme erreichbar und unbegrenzt verfügbar ist, verliert etwas von seinem Geheimnis.

Und das Problem liegt sogar noch tiefer. Das Erotische berührt die Verbindung von Seele und Körper an einer entscheidenden Stelle. Das, was uns als »schön« bei einem begehrten Menschen anspricht, ist nicht nur sein Körper. Wenn man einen Menschen liebt, genügt es einem nicht, wenn dieser Mensch mit seinem Körper sexuelle Handlungen vollzieht. Im Gegenteil: Für die meisten Menschen dürfte es ein Problem darstellen, zu erfahren, dass der Partner an ihm als Person überhaupt nicht mehr interessiert ist und dennoch mit ihm schläft. »Du liebst Sarah? Schlaf doch stattdessen mit Leonie, die ist auch eine Frau«, das wäre für Marc ein empörender Satz, wenn er wirklich Sarah liebt. Einen Menschen zu lieben bedeutet, ihn als das zu lieben, was er ist. Als Einheit von Körper, Geist und Seele.

Indem sich die Sexualität aus dem engen Regelwerk moralischer Regeln gelöst hat, wird sie als eigenständige Größe verfügbar. Marc muss heutzutage nicht mehr Sarah heiraten, um mit ihr sexuell aktiv zu sein. Tatsächlich könnte er sich auch ganz ohne Verbindlichkeit mit Leonie auf *Tinder* verabreden. Oder seine sexuellen Fantasien auf *YouPorn* ausleben. All das ist ziemlich leicht und ziemlich umfassend verfügbar. Umfassend verfügbar – und oberflächlicher.

Weniger verfügbar aber ist reale menschliche Beziehung, Verbundenheit. Unsere Fähigkeit, uns wirklich einem Menschen emotional zu öffnen, mit ihm eine Bindung einzugehen, ist stark begrenzt. Sexualität hat sich deshalb an vielen Stellen von Verbundenheit entkoppelt. Es ist nur Sex, nicht mehr. Das Problem dahinter ist, dass auch diese Denkweise von einer Abspaltung des Leibes lebt. Denn auf körperlicher Ebene ist die geschlechtliche Vereinigung tatsächlich die intimste Verbindung, die möglich ist. Sie vermag sogar die beteiligte Frau und den beteiligten Mann für immer zu den Eltern eines neuen Menschen zu machen.

Niemand kann mit beliebig vielen Partnern schlafen, ohne seinen Körper von seiner tiefen Bindungsfunktion zu trennen. Man könnte auch sagen: ohne ihn wie ein Ding zu benutzen. Was aber ein Ding ist, kann auch verkauft werden. Aus der Entzauberung der Natur folgt bei Max Weber die Kapitalisierung des Industriezeitalters.

Im Bereich der Sexualität wird das überdeutlich in der Pornografie (und auch der Prostitution). Der Körper eines anderen wird zum Objekt meiner Lust, an der Person bin nicht interessiert. Roger Scruton: »Das pornographische Bild ist wie der Zauberstab, der Subjekte in Objekte, Menschen in Dinge verwandelt – und sie dadurch entzaubert und den Quell ihrer Schönheit zerstört.«[409] Es ist kein Zufall, dass die Grenzen zwischen »normaler« Pornografie und solcher, bei der Menschen erniedrigt und ihnen Gewalt angetan wird, fließend sind. Es entspringt der Logik, dass ein Körper verwendet wird wie eine Sache.

Bilder sind unfassbar mächtig. So wie Rieffs *Deathworks* das bisher als schön Empfundene bewusst lächerlich machen und entstellen, enthalten Pornos mächtige philosophische Aussagen darüber, wie die menschliche Liebe funktioniert und was es bedeutet, einen Körper zu haben. Die Botschaft lautet: ein reines Mittel zum Zweck, austauschbar wie eine Ware. Es ist bezeichnend, dass der Bestsellerroman *Fifty Shades of Grey* eine sexuelle Beziehung wie ein Jobangebot ausschreiben lässt, Leistung und Gegenleistung.[410]

Die Kommerzialisierung von Sex betrifft aber nicht nur die Pornoindustrie. Sie transformiert auf umfassende Weise, wie wir über Erotik überhaupt denken. Nach Byung-Chul Han erleben wir derzeit eine »Agonie des Eros«. Er schreibt: »Der Kapitalismus verschärft die Pornographisierung der Gesellschaft, indem er alles als Ware ausstellt und zur Schau stellt. Er kennt keinen anderen Gebrauch der Sexualität. Er profanisiert den Eros.«[411] »Profanisierung« bedeutet: Es ist nicht mehr heilig. Das Heilige ist das, was nicht vermarktet werden darf, das Unverfügbare. Die Entzauberung des Erotischen bedeutet also immer auch seine Vermarktung. Das Profilbild auf *Tinder* erfüllt dieselbe Funktion wie die Werbung im Fernsehen: Nimm mich! Doch wer will wirklich und dauerhaft als Objekt behandelt werden? Wollen wir eigentlich so leben?

Es wird kein Zurück in die gesellschaftlichen Zwänge einer rigiden Sittlichkeit geben und das ist auch gut so. Oft genug war sie einengend und lustfeindlich. Ihr Sinn bestand aber ursprünglich darin, etwas zu beschützen, was nicht beliebig werden darf. Gibt es da etwas, was uns auch heute noch helfen kann? Mir scheint, ja. Und es hat mit dem Gedanken der Schönheit zu tun.

Wir brauchen neue Bilder für das, was menschliche Erotik ausmacht. Dabei gilt es, die lebensdienlichen Aspekte der sexuellen Befreiung zu wertschätzen: die Schönheit der menschlichen Sexualität, die Freiheit jedes Menschen, seinen Umgang damit selbst zu gestalten. Es geht weniger um die Wiedereinführung der Regelmoral als um eine Neuentdeckung der Schönheit des Erotischen.

Dabei kann das Bild vom Garten Eden helfen. Die Sicht auf menschliche Sexualität, die dort in wenigen Worten beschrieben wird, ist zutiefst stimmig, ganzheitlich und schön: »Darum wird der Mann seinen Vater und seine Mutter verlassen und sich an seine Frau binden und sie werden zu einem Fleisch.« (Gen 2,24) Es geht also um eine Verbindung. Eine Verbindung, die erst möglich wird, wenn es eine Ablösung von zu Hause gab (etwas, das jungen Menschen heute immer schwerer fällt). Eine Bindung, die sich dann auch sexuell ausdrückt, wofür das poetische Wortbild »zu einem Fleisch werden« verwendet wird. Also ein ausschließlicher, einzigartiger Bund. Aus der Sicherheit dieser Verbundenheit entspringt das neue Leben. Unverfügbar, unverzweckt und ohne Zwang. Mann und Frau entscheiden sich frei, stehen auf Augenhöhe, schenken sich einander ganz und sind offen für das Geheimnis des neuen Lebens. Dass das nicht immer so klappt, liegt auf der Hand, es bleibt Geschenk und unverfügbar. Doch das Bild, das Eden zeichnet, berührt uns intuitiv, weil es schön ist. Und weil es wahr ist.

Menschen sollten nie zu Objekten werden und sich auch nicht zu Objekten machen. Deshalb ist Pornografie und Prostitution mit der Würde des Menschen nicht vereinbar. Doch nicht, weil nackte Körper oder wilde Lust nichts Tolles wären, ganz im Gegenteil, sondern weil das Schöne etwas Unverzwecktes hat, ja weil das Schöne nur schön bleibt, wenn es durch Liebe und Wahrheit geordnet wird.

Für meine Kinder wünsche ich mir, dass sie eine solche Sicht von Sexualität vermittelt bekommen. Und nicht die von *YouPorn*.

6. Das Leben feiern

Aus Dutzenden großer Metalltöpfe steigen exotische Düfte. Die Frauen haben schon vor zwei Tagen mit dem Kochen begonnen. Auf der Bühne blinken violette LED-Bänder, alles ist mit weißen und pinken Stoffbahnen behängt. Die Blumengirlanden, die man meiner Frau und mir umhängt, sind so schwer, dass wir damit kaum aufrecht stehen können. Und das, obwohl hier niemand reich ist. Der überbordende Schmuck dieses Festes steht in krassem Kontrast zu den tristen Wellblechhütten in der Nachbarschaft.

Von den armen Menschen kann man das Feiern lernen! Für den Sari meiner Frau und das bunte Seidengewand, das ich trage, haben die Gastgeber ein Vermögen ausgegeben. Derweil bin ich nur der Redner auf diesem Fest.

Eine Hochzeit dauert in Indien mehrere Tage. Und dies ist nicht nur irgendeine Hochzeit. Die Braut war als kleines Mädchen in einem christlichen Mädchenheim abgegeben worden. Mädchen sind in ländlichen Regionen weniger wert und bis vor Kurzem war es üblich, weibliche Babys einfach auszusetzen oder zu ertränken. Als Waisenmädchen steht Esther ganz unten in der traditionellen indischen sozialen Hierarchie. Nie würde sie einen anständigen Mann heiraten können, nie würde sie »jemand« sein. Denn in den patriarchalischen Strukturen des Hinduismus gilt eine Frau ohne Mann nichts.

Doch es kam anders. In ihrer christlichen Gemeinde fand sich ein junger Mann aus gutem Hause, der Esther heiraten wollte. Es geschah, was niemand für möglich gehalten hatte. Zu Hunderten strömten die Gäste herbei, ein buntes Meer aus farbigen Stoffen, Berge von Biryani mit Huhn und trommelnde Musik aus krächzenden Lautsprechern.

Diese Hochzeit war viel mehr als ein rauschendes Fest. Sie war eine Demonstration für die Kraft der Liebe – und ein kraftvolles Statement gegen das schreiende Unrecht der Frauenunterdrückung, die noch in vielen Bereichen der indischen Gesellschaft herrscht. Deshalb war die Hochzeit jedoch auch ein Dorn im Auge der Behörden. Ihr war ein jahrelanger Konflikt inklusive Verhaftungen, Hausarrest und einer Verleumdungskampagne vorausgegangen. Nach offizieller Darstellung gibt es das Problem der Kindestötungen nicht, und deshalb durfte es auch einen Fall wie Esther nicht geben.

Doch nun waren auch Sozialarbeiter und Polizisten in die reich geschmückte Kirche gekommen und folgten dieser ungewöhnlichen

Feier mit gebannten Blicken. Was würde geschehen? Eine gewisse Nervosität beschlich mich, als ich ans Rednerpult trat. Doch die ansteckende Freude der ganzen Feier war einfach unwiderstehlich. Das ganze Fest war von einem inneren Leuchten erfüllt, einer Schönheit, der man sich nicht entziehen konnte. Selbst die skeptischen Mienen der Staatsbeamten begannen sich aufzuhellen. Am Schluss kamen sie sogar der Reihe nach, um dem Brautpaar freundlich zu gratulieren. Niemand wurde verhaftet, nichts geschah. Stattdessen verbreitete sich der Bericht von dieser umwerfend schönen Hochzeit wie ein Lauffeuer in der ganzen Stadt – von einem so armen Mädchen, dessen Verlobung auf so prächtige Weise begangen wurde.

Nach dem etwas nachdenklichen Ausflug ins Reich der Erotik im letzten Kapitel nun zu etwas ganz Unbelastetem: Schönheit drückt sich im großzügigen Feiern aus. Ein Fest ist viel mehr als nur Zeitvertreib mit passenden Getränken. Ein Fest drückt aus, worum es im Leben wirklich geht. »Sage mir, wie du feierst, und ich sage dir, wer du bist«, war der Grundsatz des Künstlers Oskar Schlemmer (1888–1943), der die Kultur des Bauhauses nachhaltig prägte. Dort spielte das gemeinsame Feiern nämlich auch eine zentrale Rolle.

Wie grundlegend Feste für den Menschen sind, kommt abermals schon in der Edengeschichte vor. Über die Erschaffung der Erde lesen wir im Buch Genesis, dass Gott die Gestirne am Himmel »zur Bestimmung von Festzeiten« bestimmt hat (Gen 1,14). Die Pointe ist hier natürlich keine kosmologische. Es geht um eine viel tiefere Aussage über das Wesen des Menschen und seinen Sitz in der Welt. Bereits in der Grundstruktur des Universums gibt es nach jüdischem Verständnis Zeiten zum Feiern.

Nur Menschen feiern Feste und das Feiern macht den Menschen erst zum Menschen. In seinen Briefen *Über die ästhetische Erziehung des Menschen* hat Friedrich Schiller das tief erfasst. Der Mensch wird erst im Spiel vollständig und ist nur da ganz Mensch, wo er spielt. Die Schönheit lädt ihn ein, zu feiern und zu spielen.[412]

So hat Platon das schon gesehen. Im Dialog *Nomoi* schreibt er, der Mensch sei gemacht, ein Spielzeug Gottes zu sein, und er solle »die schönsten Spiele spielend das Leben leben«.

Damit aus einer Feier aber ein echtes Fest wird, muss etwas Göttliches dazukommen, etwas Größeres als nur Spaß.[413]

Vielleicht ist es deshalb kein Zufall, dass eines der exklusivsten Produkte für rauschende Feste ausgerechnet von einem Mönch erfunden wurde. Pater Pierre war im französischen Kloster Hautvillers für den Wein zuständig. Die Benediktinermönche haben überall, wo sie sich niederließen, Weinberge gepflanzt. Denn der Rebensaft spielt eine entscheidende Rolle für die heiligste Feier der Katholiken: die Eucharistie. Für Gott nur das Beste, so sagte sich auch Pater Pierre. Er entdeckte, dass durch den Verschnitt verschiedener Weine und eine neue Methode der Vergärung ein Getränk besonderer Güte entstand. Aus dem Wunsch, für Gott etwas besonders Schönes zu schaffen, hatte er etwas erfunden, was den Charakter der ganzen Region für immer verändern sollte: den Champagner. Pierre Pérignon (1638–1715) ist der Name dieses Mönches, und einer der renommiertesten Champagner der Welt trägt bis heute seinen Namen: Dom Pérignon. Seine Methode wurde schnell kopiert und machte die verarmte Champagne zu einer begehrten und wohlhabenden Weinbaugegend – bis heute. Meiner bescheidenen Meinung nach ist Champagner nicht nur (neben Grüntee) das beste Getränk, das es gibt, er verleiht einer besonderen Feier auch einen besonderen Glanz.

Ob in der Champagne oder in Indien: Aus vollem Herzen zu feiern und exzellente Produkte zur Freude von Gott und Menschen zu produzieren, kann richtig viel verändern. Feste können etwas vom Geschmack Edens transportieren. Sie sollten deshalb so farbenfroh, unbeschwert und großzügig sein wie der Paradiesgarten selbst.

7. Das heilige Spiel

Dass Schönheit und Religion etwas miteinander zu tun haben, ist unübersehbar. Auf der ganzen Welt sind die Tempel, Moscheen und Kirchen auf die kunstvollste Weise gestaltet. Überall spielen Musik, besondere Gewänder, Bilder oder Tänze eine Rolle im Reich des Spirituellen. Man könnte sagen: Das Schöne und das Heilige sind zwar nicht dasselbe, aber ihre Adressen haben dieselbe Postleitzahl. Umso verwunderlicher ist es, dass das Christentum im Westen viel davon verloren hat. Mit sozialem Engagement wird Kirche durchaus noch verbunden, mit gewissen gesellschaftlichen Werten vielleicht. Doch mit Schönheit? Mit dem Feiern?

Vor Jahren freundete ich mich mit einem Barkeeper an. Hannes arbeitete damals auf Sylt und hatte in der Hotellerie- und Gastronomieszene in Spitzenbetrieben gearbeitet. Von einem Leben zwischen Cocktails, Kaviar und Kokain irgendwann angeödet, ging Hannes auf eine Sinnsuche, die ihn zur Logotherapie und zu neuer Beschäftigung mit dem Glauben führte. Als wir uns einige Zeit kannten, stellte er mir eine Frage, die ich seither nicht vergessen habe. Er habe jetzt seit einigen Monaten Veranstaltungen im kirchlichen Umfeld besucht. Er sei in Tagungshäusern und auf christlichen Veranstaltungen zu Gast gewesen. Doch während es dort immer um wunderbare Themen gegangen sei, habe ihn das äußere Erscheinungsbild befremdet. All seine Kollegen versuchten, ihre Restaurants und Cafés auf die schönste und einladendste Weise zu gestalten, obwohl es dort »nur« um Essen und Trinken gehe. Bei den Christen dagegen: graue Gemeindehäuser im Stil der Siebziger, Plastiktischdecken, kitschige Wandkalender und unfreundliches Personal. Obwohl es immer um etwas Schönes gehe, sei an der Form wenig Schönes.

Dieses vielleicht zu einseitige Statement hat mich doch nachhaltig beschäftigt. Könnte etwas Wahres dran sein?

Der Gedanke des Schönen spielt tatsächlich in der Theologie jüngerer Zeit keine große Rolle. Rudolf Bultmann (1884–1976), die

Galionsfigur der modernen Bibelauslegung, steht ihm so skeptisch gegenüber wie ein brutalistischer Betonarchitekt: »Die Idee des Schönen hat für den christlichen Glauben keine das Leben gestaltende Bedeutung«, sie sei die »Versuchung einer falschen Weltverklärung«.[414] Gerade nicht das Ästhetische, sondern eine konkrete Ethik seien der Kern des Glaubens. Die strenge Unterscheidung zwischen beidem hatte der dänische Philosoph Søren Kierkegaard (1813–1855) gefordert. Die dahinterstehende theologische Problematik ist komplex, doch fest steht, dass die gedankliche Trennung von Schönheit und Religion eine relativ neue ist.

Bei Goethe ist daran noch nicht zu denken. Er schreibt an Riemer: »Die Menschen sind nur so lange produktiv in Poesie und Kunst, als sie noch religiös sind; dann werden sie bloß nachahmend und wiederholend, wie wir in Bezug auf das Altertum, dessen Monumente alles Glaubenssachen waren ...«[415] In ihrer Absolutheit wird man Goethes These kaum zustimmen können. Wer würde denn bestreiten, dass es große Kunstwerke gibt, die von nicht-religiösen Menschen geschaffen wurden? Es findet sich aber ein tieferes Moment im Schönen, das eine Verwandtschaft zum Glauben aufweist.

Adorno, der sicherlich kein religiöser Mensch war, schreibt: »Das von Kunst erschütterte Subjekt macht reale Erfahrungen; nun jedoch, kraft der Einsicht ins Kunstwerk als Kunstwerk, solche, in denen seine Verhärtung in der eigenen Subjektivität sich löst, seiner Selbstsetzung ihre Beschränktheit aufgeht. Hat das Subjekt in der Erschütterung sein wahres Glück an den Kunstwerken, so ist es eines gegen das Subjekt; darum ihr Organ das Weinen, das auch die Trauer über die eigene Hinfälligkeit ausdrückt.«[416]

Vereinfacht ausgedrückt: Wer weinen muss, weil etwas so schön ist, erbebt vor etwas Größerem. Die Erkenntnis, dass es etwas viel Größeres gibt, ist auch die Urerfahrung des Religiösen.

Das Konzept des »Heiligen« ist der zeitgenössischen Religion aber weitgehend verloren gegangen.[417] Es geht mehr darum, wie Menschen sich verhalten sollen und was der Glaube ihnen bringt. Alles, was schön ist, spielt aber nach einer ganz anderen Melodie. Es geht eben nicht um mich – weder um das, was ich tun muss, noch darum, was ich davon habe. Deshalb ist die Meinung, beim Glauben gehe es in erster Linie um Moral, das größte Missverständnis über das Christentum.

Der Garten Eden zeichnet das Bild eines unfassbar reichen Lebens. Ein einziges großes Geschenk. Die natürliche Reaktion darauf wäre, für dieses Geschenk zu danken, Gabe und Geber zu bestaunen. Dieses Staunen über das, was ist, liegt nach Hans Urs von Balthasar an der Quelle aller Kunst. Indem es als Ausstrahlung einer transzendenten Quelle verstanden wird, übersteigt sich das Schöne in das Herrliche. »Alle hohe Kunst ist religiös: Akt der Huldigung an die Herrlichkeit des Seins. Wo die religiöse Dimension schwindet, degeneriert die Huldigung in Reiz und Gefälligkeit; wo das Herrliche schwindet, tritt, als Restprodukt, das durchschnittlich so genannte ›Schöne‹ hervor.«[418]

Doch im Umkehrschluss bedeutet das: In der Anbetung Gottes findet das Schöne wieder an seinen eigentlichen Platz. Und zwar nicht als falsche Weltverklärung, wie Bultmann meint. »Schön« wird im christlichen Glauben nämlich nicht einfach alles genannt, was es in der Welt gibt. Schön ist das, was Gott in der Geschichte tut, obwohl darin Brüche und schreckliche Dramen sich ereignen. Am deutlichsten wird dieses Paradox in der am häufigsten abgebildeten Szene der ganzen Kunstgeschichte: der Kreuzigung. Dass ein absolut guter Mensch eines entsetzlich ungerechten Todes stirbt, ist alles andere als schön. Es ist sogar das Hässlichste, was man denken kann. Wenn aber selbst in diesem Drama etwas von der radikalen Liebe und Güte Gottes aufleuchten würde, wäre das ein Hoffnungsschimmer. Wenn sich diese Liebe jedoch sogar als siegreich über den Tod erweisen würde, wäre das ganze Leben radikal neu zu bewerten. Genau davon erzählt die christliche Botschaft von der Auferstehung: dass die Hässlichkeit eben nicht das letzte Wort hat. Die ganze Form der biblischen Heilsgeschichte strahlt eine rätselhafte, aber faszinierende Schönheit aus, die in der Person Jesus Christus ihre Mitte findet.[419]

Christliche Gottesdienste, die Musik, die Gebäude und die Kunst, die darin zum Einsatz kommen, und alles, was damit zu tun hat, sollten schön sein. Sie sollten die Sehnsucht nach einem heilen Leben wecken und an den Ort erinnern, wo all das begann: Eden.

Fazit: Wir sollten uns nicht mit der ästhetischen Umweltverschmutzung abfinden, sondern aktiv dagegen vorgehen. Im eigenen Leben beginnt das damit, dass man (1) das Schöne dem nur Funktionalen vorzieht und sich nicht scheut, anspruchsvolle Ideale zu verfolgen, also (2) um das Exzellente ringt. Ein (3) kontemplativer und (4) barmherziger Blick auf Menschen und Welt hat ebenso wie ein neuer, verzauberter Umgang mit Sexualität (5) die Kraft, unseren Lebensstil tiefgreifend zu transformieren. Indem wir (6) das Leben feiern und (7) darin die Nähe eines guten Gottes erfahrbar machen, verkörpern wir etwas von Eden und treiben eine neue Renaissance voran. Es ist höchste Zeit dafür!

TEIL 4:

EDEN CULTURE

Dieses Buch begann mit der Frage, ob wir etwas verloren haben.

Wenn ich den großen, alten Garten mit unserem kleinen Reihenhaus in der Stadt vergleiche, beschleicht mich manchmal dieses Gefühl. Und doch weiß ich, dass es gut ist, dass ich jetzt woanders wohne; dass ich damals gute Gründe hatte, wegzuziehen; dass dadurch so viel Neues und Gutes in mein Leben gekommen ist: zum Beispiel meine vier Kinder, die jetzt die Stadt ihr Zuhause nennen, und unsere vielen Freunde in der Umgebung. Und trotzdem verbindet mich das Heimkommen in den alten Garten mit meinem Ursprung, mit meiner Kindheit, mit der Person, die ich früher war – damals, als ich noch keinen Beruf, keinen randvollen Outlookkalender und kein Auto hatte, sondern einfach nur ein Junge war, der im Sommer Baumhäuser baute. Ich bin älter geworden, doch der Garten ist noch immer umfriedet von Thujahecken. Der Geruch ihrer trockenen Zweige und der Geruch des frisch gemähten Rasens im August haben sich nicht verändert. Mein Puls wird ruhiger, sobald ich durch das Tor gehe und der Rosenquarz der langen Auffahrt unter meinen Füßen knirscht.

Die Menschheit liebt die alten Erzählungen von ihrem Ursprung in einem Garten. Sie erinnern uns an das, wo wir herkommen und was uns ausmacht.

In den drei Teilen dieses Buches ging es um Verbundenheit, Sinn und Schönheit – um die Nährstoffe, die den Garten des Menschlichen vital halten.

Ich habe ausführlich beschrieben, was sie kennzeichnet, wodurch wir in Gefahr sind, sie zu verlieren, und warum wir nicht leben können ohne sie. Wenn man alle drei Geheimnisse noch einmal nebeneinanderlegt, könnte man sie auf diesen einen Nenner bringen: Es geht um ein Heimkommen. So wie ich in unserem alten Garten, mit dem ich mich verbunden fühle, wo alles seinen Platz und seine Bedeutung hat und dessen unperfekte Schönheit mich berührt. Wo immer wir Verbundenheit spüren und von Sinn und Schönheit umgeben sind, sagt unser Inneres spontan: »Für so einen Ort bin ich gemacht, hier fühle ich mich zu Hause!«

Hier begegnen wir den vielen Gesichtern aus den vorherigen Kapiteln wieder. Das ist der Ort, den Etty Hillesum entdeckt hat, sodass sie sich seither überall daheim fühlte. Die kleine Lina und ihre Mama Clara spüren genau dieses Heimkommen in den zarten Stunden, wo nichts zählt als nur sie beide. Für Viktor Frankl und Alexander Solschenizyn öffnete sich sogar in den dunkelsten Baracken des Elends etwas, das inneren Halt gab. Eliane empfindet zum ersten Mal so etwas wie Heimkommen, als sie im Kerzenschein bei René und Marta zu Tisch sitzt. Was ist das für ein Ort, nach dem wir uns sehnen und den die drei Geheimnisse vermitteln? Für ihn gibt es ein geheimnisvolles Wort: das Sein.

Was man »Sein« nennt

Vermutlich ahnen Sie es schon: Es wird noch einmal ein bisschen philosophisch. Aber zugleich vertraut. Denn das am meisten Vertraute wird oft am leichtesten übersehen.

In seinem 1927 erschienenen Buch *Sein und Zeit* wirft der deutsche Philosoph Martin Heidegger (1889–1976) der gesamten Philosophiegeschichte seit den alten Griechen *Seinsvergessenheit* vor. Immer werde nämlich nur vom Seienden gesprochen, nie vom Sein selbst. Was wie ein verstiegenes Wortspiel klingt, ist für die Philosophie eine elementare Unterscheidung. Das Seiende umfasst alle Dinge und Personen, die existieren. Steine, Menschen, Galaxien, Worte, Zahlen und die Stadt Berlin: All diese Dinge unterscheiden sich in ihren Eigenschaften. Doch was sie alle gemein haben, ist, dass sie sind.

Etwas an diesem Sein fasziniert Philosophen seit jeher. Es könnte all das theoretisch auch nicht geben. »Warum gibt es überhaupt etwas und nicht vielmehr nichts?«, fragte schon Gottfried Wilhelm Leibniz (1646–1716). Noch allgemeiner könnte man sogar fragen:

Was bedeutet es eigentlich, zu sagen, dass es »etwas gibt«? Was ist das: »sein«?

Wer über diese Frage nachdenkt, dem kann es leicht schwindelig werden. Wie soll man über etwas so Grundsätzliches sprechen? Jeder mögliche Satz über das Sein setzt ja schon ein Vorwissen über das Sein voraus. Würde man zum Beispiel sagen: »Das Sein ist ein Zufall«, verwendet man in eben diesem Satz bereits das Wort »ist«, die 3. Person Singular des Verbs »sein«. Es ist, als rüttle man an dem Boden, auf dem man immer schon steht.

Es ist nicht verwunderlich, dass die Frage nach dem Sein von vielen Philosophen gemieden wird. In der heute vorherrschenden *analytischen Philosophie* geht man davon aus, dass unser Denken notwendigerweise sprachlich ist. Philosophische Probleme können also nur gelöst werden, wenn erst einmal die Verwendung der Sprache geklärt ist. Von vielen Denkern dieser Schule wird die Frage nach dem Sein als rein sprachliches Scheinproblem angesehen. Nach dieser Auffassung funktioniert das Wort »ist« (als sogenannte *Kopula*) genauso wie das mathematische Zeichen »=«. »Sein« hat also keine eigene Bedeutung, so wie das Zeichen »=« auch nichts Eigenes bedeutet. Über diese Verwendung des Wortes hinauszufragen, bedeutet in dieser Theorie, etwas Sinnloses zu sagen.[420]

Ist das Problem damit tatsächlich schon gelöst? Das Staunen ist der Anfang der Philosophie, hatte Aristoteles gesagt. Zum Staunen gehört auch die Frage von Leibniz. Natürlich kann mit gutem Recht bestritten werden, dass sich über etwas so Allgemeines wie das »Sein« überhaupt etwas Sinnvolles aussagen lässt. Immerhin haben wir alles, was wir wissen, ja aus der Beobachtung der seienden Dinge. Wie kann also »hinter« das Seiende zurückgefragt werden?[421] Und doch: Menschen können darüber staunen, dass es überhaupt etwas gibt. Nicht wie die Welt ist, sondern *dass* sie ist, sei das Mystische, schrieb der Ahnherr der analytischen Philosophie, Ludwig Wittgenstein.[422] In dieser Welt finden wir uns aber immer schon vor. Lange bevor wir nach dem Sein fragen, sind wir schon dort. Es handelt sich also um etwas, was wir nicht in der Hand haben und deshalb durch Nachdenken allein nie ganz einholen können.

Zwei Lebensmodelle

Etwas leichter zu verstehen wird das Thema, wenn wir es auf den Menschen anwenden. Was macht das Sein eines Menschen aus? Nun, man könnte sagen: das, was übrig bleibt, wenn man sich den Rest wegdenkt. Was jemand besitzt und tut oder was andere über ihn sagen – all das ist zwar Teil seines Lebens, macht aber nicht sein Sein aus.

Erich Fromm unterscheidet zwischen Sein und Haben als zwei gegensätzlichen Lebensmodellen. In der Existenzweise des Habens definiert sich der Mensch durch das, was er hat oder weiß. In der Existenzweise des Seins dagegen geht es um seine eigentliche Identität. Diese lässt sich jedoch nicht in Worten ausdrücken, sondern kann nur erlebt werden. »Worte weisen auf Erleben hin, sie sind nicht mit diesem identisch.«[423] Das Erleben aber findet immer in der Gegenwart statt. Wer Geld anspart, tut das für die Zukunft. Wer schuftet, um eine bessere berufliche Position zu erreichen, tut das ebenso für später. Beim Sein ist es ganz anders: »Die Existenzweise des Seins gibt es nur im *hic et nunc*, dem ›Hier und Jetzt‹, die Existenzweise des Habens gibt es hingegen nur innerhalb der Zeit, in Vergangenheit, Gegenwart oder Zukunft.«[424]

Je weniger ein Mensch weiß, wer er ist, desto mehr Dinge braucht er, so Fromm. Tatsächlich gibt es auch hier wieder eine eindeutige Parallele zu den drei Geheimnissen Verbundenheit, Sinn und Schönheit. Je weniger ein Mensch sich verbunden fühlt, desto mehr wird er konsumieren müssen. Spürt er dagegen Sinn und Schönheit, gewinnt das, was er hat, an Wert, ohne dass man unbedingt immer mehr davon bräuchte. Das liegt daran, dass Menschen zutiefst für das Sein gemacht sind. Nur über etwas zu reden genügt nicht. Erst wenn wir in Verbundenheit *sind*, unser Leben wirklich sinnerfüllt *ist* und wir im Schönen von der Tatsache ergriffen werden, dass es gut *ist*, dass es die Welt gibt, fühlen wir uns beheimatet im Sein.

Die Liebe kennt das Sein

Das klingt abstrakt. Am meisten leuchtet es aber ein, wenn man gerade verliebt ist. Der andere Mensch ist wie mit Schönheit übergossen. Nicht was er oder sie hat, weiß oder tut – sondern einfach wer die Person ist, ist Gegenstand höchster Entzückung.

Im Umkehrschluss verhält es sich ebenso: Wenn ein anderer Mensch mich liebt, dann spüre ich, dass ich in meinem Sein gemeint bin, nicht nur in dem, was ich leiste. Wer schon einmal wirklich verliebt war, macht die erstaunliche Erfahrung, dass das Licht, das auf die geliebte Person fällt, nicht auf sie begrenzt ist. Auf einmal leuchten alle Farben heller, auf einmal strahlt die Welt wie an einem Ostermorgen.

Niemand, der diese Erfahrung macht, kann sie als Nebensache abtun. Selbst alle Erklärungen, dass es sich ja nur um eine Hormonreaktion handelt, bleiben fruchtlos. Wer liebt und geliebt wird, spürt, dass es dabei um die Mitte von allem geht. Es ist unmöglich, eine tiefe Sinnkrise zu haben, wenn man gerade frisch verliebt ist. Denn die Liebe zu der einen Person spannt den Himmel über das ganze Sein aus. Wer liebt, muss zustimmen, dass es gut ist, dass es »etwas gibt und nicht vielmehr nichts«, dass das Sein selbst gut ist.

Aus christlicher Sicht steht dieser Blick des Wohlgefallens ganz am Anfang der Geschichte der Welt. Im ersten Schöpfungsbericht sah sich Gott alles an, was er gemacht hatte, und es war sehr gut. Das Sein als Geschenk, als gute Gabe eines großzügigen Gottes, der alles in Fülle erschaffen hat und nichts als gute Absichten hegt. Es gibt Momente im Leben vielleicht jedes Menschen, wo sich das Leben so anfühlt. Oder zumindest eine Ahnung davon. Doch dabei bleibt es leider nicht.

Auch wenn wir selbst nie in Eden waren, hat jeder von uns seine ganz persönliche Geschichte vom Auszug aus dem Paradies, vom Zerbrechen des Urvertrauens. Irgendwann kam auch in unser Leben die Stimme der Schlange mit dem bohrenden Zweifel, ob man es wirklich gut mit uns meint, ob das nicht alles zu schön klingt, um wahr zu sein, ob das in echt nicht alles ein abgekartetes Spiel ist, in dem ich selbst zu kurz komme. Und der schleichende Verdacht, dass es doch nicht genug gibt für mich, dass ich nicht wirklich … *sein darf.*

Eine nur allzu bekannte Party

Ein Glas Sekt? Ja, danke. Claas blickt sich um. Die meisten hier kennt er nicht. Er ist ja auch noch neu in der Firma. Nur diese braunhaarige Frau aus der Marketingabteilung kommt ihm bekannt vor. Heißt sie Sarah? Ein flüchtiges Winken quer durch die Lounge. Lässig schreitet er durch die Menge zum Buffet. In seinem schmal geschnittenen, dunkelblauen Anzug sieht Claas so souverän aus, wie ein junger Ingenieur nur aussehen kann. Doch in seinem Inneren ist es anders. Nichts hasst er so sehr wie Smalltalk.

Alle hier scheinen sich schon zu kennen. Er isst ein zweites Lachsbrötchen und hält sich an seinem Sektglas fest. Da steht Englin, der Abteilungsleiter, mit einigen älteren Herren. Durch die großen Fenster scheinen die Lichter der Stadt. Davor ein Kreis jüngerer Kolleginnen, auch Sarah plaudert dort und dieser Typ, der neulich neben ihm am Kaffeeautomat stand. Sie wirken fröhlich und nicken leicht zu den Beats im Hintergrund. Alle stehen in Gruppen, nur er steht allein am Buffet. Erst mal eine rauchen. Auf dem Weg zum Balkon kommt Claas an einem großen Spiegel vorbei. Stimmt irgendwas mit meinem Aussehen nicht? Passe ich überhaupt hierher? Was für eine ätzende Party. Vielleicht hilft ein weiteres Glas Sekt?

Das, was Claas sich eigentlich zutiefst wünscht, ist, dazuzugehören. Warum geht er dann nicht einfach zu Sarah und den anderen und stellt sich dazu? Oder wäre das aufdringlich? Wenn er einfach nur ehrlich wäre, würde er zu Englin gehen und sagen: Ich würde gerne von Ihnen gesehen werden. Zu Sarah und dem Kreis am Fenster würde er sagen: Darf ich bei euch dabei sein? Ich wäre gerne nicht allein. Was hindert ihn, das zu sagen?

Interessant ist, dass Claas nicht der Einzige im Raum ist, der so empfindet. Frau Gertrud Englin begleitet ihren Gatten nur, weil sie nicht allein zu Hause sitzen will. Sie trägt ihr teures Escada-Kleid und die Perlenkette. Ein kleiner Rest an Würde, so denkt sie sich, mit dem ihre faltige Haut inmitten all dieser bildhübschen jungen Frauen sich notdürftig überhängt. Wahrscheinlich denkt sich jeder, was diese alte Schachtel denn hier wolle. Doch all das lässt Frau Englin sich nicht anmerken, wenn sie da neben ihrem Mann steht und hier und da ein paar Bemerkungen über Nebensächliches fallen lässt. Ihr Blick schweift durch den Raum und bleibt voller Neid an Sarah hängen. Ja, so eine Figur hatte sie auch mal. Und so ein schönes Gesicht!

Sarah selbst findet sich aber eigentlich nicht besonders schön. Verstohlen blickt sie an den anderen vorbei in den großen Wandspiegel. Hoffentlich sieht man nicht, wie sehr sie schwitzt. Sie hat dieses neue Deodorant. Angeblich hinterlässt das keine weiße Spuren auf ihrem schwarzen Cocktailkleid. Sie hasst dieses Schwitzen. Wenn sie einfach nur ehrlich wäre und keine Angst hätte, würde sie ihre Kollegen fragen, ob sie unangenehm riecht. Denn nichts fürchtet sie so sehr. Wer stinkt, wird abgelehnt. Doch Sarah möchte so gerne dazugehören, jetzt, wo ihre lange Beziehung mit Karim zerbrochen ist. Eigentlich bräuchte sie jemanden, der sie in den Arm nimmt, jemanden, der ihr sagt, dass alles gut ist. Stattdessen bestellt sie einen veganen Softdrink und erzählt die Geschichte von diesem verrückten Start-up-Unternehmen aus Stockholm, mit dem ein paar junge Hobbyprogrammierer ein Vermögen gemacht haben.

Der große Turm

Kommt ihnen diese Party bekannt vor? Eigentlich ist dieser Raum voller Menschen, die einfach nur dazugehören wollen. Alt gewordene Kinder, die sich verlaufen haben und sich nicht trauen, nach dem Weg zu fragen.

Die ganze Welt ist eine solche Party – voller Menschen, die tief in sich die Frage nach der Daseinsberechtigung haben: Genüge ich? Darf ich wirklich sein? Die ihre innere Heimat verloren haben und sich deshalb in alles Mögliche andere flüchten.

Als die ersten Menschen in der Bibel aus dem Urvertrauen herausfielen, machten sie sich Feigenblätter, um ihre Scham zu verhüllen. Die Geschichte vom Garten Eden endet mit der Vertreibung aus dem Paradies. Auf einmal Disteln und Dornen anstelle des üppigen Gartens, Missverständnisse und der erste Mord.

Doch der Traum von einem anderen Leben ließ die Adamssöhne und Evatöchter nicht los. Ein Großprojekt sollte diesen Traum verwirklichen. Davon erzählt die Geschichte vom Turmbau zu Babel. Sie beginnt mit dem Zustand, dass alle Menschen die gleiche Sprache hatten. »Als sie von Osten aufbrachen, fanden sie eine Ebene im Land Schinar und ließen sich dort nieder. Sie sprachen zueinander: Auf, wir wollen Ziegel formen und sie brennen! Die Ziegel dienten ihnen als Steine und das Erdpech diente ihnen als Mörtel. Dann sagten sie: Auf, wir wollen uns eine Stadt bauen und einen Turm, dessen Spitze bis zum Himmel reicht! Wir wollen uns einen Namen machen, damit wir uns nicht über die ganze Erde zerstreuen!« (Gen 11,2–4)

Diese kurze Erzählung ist zunächst schon rein historisch interessant. Tatsächlich begannen Menschen etwa um das Jahr 7000 v. Chr. mit dem Bau von Städten. Technologisch war die Herstellung von Ziegeln und Mörtel hier die entscheidende Erfindung. Die ältesten glatt gestrichenen Bauziegel stammen nachweislich aus Mesopotamien, also genau der Gegend, von der das Buch Genesis berichtet. Die Gründung der ersten Großsiedlungen war ein entscheidender Zivilisationssprung der Menschheit, der ganz neue Chancen, aber auch große neue Probleme mit sich brachte.[425]

Die Bibel erzählt nun, dass Gott herabstieg und von der entstehenden Stadt nicht überzeugt war. »Künftig wird für sie nichts mehr unerreichbar sein, was immer sie sich zu tun vornehmen«, (Gen 11,6) sagt er und verwirrt die Sprache der Menschen, sodass sie sich untereinander nicht mehr verstehen. Weshalb zeichnet das Buch Genesis den Turmbau zu Babel in diesem negativen Licht? Wo war das Problem?

Gebaut auf Misstrauen

Die Motivation der Menschen ist zunächst völlig verständlich: Die große Stadt soll dazu dienen, dass die Menschen sich nicht zerstreuen. Es ist die Sehnsucht nach Verbundenheit, die dieses Projekt antreibt.

Auffällig ist jedoch die Skala dieses Unternehmens. Der Turm soll bis in den Himmel reichen. Im Hebräischen steht da *schamajim*, also genau jener Ort, den man im Englischen *heaven* nennt, nicht *sky*, das blaue Gewölbe. Es geht um Prestige: Wir wollen uns einen Namen machen. Geschafft werden soll das durch eine beinahe übermenschliche Anstrengung. Die Erde, aus der nach biblischem Verständnis der Mensch selbst geformt wurde, soll gebrannt und Ziegel an Ziegel geklebt werden. Nur diese Leistung kann verhindern, dass die Menschen sich zerstreuen und einander verlieren.

Das Misstrauen und die Angst sind unübersehbar, die die Grundmotivation für das Bauprojekt darstellen. Bezeichnend sind bereits die ersten Worte des Abschnitts: Die Menschen waren vom Osten aufgebrochen. Osten ist der Ort, an dem Gott den Garten Eden gepflanzt hatte (Gen 2,8). Das hebräische Wort bedeutet auch: Anfang, Ursprung. Denn dort geht nicht nur die Sonne auf, auch die menschliche Geschichte hatte nach biblischer Lesart dort ihren Ursprung.

Der Mensch, der sich von seinem Ursprung entfernt hat, versucht durch Leistung und Prestige Zugehörigkeit zu finden. So ließe sich der Turmbau zu Babel deuten. Er klingt dann erstaunlich modern. Ist das nicht tatsächlich die Geschichte der Menschheit, die Eden verloren hat? Doch warum lässt Gott das Vorhaben scheitern? Ist er der narzisstische Tyrann, der einfach nicht duldet, dass Menschen sich entwickeln und ambitionierte Ziele verfolgen? Hatte Gott Adam und Eva nicht selbst gesagt, sie sollten über die Erde herrschen und sie kultivieren? Interessant ist, dass durch die Sprachverwirrung und die Zerstreuung der Menschen über die Erde viel Gutes geschieht. Die Menschen gründen jetzt an vielen Orten ihre Siedlungen und bevölkern die ganze Erde. Auch die Vielfalt der Kulturen und Sprachen entsteht erst nach Gottes Eingreifen in den Turmbau.[426]

Berühmt und allgegenwärtig: Der Zeitgeist

In langen Wellen fällt ihr braunes Haar über die Schultern. Ihre Stimme hat etwas Einladendes, ihr Blick strahlt jenen Optimismus aus, von der sie spricht. Kirstine Fratz ist Zukunftsforscherin und berät Größen wie *Gucci*, *Facebook*, *Beiersdorf*, *Google* oder *Dolce & Gabbana*. Ihr besonderes Interesse gilt dem »Zeitgeist«.

Warum finden wir heute grüne Bio-Smoothies modern? Bestimmt nicht, weil wir einfach so gerne pürierten Spinat trinken. Hinter dem trendigen Getränk steht eine ganze Welt aus Bildern von schlanken Frauen, die auf dem Weg zum Crossfit-Training sind, die ihr Leben in der Hand haben und deren Haut jung bleibt – und die dabei ganz nebenher auch noch den Planeten retten. Der Zeitgeist ist allgegenwärtig. »Er bestimmt unsere Vorstellungen von einem erfolgreichen Leben und gibt uns Orientierung, was wir dafür tun müssen. Er liefert uns zuverlässig und immer aufs Neue Stichworte, die uns erklären, was ein gelungenes Leben gerade ausmacht«, so Kirstine Fratz in ihrem *Buch vom Zeitgeist*[427].

In ihrer eigenen Forschung hat Fratz Menschen intensiv begleitet, die sie als »Zeitgeistgewinner« bezeichnet: Besitzer einer Model-Agentur, Millionenerben und den Erfinder eines weltumspannenden Gastronomie-Konzepts. Alles Menschen, die mit Macht, Geld, Erfolg und Schönheit beschenkt waren. Sie begleitete sie nach Ibiza, Paris, New York und Marrakesch, auf exklusive Partys und luxuriöse Events. Ihr ernüchtertes Fazit: Obwohl diese Menschen alles hatten, fehlte ihnen doch das eine, wonach sie sich am meisten sehnten. Je mehr sie reisten, je mehr sie konsumierten und je erfolgreicher sie wurden, desto leerer wurden sie. »Sie betäubten sich mit Rotwein und Valium, und man konnte zusehen, wie das Menschliche aus ihren Gesichtern wich und etwas Tierisches, teilweise vollkommen Entfesseltes, zum Vorschein kam.«[428]

Der Zeitgeist hatte sie betrogen. Denn er ist nur das Versprechen eines heilen Lebens. Er entspringt der Sehnsucht der Menschen nach Ganzheit. Deshalb treibt er uns voran, immer wieder Neues zu wagen. Doch das ersehnte Heimkommen kann er nicht schenken.

Das Interessante an dieser Konzeption von Zeitgeist ist, dass sie keinen naiven Fortschrittsoptimismus predigt. Genauso vermeidet sie aber das Mutlose »Früher-war-alles-besser« der Reaktionären. Auch sie sind, ob sie es wollen oder nicht, Kinder desselben Zeitgeistes. Kirstine Fratz sieht daher die Kunst der Zeitgeistforschung darin, »in den weltlichen Erscheinungen aller Art die tiefere Sehnsucht nach dem wahrzunehmen, was lange vergessen war und wieder integriert werden möchte«, denn wo immer etwas entstehe, gebe es auch etwas zu verstehen.

Während wir im Blick auf unser eigenes Leben oder das geliebter Menschen großzügig davon ausgehen, dass Entwicklungen zum Besseren möglich sind, neigen wir bei der Zeitgeistanalyse schnell zum Pessimismus. Es ist grundsätzlich einfacher, das Gute an der Vergangenheit zu sehen als an der Zukunft. Denn Ersteres ist uns bekannt, Letzteres nicht. Der Blick zurück kann ein wertvolles Analyseinstrument sein, um neuen Entwicklungen gegenüber nicht blauäugig und unkritisch hörig zu werden. Die Frage nach der zugrunde liegenden Sehnsucht erlaubt aber einen grundsätzlich wohlwollenden Blick, den Fratz »Entwicklungsgroßzügigkeit« nennt. Auch dort, wo zeitgeistgelenkte Entwicklungen sich verirren, beginnt meist parallel schon ein Gegentrend: »Bei der gängigen Schelte der ›schlechten Welt‹ wird fast immer außer Acht gelassen, dass ein nächster Zeitgeist-Impuls in Richtung Heilung und Ganzheit bereits im Entstehen ist.«[429] Das ist auch das Problem an all den dystopischen Zukunftsszenarien wie in *DARK*, *Black Mirror* und *Biohackers*. Sie sind rein lineare Projektionen, die nicht um die Ecke denken können. Tatsächlich verläuft die Geschichte nie nur in eine Richtung. Während die Menschheit an KI und Robotern forscht, wächst parallel die Sehnsucht nach einer Zukunft, die menschlich bleibt. Letztlich gäbe es besagte Serien auch nicht, wenn Menschen nicht an die Möglichkeit glaubten, dass es anders kommen kann. Unsere Sehnsucht ist wie ein Sinnesorgan für die Zukunft.

Die Welt wird neu

Während Tiere und Pflanzen weitgehend durch DNA und Umweltfaktoren vorherbestimmt sind, gibt es etwas im Menschen, das genuin Neues hervorbringen kann: den Geist. Auf geheimnisvolle Weise ist er etwas, bei dem der Mensch aktiv und passiv zugleich ist. Davon zeugt schon unsere Sprache. Menschen schaffen zum Beispiel eine neue Technologie, doch die Idee dazu war wie ein Geistesblitz. Wir sprechen von einem Ein-fall, einer Intuition, einer Ein-gebung oder Inspiration (Einhauchen von Geist) und betonen dadurch, dass es im kreativen Prozess nicht nur um ein Machen, sondern auch um ein Empfangen geht.[430]

Während die Menschheit sich immer wieder in aberwitzigen Projekten wie dem Turmbau zu Babel verirrt, schafft der Geist im Verborgenen bereits Neues. Die Theologie nennt diesen Vorgang *Heils-*

geschichte und die gute Kraft, die dem Leben dient, *Heiliger Geist.* In der Bibel schwebte er schon am Anfang über dem Chaos. Direkt nach dem gescheiterten Turmbau geschieht Neues. Ein Mann fühlt sich berufen, ein neues Land zu entdecken. Abram ist sein Name, und die vielen über die Erde zerstreuten Völker sollen in ihm gesegnet sein. Einzige Vorbedingung: dass er vertraut. Abram bekommt den neuen Namen »Abraham« und wird zum Stammvater eines neuen Volkes, in dem eine lebensförderliche Kultur herrschen soll, die sich radikal von den Gebräuchen anderer Nationen unterscheidet. Ihr Fundament ist seit Abraham einfach das Vertrauen.

Wo Menschen sich auf diesen guten Geist einlassen, entsteht etwas Neues. Auf einmal wird sogar möglich, was seit Babel undenkbar war. Das Neue Testament erzählt von einem kollektiven Geist-Ereignis. An Pfingsten beginnen auf einmal Menschen ganz unterschiedlicher Sprachen einander zu verstehen: Verständigung und Verbundenheit anstelle sinnlosen Aneinander-Vorbeiredens. Was der größenwahnsinnige Turmbau nach oben nicht vermochte, das ereignet sich jetzt als Geschenk von oben.

Das Herz des Problems

Was bringt Verbundenheit, Sinn und Schönheit hervor? Wie kann die Welt so gestaltet werden, dass sie menschlich bleibt? Alle in diesem Buch vorgestellten Ideen der Philosophie- und Kunstgeschichte, alle technischen Innovationen, kulturellen Entwicklungen und Ideologien entspringen der Sehnsucht nach einer besseren Welt. Sie alle versuchen die Frage zu beantworten, wie wir eigentlich leben wollen. Doch es sind alles Lösungen, die äußerlich bleiben. Wie der babylonische Turm versuchen sie durch Leistung, hehre Ziele und kollektive Anstrengung ein Problem zu lösen, das viel tiefer liegt. Was damals in Eden zerbrochen ist, betrifft den innersten Punkt des Menschen. Kein politisches System kann es heilen.

Das Herz des Problems ist das Problem des Herzens. Deshalb muss die Lösung auch genau da ansetzen. Doch wie sieht sie aus?

Hier haben die Religionen der Welt unterschiedliche Antworten. In der Psychologie hat sich seit Sigmund Freud die Erkenntnis durchgesetzt, dass seelische Leiden langfristig nur gelöst werden können, wenn man ihren Ursprung thematisiert. Erst wenn der tiefer liegende Konflikt ans Licht kommt, verschwindet auch das Symptom.

Die christliche Theorie über die Umgestaltung der Welt funktioniert so ähnlich. Danach ist das Grundproblem des Menschen, dass er sich zwar nach Verbundenheit, Sinn und Schönheit sehnt, sich aber in einem Akt des Misstrauens von der Quelle all dessen abgeschnitten hat. Aus dieser tiefen Spaltung heraus hat er ein Lebenskonzept entwickelt, das immer wieder neue Spaltung, neue Sinnlosigkeit und die Zerstörung des Schönen hervorbringt.

Egal welche Insel menschliche Eroberer besiedelten, sie brachten dorthin auch unsere Viren und Krankheitserreger mit. Ebenso importieren wir unser von Misstrauen entstelltes Lebenskonzept in jedes neue Utopia, das Menschen je erbauen werden. Die verhängnisvolle Macht dieses Lebenskonzepts nennt die Bibel Sünde. Und überall bringt es das hervor, was das menschliche Ökosystem verpestet: Trennung, Lüge und Hässliches. Wenn ein Ökosystem jedoch kippt, wird es toxisch. Tödlich.

Eine zweite Kindheit

Es ist nie zu spät, eine glückliche Kindheit zu haben, lautet der Titel eines Bestsellers des finnischen Psychiaters Ben Furman. Tatsächlich zeigt der Erfolg verschiedener psychotherapeutischer Methoden, dass etwas heil werden kann, was in der Kindheit verletzt wurde. Wir spüren intuitiv, dass das innere Heimkommen, nach dem wir uns sehnen, etwas mit der Kindheit zu tun hat. Kinder wissen noch, dass man nicht alles mit dem Kopf allein lösen kann. Kinder müssen sich noch nicht durch Leistung, Besitz oder Wissen definieren. Kinder leben noch im Sein.

Die Begegnung mit dem Philosophen Ferdinand Ulrich gehört für mich zu den prägendsten meines Lebens. Er war schon sehr alt, als wir uns zu einem langen Gespräch trafen, und im Jahr 2020 ist er schließlich gestorben. Seine ruhigen, gütigen Augen kann ich nicht vergessen, obwohl wir uns nur einmal trafen. Sie erinnerten mich an Kinderaugen.

Wie dasjenige Martin Heideggers versucht auch das Denken Ulrichs, dem Sein nachzuspüren. Dabei kommt er aber zu ganz anderen Ergebnissen. Alles Sein ist Liebe, so lässt sich seine Philosophie zusammenfassen. Damit ist nicht gemeint, dass alles gut ist, sondern, dass das Sein vor aller Leistung und Bewertung schon längst ein Geschenk reiner Großzügigkeit ist, das niemand sich verdient hat.[431] Dabei kommt der Kindheit im Denken Ulrichs ein zentraler Stellenwert zu. Nur wer Ja sagt zu seiner eigenen Kindheit, bekommt Zugang zu seinem Sein. Denn im Kind leuchtet auf, was für das Sein allgemein gilt. Ein Kind spielt, tanzt und lacht ohne Grund. Es hat nichts gemacht, um sich seine Daseinsberechtigung zu verdienen. Es entspringt der Liebe zwischen einem Mann und einer Frau, es ist ein Geschenk.[432]

Für jeden Menschen, der sich therapeutisch mit der eigenen Kindheit befasst, ist die Auseinandersetzung mit den Eltern unausweichlich. Ob und wie sie geliebt haben, das bestimmt zutiefst, ob ein Mensch später vertrauen kann und eine Daseinsberechtigung spürt. Weil niemand perfekte Eltern hatte, kennt jeder Mensch in sich auch emotionalen Mangel. Das trifft auf Großeltern, Urgroßeltern und alle Generationen zu seit … seit jenem geheimnisvollen Anfang der Menschheit, von der die Geschichte vom Garten Eden erzählt.

Aus den Kindheitswunden wachsen Misstrauen, ungesunde Lebensmuster und immer mehr Spaltung. Das Gleiche trifft auf die ganze Menschheit zu.

Wie ihre Kindheitsverletzungen heil werden können, dafür entwirft die Bibel ein anrührendes und zugleich rätselhaftes Bild. Es hat damit zu tun, dass der Schöpfer selbst ein Kind wurde, um der Menschheit eine zweite Kindheit zu ermöglichen. Die Botschaft des Jesus von Nazaret unterschied sich radikal von den Philosophien und Religionen seiner Zeit. Er sprach von einem möglichen Heimkommen; davon, dass der Schöpfer des Universums ein Vater ist, ein liebevollerer Ursprung, als es die perfektesten Eltern je sein könnten. Doch um zu ihm zurückzukommen, sollten die Menschen radikal ihre alten Wege verlassen. Eine Kapitulation sei nötig, ein Sterben und eine Wiedergeburt.

Wer Verbundenheit, Sinn und Schönheit predigt in einer Welt der Spaltung, der Lüge und der Scham, der erntet nicht nur Applaus. Wie Sokrates vor ihm wurde Jesus zum Tode verurteilt. Doch im Unterschied zu Sokrates ist er nach christlicher Auffassung nicht im Grab geblieben. Durch seinen Tod und seine Auferstehung ist etwas neu geworden. Tatsächlich ist alles neu geworden.

The great reset

Wie genau das funktionieren soll, darüber haben Theologen kühne Theorien aufgestellt. Als Bild hilft vielleicht die heroische Tat russischer Feuerwehrmänner, die nach dem schrecklichen Atomunglück von Tschernobyl in den kontaminierten Reaktor stiegen. Sie starben innerhalb kurzer Zeit an der tödlichen Strahlung. Denn wenn ein Ökosystem kippt, wird es toxisch. Hätten sie ihr Leben nicht gegeben, wäre es zu einer noch viel größeren Katastrophe gekommen. Weil sie direkt am Ort der tiefsten Kontamination starben, konnten viele Menschen gerettet werden.

So ähnlich stellt sich das Neue Testament das vor, was durch das Sterben und Auferstehen Jesu passiert ist.

Wenn in einer Therapie die eigentliche Wunde thematisiert wurde, kann das Gift des Misstrauens seine Kraft verlieren. Das geht nicht ohne Anerkennung des eigenen Anteils an der Misere. Wie Solschenizyn erkannt hat, verläuft der schmale Grat zwischen Gut und

Böse durch das Herz jedes Menschen. Durch die Übernahme von Verantwortung dafür wird ein Mensch wieder fähig zur Verbundenheit mit sich selbst und anderen.

Der Weg ist wieder frei. So ähnlich klingt es bei Jesus, wenn er von einer neuen Geburt spricht; davon, wieder wie ein Kind zu werden, wieder in Kontakt zu kommen mit dem Vater, bei dem wir einfach sein dürfen.

Besser als Eden

In einem Lebenslauf stehen nur die äußeren Daten: Schule, Ausbildung, Beruf. Viel entscheidender aber ist die innere Entwicklung eines Menschen, die für die Augen unsichtbar ist. Sollte ich meine eigene in den letzten Jahrzehnten in Worte fassen, so würde ich dieses Bild wählen: ein langsamer Weg nach Hause. Mit Rückschritten und Umwegen, doch einem klaren Ziel. Das Näherkommen spüren oft die anderen besser. So wie mein Sohn Samuel, der sagte, er finde, irgendwie sei ich ruhiger geworden, so, als hätte ich früher eine Last auf den Schultern getragen, doch jetzt nicht mehr.

Das war nach einem viermonatigen Sabbatical. Erst hatte ich befürchtet, ich würde die vielen Auftritte, die großen Bühnen und die Präsenz in den sozialen Netzwerken vermissen. Am Ende der Monate spürte ich, dass ich all das nicht brauche. In langen Spaziergängen durch die Wälder wuchs immer tiefer die einfache Wahrheit in mir, dass ich sein darf. Oder so wie damals vor ein paar Jahren, als meine Tochter Anna mir sagte, früher sei da irgendwie eine Mauer zwischen ihr und mir gewesen – und nun sei die Mauer weg. Diese Worte gehören zu den kostbarsten, die je ein Mensch zu mir gesagt hat.

Heimkommen. Doch nicht in einen nostalgischen Rückzugsort, das gerade nicht. Denn es gibt etwas Besseres als Eden. Der Weg der Geschichte verläuft nicht rückwärts. Der Geist ist mit denen, die das

Neue hervorbringen helfen. Und es nimmt in jedem Moment weiter Gestalt an. Während die Menschen immer wieder neue und spektakulärere Versionen des Turms von Babel ersinnen werden, entsteht parallel dazu auch etwas anderes.

Jesus hatte vom Haus seines Vaters gesprochen, das viele Wohnungen hat (Joh 14,2). Am Ende der Bibel steht etwas Besseres als das alte Paradies. Eine Stadt, in der Bäume des Lebens stehen und kristallklares Wasser fließt. Stadt und Garten zugleich. Eden 2.0, sozusagen. Diese Stadt wird nicht durch menschliches Schuften errichtet, sondern kommt vom Himmel her, wie ein Geschenk. In unserer Welt sind es indes wir, die angefragt sind. Wir sind es, die einer Ökologie des Herzens den Weg bereiten müssen. Müssen – und können. Denn Menschen, die vom Geist des Lebens beseelt sind, bereiten dieser Gartenstadt den Weg. Sie prägen die Kultur durch Verbundenheit, Sinn und Schönheit. Von dort fließen belebende Ströme in das gefährdete menschliche Ökosystem. Diese Kultur fühlt sich zutiefst vertraut an, weil sie so ist, wie wir eigentlich leben wollen. Sie entstammt dem Ort, wo wir herkommen, und der Stadt, die auf uns wartet. Bei einer rauschenden Party mit einigen meiner kreativsten Freunde fiel uns ihr Name ein: Eden Culture.

Am 12. November 2052 findet sich Jonas vor einer schweren Holztür wieder. Durch einen geöffneten Spalt strömt warmes Licht nach draußen. Drinnen fröhliche Gesichter, Musik und Tanz. Etty Hillesum ist da, auch Alfred Delp und viele, die er gar nicht kennt. Weshalb fühlt es sich trotzdem wie Heimkommen an? Wo sind nur all die ausgebrannten Autos hin, die Männer in Militärkleidung und die radioaktiv verseuchte Zone? Hat er all das nur geträumt? Auf einmal ruft ihn jemand beim Namen. Die Tür geht weit auf.

Diese Stimme hört sich eigenartig vertraut an. Er kennt diese Stimme. Als hätte sie ihn beim Namen gerufen, bevor es das Universum gab. »Willkommen in der Zukunft«, sagt die Stimme. Sie klingt, als würde sie singen.

DANK

Ein Buch, das auf so unterschiedliche Forschungsbereiche Bezug nimmt, wäre nicht denkbar ohne die Mithilfe von Experten des jeweiligen Faches. Für den intensiven Austausch zu Fragen des Transhumanismus danke ich Dr. Oliver Duerr, zur Evolution des Menschen Dr. Emmerich Sumser. Prof. Christian Bachmann war bereit, dieses Buch bezüglich der Thematik der Bindungsforschung wissenschaftlich zu begleiten, Friedegard Warkentin und Dr. Jochen von Wahlert aus psychotherapeutischer Sicht. Dr. Alfried Längle schulde ich Dank für seine Beratung für das Kapitel über den Sinn, Anna Philipp und Dr. Theresa Gatarski brachten ihre kunsthistorische Expertise ein. Anregungen zum letzten Kapitel verdanke ich Kirstine Fratz, sowie dem jahrelangen Dialog mit Dr. Stefan Oster und seinem verehrten Lehrer Prof. Ferdinand Ulrich. Das ganze Buch wäre weniger gut lesbar ohne die intensive redaktionelle Hilfe durch Christoph Dittert, der ansonsten eigentlich Abenteuerromane schreibt. Für das großartige visuelle Design danke ich Tom Lupo.

Meinen Freunden von *edenculture.de*: danke, dass wir gemeinsam unterwegs sein dürfen, um Imaginationsräume aufzusprengen und eine neues Morgen spürbar zu machen.

ANMERKUNGEN

Für sämtliche Internetquellen gilt das Abrufdatum 11.8.2021.

1 Vgl. Ovid, Metamorphosen 89-101; https://lateinon.de/uebersetzungen/ovid/metamorphosen/goldenes-zeitalter-89-112/

2 Schwiecker, Sebastian: Entwicklungshilfe bringt doch nichts ..., Effektiv Spenden Org., o. D.: https://www.effektiv-spenden.org/spenden-tipps/entwicklungshilfe-bringt-doch-nichts/ Das bedeutet: Es gibt immer weniger arme Menschen und der Trend setzt sich fort. Gleichzeitig mit dem Rückgang der absoluten Armut hat sich eine »globale Mittelklasse« herausgebildet.»Mittelklasse« bedeutet nach der Definition der Weltbank eine Einkommensgruppe, die über Ländergrenzen hinweg betrachtet zwischen 11 und 110 US-Dollar am Tag verdient (gemessen in Kaufkraftparität von 2011). Nach Berechnungen der amerikanischen Denkfabrik »Brookings Institution« kam es im September 2018 zu einem »Tipping Point«: Eine Hälfte der Menschen gehört zu den »Reichen« oder der »Mittelklasse«, die andere Hälfte gehört zu den »Verletzlichen« oder »Armen«. Nach Prognosen von Brookings wird sich diese Entwicklung – hinaus aus der Armut, hin zur Mittelklasse – weiter fortsetzen: https://www.brookings.edu/blog/future-development/2018/09/27/a-global-tipping-point-half-the-world-is-now-middle-class-or-wealthier/

3 Vgl. Rosling, Hans: Factfulness, Berlin: Ullstein 2019; Ridley, Matt: The rational optimist, New York: HarperCollins 2011; Pinker, Steven: Enlightenment now, London: Penguin 2018

4 Gregg Easterbrook in seinem Buch The Progress Paradox: How Life Gets Better While People Feel Worse (New York: Random House 2003), 163

5 DAK Gesundheit: Arbeitsunfähigkeiten aufgrund psychischer Erkrankungen, Stand 2019, 2: https://www.dak.de/dak/download/folien-2335938.pdf

6 So das RKI in seinem Journal of Health Monitoring 2020 auf S. 13: https://www.rki.de/DE/Content/Gesundheitsmonitoring/JoHM/2020/JoHM_Inhalt_20_03.html

7 Konrath, Sara H. (et al.): Changes in Dispositional Empathy in American College Students Over Time: A Meta-Analysis, in: Personality and Social Psychology Review 15 (2011), 180–198

8 Joe Rogan Experience #1169 mit Elon Musk vom 7.9.2018: https://www.youtube.com/watch?v=ycPr5-27vSI

9 Precht, Richard David: Künstliche Intelligenz und der Sinn des Lebens, München: Goldmann 2020

10 Seine fast durchwegs einseitig negative Sicht ist nicht unwidersprochen geblieben, bietet die KI-Forschung doch auch unbestritten lebensförderliche Anwendungsfelder. So wird etwa im deutschen Max-Planck-Institut für Intelligente Systeme (in Stuttgart und in Tübingen) an Kunststofflinsen für Röntgenmikroskope geforscht, die eine höhere Auflösung erreichen als Lichtmikroskope, weil sie sich adaptiv in Echtzeit an die Lichtumgebung anpassen können: https://www.cicero.de/kultur/richard-david-precht-buch-kuenstliche-intelligenz

11 Die Gier nach Geld sieht auch Precht im Letzten als treibende Kraft hinter der KI-Bewegung. Da würden viele zustimmen. Am radikalsten klingt das bei dem Schweizer Soziologen und ehemaligen UNO-Berichterstatter Jean Ziegler: Allein mit der Überwindung des Kapitalismus könne das Menschliche gerettet werden. (Ziegler, Jean: Was ist so schlimm am Kapitalismus? Antworten auf die Fragen meiner Enkelin, C. Bertelsmann, München 2019) Auch seine

Thesen blieben nicht unwidersprochen (nicht zuletzt wegen seiner Nähe zu kommunistischen Diktatoren), können sozialistische Länder doch gerade historisch auch nicht als Erfolgsmodell bezeichnet werden. Etwas esoterischer klingt das bei dem populären Philosophen Charles Eisenstein. Er wünscht sich eine »Renaissance der Menschheit« und nennt ein anderes Buch gar *Die schönere Welt, die unser Herz kennt, ist möglich*. Doch auch seine Analysen der Probleme der Welt lesen sich überzeugender als die Lösungsvorschläge. Am Ende läuft es auch hier auf Fortschrittsskepsis, Naturromantik und eine Überwindung des Geizes hinaus.

12 Degrowth-Webportal: https://www.degrowth.info/de/degrowth-de

13 Vgl. Habermas, Jürgen: Auch eine Geschichte der Philosophie I, Frankfurt a. M.: Suhrkamp 2019, 174

14 Rosa, Hartmut: Resonanz, Frankfurt a. M.: Suhrkamp 2019, 520

15 Ebd. 19

16 Adorno, Theodor W./Horkheimer, Max: Dialektik der Aufklärung, Frankfurt a. M.: Fischer 1988, 5

17 Im Jahre 1970 wurde das Europäische Naturschutzjahr ausgerufen, es war die erste europaweite Umweltkampagne. Als der *Club of Rome* im Jahre 1972 unter dem Titel *Grenzen des Wachstums* seinen nachmalig berühmten Report zur Zukunft der Menschheit vorlegte, war eine solche Art der Geschichtsbetrachtung noch durchaus neu. Das hat sich radikal verändert. Mittlerweile ist die aus der Umweltbewegung hervorgegangene Partei »Die Grünen« die stärkste Kraft unter jungen Wählern und die Entscheidung zum Ausstieg aus dem Atomstrom schon zehn Jahre alt.

18 Scheer, Ursula: Kinder oder Klima, Frankfurter Allgemeine Zeitung, 2.8.2019: https://www.faz.net/aktuell/feuilleton/medien/prinz-harry-will-der-umwelt-zuliebe-hoechstens-zwei-kinder-haben-16313566.html

19 Extinction Rebellion Deutschland: https://extinctionrebellion.de

20 Schumann, Kathrin: Glück kann man pflanzen, München: Gräfe und Unzer 2020, 9f.

21 Klanten, Robert (Hg.): The New Traditional, Berlin: Beside Media 2020, 250: »We are observing a cultural return to the values of an agricultural system in which all living organisms exist in symbiosis.«

22 SHIFT GmbH: https://www.shiftphones.com/

23 Falk, John H./Balling, John D.: Evolutionary Influence on Human Landscape Preference: https://journals.sagepub.com/doi/abs/10.1177/0013916509341244

24 Oppenheimer, Steven: Out of Eden, London: Robinson 2003, 347: »Clear genetic trees for both modern Y chromosomes and mtDNA point back to a recent common ancestor of all modern humans within the last 200.000 years and a migration out of Africa less than 100.000 years ago.« Die sogenannte »Out-of-Africa-Theorie« ist nicht unumstritten. Dieser Artikel von 2016 bietet einen guten Überblick über die weitergehende Diskussion: López, Saioa/van Dorp, Lucy/Hellenthal, Garrett: Human Dispersal Out of Africa: A Lasting Debate: https://www.ncbi.nlm.nih.gov/pmc/articles/PMC4844272/

25 Schaik, Carel van/Michel, Kai: Das Tagebuch der Menschheit, Reinbek bei Hamburg: Rowohlt 2016

26 Ebd. 487. Ganz ähnlich entdeckt der deutsche Professor für Biologie Aloys P. Hüttermann in den Texten des Alten Testaments erstaunlich präzises Wissen über das menschliche Leben in seinem ursprünglichen biologischen Umfeld. *Am Anfang war die Ökologie* heißt sein Buch über die Bibel, das er zusammen mit seinem Sohn Aloys H. Hüttermann geschrieben hat, der Doktor für bioorganische Chemie ist. (Hüttermann, Aloys P./Hüttermann Aloys H.: Am Anfang war die Ökologie, München: Kunstmann 2002)

27 Fränkel, Hermann: Dichtung und Philosophie des frühen Griechentums, München: C. H. Beck 1993, 542

28 Gehlen, Arnold: Der Mensch, Wiesbaden: Aula 1995, 9

29 So konnte der Bonobo Kanzo nach intensivem Training etwa 3000 gesprochene Wörter verstehen, der Graupapagei Alex nicht weniger als 100 Objekte benennen und Zahlen bis 10 verstehen. Die Sprachfähigkeit des Menschen ist davon aber deutlich verschieden, denn Kinder beginnen spontan und von alleine zu sprechen. Morell, Virginia: Inside Animal Minds, National Geographic Magazine März/April 2008

30 Diese Fähigkeit wird als „shared intentionality" bezeichnet, vgl. Tomasello, Michael/Carpenter, Malinda/Call, Josep/Behne, Tanya/Moll, Henrike: Understanding and sharing intentions: The origins of cultural cognition: https://www.cambridge.org/core/journals/behavioral-and-brain-sciences/article/abs/understanding-and-sharing-intentions-the-origins-of-cultural-cognition/F9C40BF73A68B30B8EB713F2F947F7E2

31 Über Möglichkeiten und Grenzen, die Entstehung von Ethik und Religion mit Hilfe des evolutionären Paradigmas zu erklären: Sumser, Emmerich: Evolution der Ethik, Berlin/Boston: de Gruyter 2016

32 Dazu: Scruton, Roger: On Human Nature, Princeton/Oxford: Oxford University Press 2017, 19

33 Oppenheimer: Out of Eden 122

34 Als Argument führt er auch überlebensgroße symmetrische Steine auf, die keinerlei Funktion hätten, doch von Steinzeitmenschen unter großem Aufwand aufgerichtet wurden. (Dutton, Dennis: A Darwinian Theory of Beauty [TED 2010, Long Beach, CA, 12.2.2010]: https://www.ted.com/talks/denis_dutton_a_darwinian_theory_of_beauty)

35 Oppenheimer 120

36 Eine kontroverse Diskussion hat so zum Beispiel die These ausgelöst, von Darwin zu Hitler verlaufe ein direkter Weg. Dies behauptet: Weikart, Richard: From Darwin to Hitler: Evolutionary Ethics, Eugenics and Racism in Germany, Basingstoke: Palgrave Macmillan 2006

37 So in Jenseits von Gut und Böse 62: »Es giebt bei dem Menschen wie bei jeder anderen Thierart einen Überschuss von Missrathenen, Kranken, Entartenden, Gebrechlichen, nothwendig Leidenden; die gelungenen Fälle sind auch beim Menschen immer die Ausnahme und sogar in Hinsicht darauf, dass der Mensch das *noch nicht festgestellte Thier* ist, die spärliche Ausnahme.« (Nietzsche, Friedrich : Sämtliche Werke. Kritische Studienausgabe in 15 Bänden, hg. von Giorgio Colli und Mazzino Montinari, München/Berlin/New York: dtv/de Gruyter 1980, Bd. 5 (=KSA V), 81)

38 Darwins Einfluss auf Nietzsche und dessen Verhältnis zu ihm ist durchaus kompliziert. Erhellend dazu: Choung, Dong-Ho: Nietzsches Auseinandersetzung mit dem Darwinistischen Evolutionismus in seinem Bemühen um die Gewinnung eines neuen Menschenbildes (Diss.), Freiburg i. Br. 1980: https://www.freidok.uni-freiburg.de/fedora/objects/freidok:1212/datastreams/FILE1/content

39 Marx-Engels Werke, Bd. 19, Berlin (Ost): Dietz 1962, 335

40 Chesteron, Gilbert K.: Orthodoxie, Kißlegg: Fe 2011, 268

41 Dawkins, Richard: The Selfish Gene, Oxford: Oxford University Press 1989, XXI

42 Nagel, Thomas: Geist und Kosmos, Frankfurt a. M.: Suhrkamp 2013, 70

43 Scruton: On Human Nature 20

44 Zitiert nach: Garten & Mehr (Blogeintrag vom 22.8.2008): https://www.brennemann.com/tag/dieter-kienast/

45 »Der Mensch lebt noch überall in der Vorgeschichte, ja alles und jedes steht noch vor der Erschaffung der Welt, als einer rechten. *Die wirkliche Genesis ist nicht am Anfang, sondern am Ende*, und sie beginnt erst anzufangen (…)« (Bloch, Ernst: Das Prinzip Hoffnung, Frankfurt a. M.: Suhrkamp 1973, 1628)

46 Harari, Yuval Noah: 21 Lektionen für das 21. Jahrhundert, München: C. H. Beck 2019

47 Hillesum, Etty: Das denkende Herz der Baracke, Freiburg i. Br.: Herder 2014, 79f.

48 Ebd. 173f.
49 Ebd. 184
50 Ebd. 268
51 Ein leicht verständlicher Einstieg ist etwa: Pieper, Georg: Wenn unsere Welt aus den Fugen gerät, München: Random House 2014
52 Zum Überblick etwa: Franken, Ulla: Emotionale Kompetenz. Eine Basis für Gesundheit und Gesundheitsförderung (Diss.), Bielefeld 2004: https://pub.uni-bielefeld.de/download/2303721/2303724/EmotionaleKompetenz_061215.pdf. Des Weiteren: Goleman, Daniel: Emotionale Intelligenz, München: dtv 1997, 65f.; Stauss, Konrad: Bonding-Psychotherapie, München: Kösel 2006, 60ff.
53 Moritz, Karl Philipp: Sämtliche Werke I, hg. von Christof Wingertszahn, Tübingen: Niemeyer 2006, 146
54 Holt-Lunstad, J./Smith, T. B./Layton, J.B. (2010) Social Relationships and Mortality Risk: A Meta-analytic Review, in: PLoS Medicine 7(7): e1000316; https://journals.plos.org/plosmedicine/article?id=10.1371/journal.pmed.1000316
55 Holford, Patrick: How Loneliness is a Secret Killer: https://balance.media/loneliness-effects/
56 Hüther, Gerald: Lieblosigkeit macht krank, Freiburg i. Br.: Herder 2021
57 Grossmann, Karin/Grossmann, Klaus E.: Bindungen – das Gefüge psychischer Sicherheit, Stuttgart: Klett-Cotta 2004, 612
58 Zu ähnlichen Ergebnissen kommt Sir Michael Rutter, prägende Figur der modernen Kinder- und Jugendpsychiatrie in Großbritannien und langjähriger Professor für Psychiatrie am Londoner King's College: Sichere, stabile Beziehungen sind zwei der wichtigsten Schutzfaktoren für die emotionale Gesundheit. Rutter, Michael: Resilience in the face of adversity – protective factors and resistance to psychiatric-disorder, in: British Journal of Psychiatry 147 (1985), 598–61; Rutter, Michael: Psychosocial resilience and protective mechanisms, in: American Journal of Orthopsychiatry 57 (1987), 316–331
59 Name geändert
60 Und dies ist seit 2002 unverändert, beziehungsweise sogar noch im Zunehmen begriffen. »›Familie‹ und ›soziale Beziehungen‹ sind die mit Abstand wichtigsten Wertorientierungen, die so gut wie alle Jugendlichen für sich gewährleistet sehen wollen; sogar wichtiger als ›Eigenverantwortlichkeit‹ (89%) und ›Unabhängigkeit‹ (83%), die doch gerade im Jugendalter als Übergang zum Erwachsensein besondere Entwicklungsaufgaben markieren.« Shell-Jugendstudie: https://www.shell.de/ueber-uns/shell-jugendstudie/_jcr_content/par/toptasks.stream/1570708341213/4a002dff58a7a9540cb9e83ee0a37a0ed8a0fd55/shell-youth-study-summary-2019-de.pdf
61 Barroso, Amanda/Parker, Kim/Bennett, Jesse: As Millennials Near 40, They're Approaching Family Life Differently Than Previous Generations: https://www.pewsocialtrends.org/2020/05/27/as-millennials-near-40-theyre-approaching-family-life-differently-than-previous-generations/
62 Parker, Kim/Igielnik, Ruth: On the Cusp of Adulthood and Facing an Uncertain Future: What We Know About Gen Z So Far: https://www.pewsocialtrends.org/essay/on-the-cusp-of-adulthood-and-facing-an-uncertain-future-what-we-know-about-gen-z-so-far/
63 Auxier, Brooke/Anderson, Monica/Perrin, Andrew/Turner, Erica: Parenting Children in the Age of Screens: https://www.pewresearch.org/internet/2020/07/28/parenting-children-in-the-age-ofscreens/
64 Zit. nach: Neufeld, Gordon/Maté, Gabor: Hold on to your kids, London: Penguin 2019, 313 (Anm. 9)
65 Twenge, Jean: Has the smartphone destroyed a generation?: https://www.theatlantic.com/magazine/archive/2017/09/has-the-smartphone-destroyed-a-generation/534198/
66 Berkel, Irene (Hg.): Postsexualität, Gießen: Psychosozial-Verlag 2009

67 Diese Zahl wurde bestritten, da in diesem Artikel jedes Tippen auf den Bildschirm als einzelne Berührung gewertet wurde: Paul, Kari: Millennials waste five hours a day doing this one thing, New York Post, 18.5.2017: https://nypost.com/2017/05/18/millennials-waste-five-hours-a-day-doing-this-one-thing/

68 Hagel, John III/Brown, John Seely: Measuring the Forces of Long-Term Change – the 2010 Shift Index, Deloitte Center for the Edge

69 Greve, Gustav: Organizational Burnout, Wiesbaden: Springer Gabler 2011; Nil, Rico (et al.): Burnout – eine Standortbestimmung, in: Schweizer Archiv für Neurologie und Psychiatrie 161 (2010), 72–77

70 »Der entfremdete Mensch hat den Kontakt mit sich selbst verloren, wie er auch den Kontakt mit allen anderen Menschen verloren hat,« so Hartmut Rosa. (Rosa: Resonanz 569)

71 »Die große Entbettung« nennt der kanadische Philosoph Charles Taylor die Entstehung des neuzeitlichen Ichs: Es ist eben nicht mehr eingebettet in etwas Größeres, offen für höhere Mächte, es wird zum abgepufferten Selbst, zum desengagierten Subjekt. Die Beziehungen werden flüchtiger, die Suche nach individueller Erfüllung immer zentraler. Doch »in einer Welt wechselnder Zugehörigkeiten und Beziehungen nehmen Substanzverlust, die Fadenscheinigkeit der Bindungen und die Seichtheit der Gebrauchsdinge rasch zu«. (Taylor, Charles: Quellen des Selbst, Frankfurt a. M.: Suhrkamp 1996, 874)

72 Rainie, Lee/Perrin, Andrew: Key findings about Americans' declining trust in government and each other: https://www.pewresearch.org/fact-tank/2019/07/22/key-findings-about-americans-declining-trust-in-government-and-each-other/

73 Han, Byung-Chul: Im Schwarm, Berlin: Matthes & Seitz 2013, 34

74 »Das spätmoderne Leistungssubjekt, das über ein Übermaß an Optionen verfügt, ist nicht fähig zu einer intensiven Bindung.« (Han, Byung-Chul: Müdigkeitsgesellschaft, Berlin: Matthes & Seitz 2018, 75)

75 »A 2010 analysis of data from over fourteen thousand college students over the past thirty years shows that since the year 2000, young people have reported a dramatic decline in interest in other people. Today's college students are, for example, far less likely to say that it is valuable to try to put oneself in the place of others or to try to understand their feelings.« (Turkle, Shelly: Alone Together. Why We Expect More from Technology and Less from Each Other, New York: Basic Books 2011)

76 Im Tierreich unterscheiden die R-Strategie und K-Strategie darüber, wie viele Nachkommen gezeugt und wie mit ihnen umgegangen wird. So bringen beispielsweise Fische oder Insekten eine große Anzahl von Larven oder Eiern hervor, legen sie ab und erwarten, dass trotz Raubtieren am Ende noch genügend Nachkömmlinge überlebt haben. Davon verschieden ist die K-Strategie, bei der eine viel kleinere Anzahl geboren wird, die dafür eine viel intensivere Brutpflege brauchen.

77 Bindung wird definiert als »die besondere Beziehung eines Kindes zu seinen Eltern oder Personen, die es beständig betreuen. Sie ist in den Emotionen verankert und verbindet das Individuum mit anderen, besonderen Personen über Raum und Zeit hinweg.« Grossmann/Grossmann: Bindungen 29

78 Harlow's Studies on Dependency in Monkeys (YouTube-Video): https://www.youtube.com/watch?v=OrNBEhzjg8I&t=4s

79 Haarer, Johanna: Die Mutter und ihr erstes Kind, München: Carl Gerber 1978, 144: »Auf diese Weise – sie war zur Zeit unserer Urgroßmütter üblich! – erzieht man sich nur einen kleinen Haustyrannen.« Interessant ist, dass der Vater in Haarers Familienbild keine Rolle spielt. 1939 erscheint ihr Kinderbuch *Mutter, erzähl von Adolf Hitler!*. Im gleichen Jahr schreibt sie: »Machen wir uns klar, daß dieses Alter, in welchem unser Kind sich jetzt befindet, zwar verhältnismäßig wenig Raum bietet für eigentliche Erziehung, d. h. für die geistige, in bestimmter Richtung gelenkte Beeinflussung. Desto größer ist aber seiner [sic!]

Bedeutung für die Ausbildung wirklich gesundheitsgemäßer und gemeinschaftsfähiger Lebensgewohnheiten, die uns, später der Schule und anderen Erziehungseinrichtungen bis hinauf zum Arbeitsdienst, ja zum Heer die Erziehungsarbeit in ungeahntem Maß erleichtern werden.« (Haarer, Johanna: Unsere kleinen Kinder, München: Lehmanns, 182). Dazu: Schmid, Michaela: Erziehungsratgeber in der ersten Hälfte des 20. Jahrhunderts – eine vergleichende Analyse, Berlin: Weißensee 2008

80 Zit. nach Grossmann/Grossmann: Bindungen 64

81 Einen Überblick bietet etwa das fast 1000-seitige *Handbook of Attachment* (Cassidy, Jude/Shaver, Phillip R., London: Taylor & Francis 2018)

82 Lina steht mit ihrer Geschichte symbolisch für Millionen anderer Kinder. Ihr Name ist aber ebenso erfunden wie der ihrer Mutter.

83 Diese These vertritt zum Beispiel Stuart Alan Kauffman, ein US-amerikanischer theoretischer Biologe, der Biologie, Physik und Astronomie an der University of Calgary (Kanada) lehrt und auch außerordentlicher Professor der Philosophie ist. Am bekanntesten ist er für seine These, dass bei der Entstehung der Komplexität biologischer Systeme und Organismen die Selbstorganisation ein mindestens ebenso wichtiger Faktor ist wie die darwinsche Selektion. Vgl. einführend: Kauffman, Stuart A.: The Origins of Order, Oxford : Oxford University Press 1993

84 Grossmann/Grossmann: Bindungen 102

85 Buber, Martin: Das dialogische Prinzip, Gerlingen: Schneider 1994, 28

86 Bachmann, Hannsjörg/Bachmann, Eva-Mareile: Familien leben, München: Kösel 2019, 180

87 Grossmann/Grossmann: Bindungen 192

88 Stauss: Bonding-Psychotherapie 90

89 Der strukturalistische Entwicklungspsychologe Jean Piaget spricht hier von einem emotionalen Schema, das Informationen strukturiert, John Bowlby von einem »internalen Arbeitsmodell«.

90 Grossmann/Grossmann: Bindungen 124f.

91 Ebd. 605

92 Ebd. 228

93 Ein deutlicher Zusammenhang besteht auch zwischen dem Selbstbild des Vaters als Vater und den künftigen Partnerschaften des Kindes. Als je zurückweisender sich der Vater selbst beschrieb, desto unklarer berichtete der junge Erwachsene über seine Vorstellung von Partnerschaft. »Zurückweisung des Vaters in der mittleren Kindheit zusammen mit seinem unfeinfühligen Spielverhalten in der frühen Kindheit sagen beeindruckend deutlich das Ausmaß der Unklarheit der Partnerschaftsrepräsentation im Alter von 22 Jahren voraus.« (Grossmann/Grossmann: Bindungen 570)

94 Ebd. 236–239

95 Ebd. 159

96 Dieses und weitere Beispiele finden sich in: Bachmann/Bachmann: Familien leben 196f.

97 Grossmann/Grossmann: Bindungen 148

98 Moullin, Sophie/Waldfogel, Jane/Washbrook, Elizabeth: Baby Bonds. Parenting, attachment and a secure base for children: https://www.suttontrust.com/our-research/baby-bonds-early-years

99 Diese Befunde weisen darauf hin, dass Bindungserfahrungen in der Kindheit einerseits eine starke Prägekraft bis ins Erwachsenenleben hinein entfalten können, andererseits aber auch keine unumstößliche Festlegung bedeuten müssen. Ein Überblick über aktuelle Themenfelder der Bindungsforschung findet sich in: Shaver, Phillip R./Mikulincer, Mario: New directions in attachment theory and research, in: Journal of Social and Personal Relationships 27 (2010), 163–172).

100 In seinem Buch *Die emotionale Welt des Kindes* beschreibt der Psychologe Martin Dornes eine weit verbreitete Neigung zur »Abschaffung der Vergangenheit« in dem Wunschdenken, dass persönliche Entscheidungen nicht durch frühere Bindungsunsicherheiten beeinträchtigt seien. (Dornes, Martin: Die emotionale Welt des Kindes, Frankfurt a. M.: Fischer 2000, 160–174)

101 Die verschiedenen Bindungsmuster sind ungleich verteilt. So tritt das vermeidende Schema bei Männern häufiger auf als bei Frauen und in Norddeutschland öfter als im Süden, und es nimmt mit dem Alter leicht ab. (Chopik, William J./Edelstein, Robin S./Grimm, Kevin J.: Longitudinal changes in attachment orientation over a 59-year period, in: Journal of Personality and Social Psychology 116 (2019), 598–611)

102 Grossmann/Grossmann: Bindungen 579f.

103 Ebd. 493

104 Bachmann, Christian/Beecham, Jennifer/O'Connor, Thomas (et al.): The cost of love: financial consequences of insecure attachment in antisocial youth, in: Journal of Child Psychology and Psychiatry 60 (2019), 1343–1350.

105 Bachmann C. J., Beecham J., O'Connor T. G., Briskman J., Scott S.: A good investment: longer-term cost savings of sensitive parenting in childhood. J Child Psychol Psychiatry. 2021 Jun 29. doi: 10.1111/jcpp.13461. Online ahead of print

106 Die Zahlen weist regelmäßig das Bundesinstitut für Berufsbildung in seinem Datenreport aus: https://www.bibb.de/datenreport/de/2016/41636.php

107 Stepler, Renee: Led by Baby Boomers, divorce rates climb for America's 50+ population: https://www.pewresearch.org/fact-tank/2017/03/09/led-by-baby-boomers-divorce-rates-climb-for-americas-50-population/

108 Graf, Nikki: Key findings on marriage and cohabitation in the U.S.: https://www.pewresearch.org/fact-tank/2019/11/06/key-findings-on-marriage-and-cohabitation-in-the-u-s/

109 Springer Science+Business Media: Marriage linked to better survival in middle age; Study highlights importance of social ties during midlife. ScienceDaily, 10.1.2013: https://www.sciencedaily.com/releases/2013/01/130110102342.htm

110 Siehe Endnote 108

111 Radtke, Rainer: Anzahl von Schönheitsoperationen weltweit bis 2019, Statista, 21.12.2020: https://de.statista.com/statistik/daten/studie/702578/umfrage/laender-mit-der-hoechsten-anzahl-an-schoenheitsoperationen/

112 Radtke, Rainer: Beliebteste Schönheitsoperationen in Deutschland bis 2020, Statista,1.2.2021: https://de.statista.com/statistik/daten/studie/221664/umfrage/anteil-der-haeufigsten-schoenheitsoperationen-in-deutschland/

113 Galmiche, Marie/Déchelotte, Pierre (et al.): Prevalence of eating disorders over the 2000–2018 period: a systematic literature review, in: American Journal of Clinical Nutrition, 109 (2019), 1402–1413: https://doi.org/10.1093/ajcn/nqy342

114 Gil-Or, Oren (et al.): The »Facebook-self«: characteristics and psychological predictors of false self-presentation on Facebook, in: Frontiers in Psychology 2015, Nr. 99; doi: 10.3389/fpsyg.2015.00099

115 Diesen Zusammenhang zeigt auf: Diefenbach, Sarah: Digitale Depression: Wie Medien unser Glücksempfinden verändern, München: mvg 2016.

116 Vgl. Taylor: Ein säkulares Zeitalter. Eine umfassende Analyse des Gebots, nach Selbstverwirklichung und Glück zu streben, legte der französische Soziologe Alain Ehrenberg 1998 vor. Das Buch erschien in vielen Sprachen und erfährt bis heute eine breite Rezeption. (Ehrenberg, Alain: Das erschöpfte Selbst, Berlin: Suhrkamp 2008)

117 Diese Deutung der Eden-Geschichte führt der Innsbrucker Professor für systematische Theologie Willibald Sandler in diesem gut lesbaren Buch aus: Sandler, Willibald: Der verbotene Baum im Paradies, Kevelaer: Topos 2009

118 Buber: Das dialogische Prinzip 15

119 Und Sarah Diefenbach weist in ihrem Buch sehr geistreich darauf hin, dass die meisten auch lieber von sich selbst Selfies posten als die Selfies anderer anschauen.

120 Brown, Brené: Daring greatly, London: Penguin 2012, 69f.

121 Kross, Ethan/Berman, Marc G. (et al.): Social rejection shares somatosensory representations with physical pain, in: Proceedings of the National Academy of Sciences 108 (2011), 6270–6275: https://doi.org/10.1073/pnas.1102693108

122 Diese kleine Übung ist ein erster Akt der Selbstempathie. Ohne in der Opferrolle zu verharren, wird die Verbindung zur eigenen schambehafteten Seite hergestellt. Die klinische Wirksamkeit solcher Methoden beschreibt: Pennebaker, James W.: Expressive writing in a clinical seeting, in: The Independent Practitioner 30 (2010), 23–25

123 Scott, Joe: The Effect of Perfectionism und Unconditional Self-Acceptance on Depression, in: Journal of Rational-Emotive and Cognitive-Behavior Therapy 25 (2007), 35–64; Bardone-Cone, Anna M./Lawson, Melissa A./Robinson, D. Paul/Smith, Roma: Perfectionism across Stages of Recovery from Eating Disorders, in: International Journal of Eating Disorders 43 (2010), 139–148; Park, Hyun-joo/Heppner, P. Paul/Lee, Dong-gwi: Maladaptive Coping and Self-Esteem as Mediators between Perfectionism and Psychological Distress, in: Personality and Individual Differences 48 (2010), 469–474

124 Das beschrieb Max Weber bereits 1919 in seinem berühmten Aufsatz *Wissenschaft als Beruf.* Jeder in der Wissenschaft wisse, dass das, was er erabeitet habe, in wenigen Jahren veraltet sei. (Weber, Max: Wissenschaft als Beruf, in: ders.: Gesammelte Aufsätze zur Wissenschaftslehre, hg. von Johannes Winkelmann, Tübingen: Mohr 1988, 582–613

125 »Europas bekanntester Zeitforscher« (PM-Magazin) Karlheinz Geißler schrieb bereits 1999, das Volumen der Datenverarbeitung sei um den Faktor 10^6 (das 1.000.000-Fache) gestiegen. (Geißler, Karlheinz A.: Vom Tempo der Welt: am Ende der Uhrzeit, Freiburg i. Br.: Herder 2000)

126 Die Beschleunigung als Phänomen der Moderne untersucht Hartmut Rosa ausführlich. Er unterteilt den weitgefassten Begriff *soziale Beschleunigung* in drei Bereiche: technische Beschleunigung, Beschleunigung des sozialen Wandels und Beschleunigung des Lebenstempos. Beschleunigung sei der Entstehung eines erfüllenden, »resonanten« Weltverhältnisses diametral entgegengesetzt. (Rosa, Hartmut: Beschleunigung und Entfremdung. Entwurf einer kritischen Theorie spätmoderner Zeitlichkeit, Berlin: Suhrkamp 2013)

127 Marx, Karl/Engels, Friedrich: Manifest der Kommunistischen Partei, in: Marx-Engels Werke, Bd. 4, Berlin: Dietz 1971, 465

128 Pew Research Center: Mobile Fact Sheet, 7.4.2021: https://www.pewresearch.org/internet/fact-sheet/mobile/

129 Die Burnout-Zahlen haben sich in den Jahren 2007–2017 etwa verdreifacht. Statista Research Department: Krankheitstage durch das Burn-out-Syndrom in Deutschland nach Geschlecht bis 2019, Statista,18.6.2021: https://de.statista.com/statistik/daten/studie/189542/umfrage/anzahl-der-krankheitstage-durch-das-burnout-syndrom-seit-2004/

130 Tieste, Oliver: Karôshi, ein japanisches Phänomen? Ursachen und rechtliche Hintergründe für den Tod am Arbeitsplatz, Frankfurt a. M.: Lang 2000

131 63% der befragten 40–49 Jährigen in Deutschland finden, das Leben heute sei stressiger als vor 15–20 Jahren. Statista Research Department: Umfrage zur Entwicklung des allgemeinen Stresslevels in Deutschland nach Altersgruppe im Jahr 2016, Statista, 12.10.2016: https://de.statista.com/statistik/daten/studie/649732/umfrage/wahrgenommene-aenderung-des-allgemeinen-stresslevels-in-deutschland-nach-alter/; Deutsche sterben am häufigsten an Herz-Kreislauf-Erkrankungen, vgl. Radtke, Rainer: Anzahl der Todesfälle in Deutschland nach Todesursachen und Geschlecht 2019, Statista, 20.5.2021: https://de.statista.com/statistik/daten/studie/215791/umfrage/todesfaelle-in-deutschland-nach-todesursachen-und-geschlecht/

132 Han: Müdigkeitsgesellschaft

133 »Es ist unmöglich, in Resonanz zu sein und sich gleichzeitig zu wünschen, noch oder schon anderswo zu sein.« (Rosa: Resonanz 693)

134 So jedenfalls eine Studie im Auftrag von Microsoft, zitiert hier: McSpadden, Kevin: You Now Have a Shorter Attention Span Than a Goldfish. Time, 14.5.2015: https://time.com/3858309/attention-spans-goldfish/ Das stimmt zwar nicht buchstäblich (siehe hier: Littlefield, Andrew: No, you don't have the attention span of a goldfish. Cereos, 20.1.2020: https://www.ceros.com/inspire/originals/no-dont-attention-span-goldfish/), aber der Trend ist natürlich trotzdem beunruhigend.

135 Lesch, Harald/Schwartz, Thomas: Unberechenbar, Freiburg i. Br.: Herder 2020

136 Comer, John Mark: The ruthless elimination of hurry, Colorado Springs: WaterBrook 2019, 53

137 Erschütternd zu lesen ist diese Sammlung von Anekdoten, in denen Technologie-Experten aus der ganzen Welt über den negativen Einfluss des Internets auf ihr Privatleben berichten: Anderson, Janna/Rainie, Lee: 2. The negatives of digital life: https://www.pewresearch.org/internet/2018/07/03/the-negatives-of-digital-life/

138 Plaut, W. Gunther (Hg.): Die Tora in jüdischer Auslegung II, Gütersloh: Gütersloher Verlagshaus 2000, 173

139 Statistisches Bundesamt: Betreuungsquoten der Kinder unter 6 Jahren in Kindertagesbetreuung am 01.03.2020 nach Ländern, Stand 30.9.2020: https://www.destatis.de/DE/Themen/Gesellschaft-Umwelt/Soziales/Kindertagesbetreuung/Tabellen/betreuungsquote-2018.html

140 Grossmann/Grossmann: Bindungen 129

141 Ebd. 540

142 Die katastrophalen Folgen der totalitären Politik der DDR für die Psyche ganzer Generationen beschreibt: Maaz, Hans-Joachim: Der Gefühlsstau. Psychogramm einer Gesellschaft, München: C. H. Beck 2017

143 Bundesministerium für Familie, Senioren, Frauen und Jugend: Kita-Ausbau: Gesetze und Investitionsprogramme, 30.6.2021: https://www.bmfsfj.de/bmfsfj/themen/familie/kinderbetreuung/kita-ausbau-gesetze-und-investitionsprogramme-863944

144 Deutsche Psychoanalytische Vereinigung: Krippenausbau in Deutschland –Psychoanalytiker nehmen Stellung. 12.12.2007: https://www.dpv-psa.de/fileadmin/downloads/Archiv/Dokumente/Memorandum%20Krippenaufbau%20DPV%2012%2012%2007.pdf

145 Die Situation ist in den Bundesländern sehr verschieden: In den neuen Bundesländern liegt der Betreuungsschlüssel in 95% der Einrichtungen bei über 1:3,5, in Westdeutschland sind es knapp 53%. Vgl. das Ländermonitoring der Bertelsmann Stiftung: https://www.laendermonitor.de/de/vergleich-bundeslaender-daten/personal-und-einrichtungen/personalschluessel/personalschluessel-im-vergleich

146 Nach der NUBBEK-Studie 2013 ist die pädagogische Qualität in weniger als 10% der Fälle gut: Tietze, Wolfgang (et al., Hrsgg.): NUBBEK. Nationale Untersuchung zur Bildung, Betreuung und Erziehung in der frühen Kindheit: http://www.nubbek.de/media/pdf/NUBBEK%20Broschuere.pdf

147 Strüber, Nicole: Die erste Bindung: Wie Eltern die Entwicklung des kindlichen Gehirns prägen, Stuttgart: Klett-Cotta 2017

148 Grossmann/Grossmann: Bindungen 148

149 Goodman, Robert/Scott, Stephen: Kinder- und Jugendpsychiatrie, Stuttgart: Schattauer 2016 (3. Aufl.), 315

150 Einen guten Leitfaden zur Entscheidungsfindung bietet: Bachmann/Bachmann: Familien leben 336–345

151 Howes, Carollee: Social-emotional classroom climate in child care, child-teacher relationships and children's second grade peer relations, in: Social Development 9 (2000), 191–204

152 Zitat und zahlreiche Quellen dazu: Grossmann/Grossmann: Bindungen 104

153 Perner, Josef/Ruffman, Ted/Leekam, Susan R.: Theory of mind is contagious: You catch it from your sibs. in: Child Development 65 (1994), 1228–1238

154 So der Titel eines Buches der Journalistin Elisabeth von Thadden, in dem sie dem modernen Verlust körperlicher Nähe nachgeht: Thadden, Elisabeth von: Die berührungslose Gesellschaft, München: C. H. Beck 2018

155 Grunwald, Martin: Homo hapticus: Warum wir ohne Tastsinn nicht leben können, München: Droemer 2017

156 Einen interessanten Querschnitt bietet: Sollberger, Daniel/Boehlke, Erik/Kobbé, Ulrich (Hg.): Soma – Sema. Im Spannungsfeld zwischen Somatik und Semiotik, Lengerich: Pabst 2019

157 Das Computermodell des menschlichen Geistes kritisiert aus philosophischer Perspektive ausführlich Taylor, Charles/Dreyfus, Hubert: Die Wiedergewinnung des Realismus, Berlin: Suhrkamp 2016

158 Das war nicht immer so. In Judith Butlers *Gender trouble* (1991) scheinen soziales Geschlecht (*gender*) und biologisches Geschlecht (*sex*) völlig voneinander losgelöst. Die Grande Dame der Geschlechterforschung und Medizinhistorikerin Barbara Duden warf ihr darauf »Entkörperung« vor: Butler schwebe eine »Frau ohne Unterleib« vor, so der Titel ihrer Schrift von 1993. Seither ist die Debatte intensiv weitergegangen. Einen Überblick über den aktuellen Diskurs mit Literaturliste bietet: Mangelsdorf, Marion/Palm, Kerstin/Schmitz, Sigrid: Körper(-sprache) – Macht – Gesellschaft, in: Freiburger Zeitschrift für Geschlechterstudien 19/2 (2013), 5–18

159 Plener, Paul L./Kaess, Michael/Schmahl, Christian (et al.): Nichtsuizidales selbstverletzendes Verhalten im Jugendalter, in: Deutsches Ärzteblatt 2018: https://www.aerzteblatt.de/archiv/195721/Nichtsuizidales-selbstverletzendes-Verhalten-im-Jugendalter

160 »Veränderbare Körper haben Konjunktur in der westlichen Gegenwartsgesellschaft.« (Mangelsdorf (et al.): Körper(-sprache) – Macht – Gesellschaft 10)

161 Killus, Jürgen: Selbstverletzendes Verhalten, in: Fachzeitschrift der Aktion Jugendschutz 44/3 (2008), 4–12

162 Davis, Leanne L./Fowler, Samantha A. (et al.): The Role of Body Image in the Prediction of Life Satisfaction and Flourishing in Men and Women, in: Journal of Happiness Studies 21 (2020), 505–524: https://doi.org/10.1007/s10902-019-00093-y

163 Goodman/Scott: Kinder- und Jugendpsychiatrie 316

164 Schenk-Danzinger, Lotte: Entwicklung, Sozialisation, Erziehung von der Geburt bis zur Schulfähigkeit, Wien: Österreichischer Bundesverlag 1984, 53ff.

165 Stauss: Bonding-Psychotherapie 219ff.

166 Der Schweizer Therapeut Hans Trüb (1889–1949) beschreibt in seinem bewegenden Buch *Heilung aus der Begegnung* seine schrittweise Abwendung von seinem Lehrer und Freund Carl Gustav Jung. Dessen psychologischen Ansatz deutet er als letztlich gnostische Lehre von einem freischwebenden Subjekt. In Anlehnung an seinen Freund Martin Buber vertritt Trüb ein dialogisches Menschenbild. Nur in der Beziehung zu einem anderen Menschen könne ein psychisch Kranker heil werden. Diese Beziehung öffne sich auch zum Transzendenten hin. (Trüb, Hans: Heilung aus der Begegnung, Stuttgart: Klett 1951

167 Miller, Alice: Das Drama des begabten Kindes, Frankfurt a. M.: Suhrkamp 1979, 164

168 Ebd. 41f.

169 Miller, Martin: Das wahre »Drama des begabten Kindes«, Freiburg i. Br.: Kreuz 2013, 163

170 Der junge Charles Darwin verlor so zum Beispiel seine Mutter mit acht Jahren, hatte als Erwachsener aber keine Erinnerung an ihren Tod, und auch in der Familie wurde nie darüber gesprochen, wie John Bowlby anhand von Darwins Biografie aufzeigte. (Grossmann/Grossmann: Bindungen 427)

171 Vgl. das lesenswerte Büchlein: Bordt, Michael: Die Kunst, die Eltern zu enttäuschen, München: Sandmann 2018

172 Fry, Richard/Passel, Jeffrey S./Cohn, D'Vera: A majority of young adults in the U.S. live with their parents for the first time since the Great Depression: https://www.pewresearch.org/fact-tank/2020/09/04/a-majority-of-young-adults-in-the-u-s-live-with-their-parents-for-the-first-time-since-the-great-depression/

173 Anhand vieler Beispiele und mit sehr praxisnahen Anregungen zur Vergebungsarbeit zeigt das auf: Stauss, Konrad: Die heilende Kraft der Vergebung, München: Kösel 2010

174 »Wenn der Unglückliche, stark an Seele, über sein Schicksal mehr entrüstet als kleinmüthig oder niedergeschlagen, den Tod wünscht und sein Leben doch erhält, ohne es zu lieben, nicht aus Neigung oder Furcht, sondern aus Pflicht: alsdann hat seine Maxime einen moralischen Gehalt.« (Kant, Immanuel: Kant's gesammelte Schriften, hg. von der königlich preußischen Akademie der Wissenschaften [=Akademie-Ausgabe, AA]. Berlin: G. Reimer, 1900ff., Bd. 4 (Grundlegung zur Metaphysik der Sitten), 398.

175 Diesen Prozess zeichnet nach: Taylor: Quellen des Selbst

176 Twenge, Jean M./Campbell, W. Keith: The Narcissism Epidemic: Living in the Age of Entitlement, New York: Atria 2010; Twenge, Jean M.: Generation Me, New York: Atria 2014. Einen differenzierten Blick auf das Phänomen Narzissmus wirft: Lammers, Claas-Hinrich/Eismann, Gunnar: Bin ich ein Narzisst? Oder einfach nur sehr selbstbewusst? Stuttgart: Schattauer 2019

177 Bordt: Die Kunst, die Eltern zu enttäuschen 38

178 Schmid, Wilhelm: Mit sich selbst befreundet sein: Von der Lebenskunst im Umgang mit sich selbst, Frankfurt a. M.: Suhrkamp 2007

179 Peyton, Sarah: Selbstresonanz. Im Einklang mit sich und seinem Leben, Paderborn: Junfermann 2019. Vgl. auch: Lehofer, Michael: Mit mir sein. Selbstliebe als Basis für Begegnung und Beziehung. Wien: Braumüller 2017

180 Obgleich die Titel etwas naiv klingen, enthalten die beiden Bücher wirklich Erhellendes zum Zusammenhang von Selbstannahme und Beziehungsfähigkeit. Nicht umsonst wurden sie Bestseller. Zurhorst, Eva-Maria: Liebe dich selbst und es ist egal, wen du heiratest, München: Goldmann 2009; Zurhorst, Eva-Maria: Liebe dich selbst und freu dich auf die nächste Krise, München: Goldmann 2011

181 Chattu, Vijay K. (et al.): The Global Problem of Insufficient Sleep and Its Serious Public Health Implications, Healthcare (Basel) 7 (2019), Nr. 1: doi:10.3390/healthcare7010001

182 »Das Gegenteil von Spiel ist nicht Arbeit – das Gegenteil von Spiel ist Depression.« Spiel sei für den Körper so wichtig wie Schlaf: Brown, Stuart: Play: How It Shapes the Brain, Opens the Imagination, and Invigorates the Soul, New York: Penguin 2009

183 Ihre Erlebnisse während der Kulturrevolution in Chengdu als damals noch überzeugte Kommunistin beschreibt eindrücklich: Chan, Jung: Wilde Schwäne – Die Geschichte einer Familie, München: Knaur 1993

184 Bellamy, François-Xavier: Les déshérités ou l'urgence de transmettre, Paris: J'ai lu 2016; ders.: Demeure, Paris: Flammarion 2020

185 Harald Lesch sieht den »Bildungssektor, in dem das Sammeln, das ›Lagern‹ von immateriellen Dingen – Wissen und Erkenntnissen – essenziell ist, (…) von einer Kultur der *Abschreibung* bedroht«. Nicht durch die ständige Falsifizierung im wissenschaftlichen Betrieb, sondern durch das Ansammeln von Erkenntnissen und das Lagern angesammelten Menschheitswissens werde jedoch Zukunft erschlossen. Gerade wissenschaftliche Erkenntnisse verweisen auf die Unberechenbarkeit komplexer Systeme. Die totale Konzentration auf das Unmittelbare sei nur Zwang zur totalen Kontrolle (vgl. Lesch/Schwartz: Unberechenbar 66ff.).

186 Wie Edmund Burke (1729–1797) es formulierte: »Society is a partnership of the dead, the living and the unborn.«

187 Rutter, Michael/Smith, David (Hg.): Psychological disorders in young people: Time trends and their causes. London: John Wiley & Sons 1995

188 »The culture generated by peer orientation is sterile in the strict sense of that word: it is unable to reproduce itself or to transmit values that can serve future generations. There are very few third generation hippies.« (Neufeld, Gordon: Hold on to your kids, London: Penguin 2019, 90)

189 Scruton, Roger: Green Philosophy, London: Atlantic 2012, 93ff.; darin zahlreiche schockierende Beispiele über die desaströsen Folgen bürokratischer Entscheidungen zum »Schutz« der Natur.

190 Der Schweizer Theologe Johannes Czwalina engagiert sich sich seit Jahren im jüdisch-christlichen Dialog und diversen anderen kulturübergreifenden Versöhnungsaktionen. Die Verbundenheit mit der eigenen Geschichte und die Bereitschaft, Verantwortung dafür zu übernehmen, weist er anhand vieler Beispiele als Grundvoraussetzung für gelingende Diplomatie und Friedensarbeit aus: Czwalina, Johannes (Hg.): Die Gegenwart bleibt, nur die Zeit vergeht, Kiew: Duh i Litera 2016

191 Rosa: Resonanz 459

192 Adorno/Horkheimer: Dialektik der Aufklärung 15

193 Martin Buber würde sagen: Der Mensch tritt in ein distanziertes »Ich-Es-Verhältnis« zur Natur. Den analysierenden Blick auf die Welt hat Daniel Kehlmann auf höchst amüsante Weise ironisch anhand der Figur Humboldts gezeichnet: Kehlmann, Daniel: Die Vermessung der Welt, Reinbek bei Hamburg: Rowohlt 2005. Ein berührendes Beispiel für einen geradezu kontemplativen Blick auf die Natur, der dabei dennoch naturwissenschaftlich höchst informiert ist, bieten die Naturbetrachtungen Ernst Jüngers: Jünger, Ernst: Geheime Feste (hg. von Alexander Pschera), Stuttgart: Klett-Cotta 2020

194 So gilt die russische Provinz Tscheljabinsk nach einer Reihe von Vorfällen in den zahlreichen atomaren Rüstungsbetrieben der Region als am stärksten kontaminierte Gegend der Welt. Bereits nach einer Stunde am Karatschai-See hätte ein ungeschützter Mensch eine tödliche Menge radioaktiver Strahlung aufgenommen. Erschütternd dazu ist diese Dokumentation des preisgekrönten polnischen Filmemachers Slawomir Grünberg: https://logtv.com/chelyabinsk. Die Verquickung der Tschernobyl-Katastrophe mit dem verlogenen bürokratischen System der Sowjetunion, in dem letztlich niemand klar Verantwortung übernehmen wollte, zeigt die Golden-Globe-prämierte HBO-Serie »Chernobyl« aus dem Jahr 2019.

195 Prof. Dr. Niko Paech ist einer der profiliertesten Wachstumskritiker Europas und wurde mit seinem Buch *Befreiung vom Überfluss* zum führenden Vordenker der Postwachstumsökonomie im deutschsprachigen Raum. (Paech, Niko: Befreiung vom Überfluss, München: Oekom 2012)

196 Das Verhalten des Menschen Gott gegenüber hat direkte Auswirkungen auf die ökologische Balance des Landes (Dtn 11,13–15). Es gibt Regeln für das zu enge Bebauen von Land (Jes 5,8–10), Schonzeiten (Lev 19,23–25), Regeln zur Brache und Regeneration von Böden (Ex 23,10f.; Lev 25,1–5) und vieles mehr. Auch diverse Speisegesetze haben mitunter Bedeutung für das Ökosystem, wie Hüttermann aufzeigt.

197 Hüttermann 173

198 Pew Research Center: Religion's Relationship to Happiness, Civic Engagement and Health Around the World, 31.1.2019: https://www.pewforum.org/2019/01/31/religions-relationship-to-happiness-civic-engagement-and-health-around-the-world/

199 Nur ein Beispiel von vielen: Kaur, Devinder/Sambasivan, Murali (et al.): Effect of spiritual intelligence, emotional intelligence, psychological ownership and burnout on caring behaviour of nurses: a cross-sectional study, in: Journal of Clinical Nursing 21/22 (2013), 3192–3202; doi: 10.1111/jocn.12386

200 Cappellen, Patty van/Toth-Gauthier, Maria (et al.): Religion and Well-Being: The Mediating Role of Positive Emotions, Journal of Happiness Studies 17 (2016), 485–505

201 Greenwald, Yaakov/Mikulincer, Mario: Apostasy and conversion: Attachment orientations and individual differences in the process of religious change, in: Psychology of Religion and Spirituality 10 (2018): https://doi.org/10.1037/rel0000239

202 Leblanc, Élizabel/Dégeilh, Fanny (et al.): Attachment Security in Infancy: A Preliminary Study of Prospective Links to Brain Morphometry in Late Childhood, in: Frontiers in Psychology 2017, Nr. 2141; doi.org/10.3389/fpsyg.2017.02141

203 Rosa: Resonanz 441

204 Pieper, Wenn unsere Welt aus den Fugen gerät 93

205 Hillesum: Das denkende Herz der Baracke, Freiburg i. Br.: Herder 2014, 305

206 Ebd. 268

207 Ebd. 81

208 Zilhão, João: Lower and Middle Palaeolithic Mortuary Behaviours and the Origins of Ritual Burial, in: Renfrew, Colin (et al.) (Hg.): Death Rituals, Social Order, and the Archeology of Immortality in the Ancient World, New York: Cambridge University Press 2016, 27–44; Online-Publikation: https://doi.org/10.1017/CBO9781316014509.004

209 Pettitt, Paul: The Palaeolithic Origins of Human Burial, London: Routledge 2010

210 Duden, Bd. 7: Das Herkunftswörterbuch: Etymologie der deutschen Sprache, Mannheim (et al.): Dudenverlag 2007, 770

211 »Die Einzelheiten sind klärungsbedürftig«, schreibt: Kluge, Friedrich: Etymologisches Wörterbuch der deutschen Sprache, Berlin/New York: de Gruyter 1989, 673

212 »Und als ich niederfiel und ins leuchtende Weltgebäude blickte: sah ich die emporgehobenen Ringe der Riesenschlange der Ewigkeit, die sich um das Welten-All gelagert hatte – und die Ringe fielen nieder, und sie umfasste das All doppelt – dann wand sie sich tausendfach um die Natur – und quetschte die Welten aneinander – und drückte zermalmend den unendlichen Tempel zu einer Gottesacker-Kirche zusammen – und alles wurde eng, düster, bang – und ein unermesslich ausgedehnter Glockenhammer sollte die letzte Stunde der Zeit schlagen und das Weltgebäude zersplittern … als ich erwachte.« (Jean Paul: Siebenkäs, Stuttgart: Reclam 1983, 298f. (8. Kapitel, Erstes Blumenstück)

213 Freilich bleibt Sartre nicht bei der Verzweiflung stehen. Aus der Erkenntnis seiner Lage schöpft der Mensch das Moment seiner radikalen Freiheit. Er findet keinen metaphysischen Grund vor (Gott ist tot), sondern entdeckt sich in seinem Entwurf, er überschreitet sich, in dem er sich auf etwas entwirft. Die einzige Kategorie zur Bewertung der Moral ist ebenso, ob sie die individuelle Freiheit fördert. Dieser Gedanke der radikalen Autonomie des Menschen wird massive Auswirkungen auf die weitere europäische und nordamerikanische Geistesgeschichte haben – dies nicht zuletzt durch den Einfluss Sartres auf das Denken seiner Lebensgefährtin Simone de Beauvoir.

214 Vgl. Längle, Alfried: Wenn der Sinn zur Frage wird, Wien: Picus 2015

215 Götzen-Dämmerung, Sprüche und Pfeile 12, gefolgt von dem skurrilen zweiten Satz: »Der Mensch strebt *nicht* nach Glück; nur der Engländer tut das.« (Nietzsche, Friedrich: KSA VI, 60f.)

216 Frankl, Viktor: Man's search for meaning, London: Random House 2008, 141

217 Jung, Carl Gustav: Über die Beziehung der Psychotherapie zur Seelsorge (1932), in: ders.: Psychologie und Religion, hg. von Lorenz Jung, München: dtv 1991, 113–131, 116

218 Jebb, Andrew/Morrison, Mike (et al.): Subjective well-being around the world, in: Psychological Science 2020: doi:10.1177/0956797619898826

219 Nier, Hedda: Sinnlose Arbeit macht krank, Statista, 5.9.2018: https://de.statista.com/infografik/15327/sinnlose-arbeit-macht-krank/

220 Fox, Justin/Lorsch, Jay W.: What good are shareholders?, in: Harvard Business Review Juli/August 2012

221 Frankl: Man‹s search for meaning 147

222 Zit. nach Stauss: Bonding-Psychotherapie 132

223 Am Ende von Dostojewskis *Schuld und Sühne* findet der verurteilte Mörder Radion Raskolnikow in Sibirien zu einer inneren Umkehr. In seinem Prosawerk *Aufzeichnungen aus einem Totenhaus* (1862) verarbeitete der Dichter seine eigenen lebensverändernden Erfahrungen in der Gefangenschaft und erzählt, dass er unter den Häftlingen die besten und edelsten Menschen getroffen habe. Die entscheidende Lebenswende ereignet sich bei Pierre Besuchow, der Hauptfigur des großen Romans *Krieg und Frieden* von Leo Tolstoi, in der Gefangenschaft. Gerade ein armer Mithäftling, Platon Karatajew, wird Pierre zum Beispiel von Schicksalsergebenheit. In seinem Roman *Auferstehung* folgt ein adeliger Gutsherr einer verurteilten Prostituierten freiwillig nach Sibirien und findet gerade darin zur Erkenntnis des wahren Lebens. Die Beispiele ließen sich fortsetzen.

224 Solschenizyn: Der Archipel GULAG II 586

225 »Wenn du einmal dem »Überleben um jeden Preis« abgeschworen und den Weg beschritten hast, den die Stillen und Einfachen gehen, beginnt die Unfreiheit auf erstaunliche Weise dein früheres Wesen zu verwandeln. In einer Richtung zu verwandeln, die dich selbst überrascht.« (Ebd. 589)

226 Längle, Alfried: Das Sinnkonzept V. Frankls – ein Beitrag für die gesamte Psychotherapie, in: Petzold, Hilarion G./Orth, Ilse (Hg.): Sinn, Sinnerfahrung, Lebenssinn in Psychologie und Psychotherapie, Bd. 2, Bielefeld/Locarno: Aisthesis, 403–460

227 So ist nach Hegels Rechtsphilosophie sowohl die Familie als auch die Gesellschaft eine Sphäre gegenseitiger Verpflichtungen: die Familie kraft natürlicher Abstammung, die Gesellschaft kraft Verträgen. Die Situation des Menschen als Subjekt unter Subjekten bedeutet immer die Pflicht, sich gegenseitig anzuerkennen und verantwortlich zu halten. Da meine Freiheit einer sozialen Situation entspringt, bringt sie die ganze Last der Verantwortung den anderen gegenüber mit sich. (Hegel, Georg Wilhelm Friedrich: Philosophie des Rechts (=Gesammelte Werke 14, in Verbindung mit der Deutschen Forschungsgemeinschaft herausgegeben von der Nordrhein-Westfälischen Akademie der Wissenschaften und der Künste), Hamburg: Meiner 1968ff.

228 Fromm, Erich: Haben oder Sein, München: dtv 1979, 54

229 Hillesum: Das denkende Herz der Baracke, Freiburg i. Br.: Herder 2014, 189

230 Taylor, Charles: Ein säkulares Zeitalter, Berlin: Suhrkamp 2012, 1122. Und: »Die tiefste, eindringlichste Form von Glück ist – auch wenn es sich um das Glück des Augenblicks handelt – in ein Gefühl für den Sinn getaucht.« (Ebd. 1195)

231 »Seine Identität in der Beziehung zu Gott zu finden, relativiert insofern jede Rolle und verstärkt den Wunsch, ja sogar den Drang, alle Rollenzuschreibungen, auch die familiären, zu verlassen.« (Bordt: Die Kunst, die Eltern zu enttäuschen 81)

232 Die Frage nach dem Ursprung der Sprache beschäftigt den Menschen schon lange. In jüngerer Zeit versuchte Arnold Gehlen die Entstehung der menschlichen Sprache aus gemeinsamen Handlungen zu erklären: Ursprung der Sprache sind die intentionalen Bewegungen des Menschen und die Gruppe, die sich mit Hilfe einfacher Verben darüber verständigte (vgl. Gehlen, Arnold: Der Mensch, bes. 267ff.). Die radikale Gegenposition vertritt der Linguistiker Noam Chomsky, der zu den am meisten zitierten Intellektuellen der Welt zählt. Er sieht Sprache als »an example of true emergence – the appearance of a qualitatively different phenomenon at a specific stage of complexity of organization« (Chomsky, Noam: Language and Mind, Cambridge: Cambridge University Press 2006, 62). Und jüngst: Chomsky, Noam: The Science of Language. Interviews with James McGilvray, Cambridge: Cambridge University Press 2012

233 Taylor: Ein säkulares Zeitalter, 1251

234 Ultrasozialität, Autonomie und Kultur sind typisch menschliche Eigenschaften. »Auch wenn Tiere immer wieder Elemente davon zeigen, der Mensch ist das einzige bekannte Lebewesen, das in einer sein ganzes Leben prägenden Weise gleichzeitig sozial-kooperativ, autonom und kulturell ist.« (Sumser: Evolution der Ethik 213) Wobei die Frage, ob diese Eigenschaften die menschliche Sprachfähigkeit hervorgebracht haben oder Sprache diese Eigenschaften, der Frage nach dem Huhn und dem Ei gleicht. Beides bedingt sich gegenseitig und beides ist einzigartig menschlich. So sieht es auch Bowlby: »Die Fähigkeit des Menschen, Sprache und andere Symbole zu gebrauchen, sein Vermögen, Pläne und Modelle zu entwickeln, eine langandauernde Zusammenarbeit und endlose Konflikte mit anderen einzugehen, dies macht den Menschen zu dem, was er ist. All diese Prozesse haben ihren Ursprung in den ersten drei Lebensjahren.« (Zit. nach Grossmann/Grossmann: Bindungen 597)

235 Von der Gnosis über die Aufklärung bis zu Nietzsche begegnet diese Auslegung von Gen 3 immer wieder – in der heutigen Zeit besonders gerne als psychologisierende Auslegung in der Gefolgschaft der dualistischen Archetypenlehre von C. G. Jung. So sieht Eugen Drewermann den Menschen als tragisches Wesen, das in seiner Freiheit gar nicht anders könne, als auf sich selbst zu reflektieren, doch genau dadurch habe es seine Unschuld verloren (Drewermann, Eugen: Strukturen des Bösen III, Paderborn/Wien: Schöningh 1978, 438–441).

236 Darauf weist hin: Safranksi, Rüdiger: Das Böse oder das Drama der Freiheit, München/Wien: Hanser 1984, 64. Vgl. auch: Sandler: Der verbotene Baum 94ff.

237 Längle: Das Sinnkonzept V. Frankls

238 So kann man bei Kindern die Neigung beobachten, Ereignisse als intentional verursacht zu erklären: Irgendjemand muss verantwortlich sein. Das kann sich dann zu einer Weltsicht erweitern, die hinter allem das Wirken eines Schöpfers erahnt. »Wir kommen als ›natürliche Religiöse‹ zur Welt, weil die Art und Weise, wie unser Gehirn Probleme löst, einen ›gott-förmigen‹ konzeptionellen Raum schafft.« (Sumser: Evolution der Ethik, 5) Dass diese Neigung deshalb jedoch nichts weiter als eine kindische Fehlleistung des Gehirns sei, ist dadurch keineswegs bewiesen. Auch viele andere rationale Überzeugungen beginnen in der Kindheit, wie die Permanenz von Objekten (eine Sache verschwindet nicht einfach, weil man sie nicht mehr sieht), die kausale Vorhersagbarkeit, dass andere Intentionen haben, dass die Mutter uns liebt ... Diese Überzeugungen sind nicht deshalb unwahr, weil sie sich aus naiven kindlichen Konzepten entwickelt haben.

239 Das Narrative ist die typisch menschliche Form, Geschichte zu erleben. Interessant ist, dass im Laufe der Literaturgeschichte das Interesse an der Innenansicht des Individuums im Roman und besonders in der Autobiografie immer mehr zugenommen hat. Die *Confessiones* des Aurelius Augustinus (354–430) gelten als erste Autobiografie überhaupt. Etwa 1400 Jahre lang ruhte das Genre, bis Jean-Jacques Rousseau (1712–1778) in seinen posthum erschienenen *Les Confessions* (1782) auf eine bis dahin unerhörte Weise schonungslos ehrlich über seine Kindheit und Jugend berichtete und dadurch eine Sensation auslöste, die nachhaltigen Einfluss hatte. Das Erzählen von Geschichten steigert jedoch nicht nur die eigene Sinnorientierung, sondern auch die Fähigkeit zur Perspektivenübernahme und dadurch zur Empathie. Verantwortlich dafür sind die Spiegelneuronen, die sich in unmittelbarer, überlappender Nachbarschaft im Gehirn befinden. (Rizzolatti, Giacomo/Sinigaglia, Corrado: Empathie und Spiegelneurone, Berlin: Suhrkamp 2008, 162–173)

240 Platon: Werke in acht Bänden, hg. von Gunther Eigler, gr./dt., übers. von Friedrich Schleiermacher (revidiert), Darmstadt: Wissenschaftliche Buchgesellschaft 1977

241 Bedeutsam dafür war zum Beispiel das extrem populäre 1969 erschienene Buch *The Psychology of Self-Esteem*. Darin behauptet Nathaniel Branden, je höher das Selbstwertgefühl

eines Menschen sei, desto höhere Ziele setze er sich: Also nicht die Orientierung an einem objektiven Sinn, sondern das Gefühl für den eigenen Wert sei handlungsleitend (Branden, Nathaniel: The Psychology of Self Esteem: A Revolutionary Approach to Self-Understanding That Launched a New Era in Modern Psychology, Hoboken: John Wiley & Sons 1969). Den größeren Kontext der Entstehung des modernen Selbstkonzepts zeigt Taylor: Quellen des Selbst. Kritisch dazu: Jean Twenge: Generation Me.

242 Taylor: Quellen des Selbst 876

243 Scruton: On Human Nature 142f.

244 Rohr, Richard: Falling Upward: A Spirituality for the Two Halves of Life, Hoboken: John Wiley & Sons 2011, 201

245 Auf poetische Weise drückt das Charles Eisenstein aus: »Lebensziele weichen den Anforderungen, welche die Pflege eines anderen Wesens stellt, ohne einen Gedanken an Belohnung. Lesen Sie den letzten Satz noch einmal. Ist das nicht das Rezept für Freude, das die Heiligen uns immer wieder gegeben haben?« Eisenstein, Charles: Renaissance der Menschheit 763

246 Eintrag vom 5.9.1998, zitiert nach: melikamp.com: The Diary of Eric Harris (Volltext): http://melikamp.com/features/eric.shtml, eigene Übersetzung

247 Ohne Autor: Wählen Sie den besten Nirvana-Song!, Stern, 23.9.2011: https://www.stern.de/kultur/musik/20-jahre--nevermind--waehlen-sie-den-besten-nirvana-song--3772312.html

248 Und das auch rein medizinisch. Aktuelle medizinische Studien belegen, dass Menschen, die ihr Leben als sinnvoll empfinden, zweieinhalb Mal seltener an Schlaganfällen und Herzinfarkten erkranken. Die Sinnfrage hat eindeutige Auswirkungen auf die Sterblichkeit. Alimujian, Aliya/Wiensch, Ashley: Association Between Life Purpose and Mortality Among US Adults Older Than 50 Years, in: JAMA Netw Open 2019, 2(5):e194270, doi:10.1001/jamanetworkopen.2019.4270

249 Solschenizyn: Der Archipel GULAG II 579

250 Weber, Max: Die protestantische Ethik und der Geist des Kapitalismus, München: C. H. Beck 2013, 12

251 Lubin, Gus: There's A Staggering Conspiracy Behind The Rise Of Consumer Culture. Buisness Insider, 23.2.2013: https://www.businessinsider.com/birth-of-consumer-culture-2013-2?r=DE&IR=T#ever-ything-from-shoes-to-cars-was-promoted-in-functional-terms-meant-to-appeal-to-a-ra-tional-consumer-2

252 Rosa: Resonanz 671ff.

253 Diese saloppe Zusammenfassung verdanke ich: Comer, John Mark: The ruthless elimination of hurry, New York: Random House 2019, 180. Baudrillards Theorie des Konsums zum Beispiel hier: Baudrillard, Jean: Die Konsumgesellschaft, Berlin: Springer 2015

254 Wikipedia (Englisch): Books published per country per year, Stand 3.8.2021: https://en.wikipedia.org/wiki/Books_published_per_country_per_year

255 Garba, Stephen/ Adamu, Ahmed/Mai, Ahmed: Proliferations of Scientific Medical Journals: A Burden or A Blessing, in: Oman Medical Journal, Oktober 2010; 25(4): 311–314: https://www.ncbi.nlm.nih.gov/pmc/articles/PMC3191655/

256 Kahneman, Daniel: Schnelles Denken, langsames Denken, München: Siedler 2012, 309

257 Das belegt mit vielen Beispielen und Studien: Spitzer, Manfred: Digitale Demenz, München: Droemer 2012

258 Han: Im Schwarm, 56. Und sehr poetisch: »Die Information ist eine pornographische Form des Wissens. Ihr fehlt die Innerlichkeit, die das Wissen ausmacht.« (Han, Byung-Chul: Die Errettung des Schönen, Frankfurt a. M.: Fischer 2015, 19)

259 Postman, Neil: Wir informieren uns zu Tode, Bonn: Deutsches Inst. für Erwachsenenbildung (DIE) 1993

260 »Who knows why people do what they do? The point is they do it, and we can track and measure it with unprecedented fidelity. With enough data, the numbers speak for themselves.« (Anderson, Chris: The end of theory: https://www.wired.com/2008/06/pb-theory/). Han kritisiert, hier liege ein verkürzter Theoriebegriff vor: »Ein *datengetriebenes* Denken gibt es nicht. Datengetrieben ist nur das Rechnen.« (Han, Byung-Chul: Agonie des Eros, Berlin: Matthes & Seitz 2012, 84)

261 Lesch/Schwartz: Unberechenbar 32

262 Davor warnt der Münchner Soziologe Armin Nassehi in verschiedenen Veröffentlichungen, zum Beispiel: Nassehi, Armin: Die letzte Stunde der Wahrheit: Kritik der komplexitätsvergessenen Vernunft, Hamburg: Murmann 2018

263 Twenge, Jean: Have Smartphones Destroyed a Generation?: https://www.theatlantic.com/magazine/archive/2017/09/has-the-smartphone-destroyed-a-generation/534198/

264 Spitzer, Manfred: Cyberkrank!, München: Droemer 2015, 112. Zu ähnlichen Ergebnissen kommt Alexander Markowetz in seinem Buch Digitaler Burnout: Warum unsere permanente Smartphone-Nutzung gefährlich ist, München: Droemer 2015.

265 Weis, Robert/Cerankosky, Brittany C.: Effects of video-game ownership on young boy's academic and behavioral functioning: A randomized, controlled study. in: Psychological Science 21 (2010), 463–470

266 Spitzer: Digitale Demenz 234

267 Wilson, Timothy D./ Reinhard, David A. (et al.): Just think: The challenges of the disengaged mind, in: Science 345 (2014) (Nr. 6192), 75–77; doi: 10.1126/science.1250830; zit. nach Spitzer: Cyberkrank! 348f.

268 Tworuschka, Udo: Die Einsamkeit (=Untersuchungen zur allgemeinen Religionsgeschichte 9), Bonn: Röhrscheid 1974

269 Hillesum: Das denkende Herz der Baracke, Freiburg i. Br.: Herder 2014, 161

270 Den vielsagenden Untertitel *Wie uns das Leben unter der akustischen Glocke um unsere Sinne bringt* wählte ein Autor schon 1985 für sein Buch: Liedtke, Rüdiger: Die Vertreibung der Stille, München: Schöneberger 1985

271 Pawlik, V.: Anzahl der Personen in Deutschland, die Bücher lesen, nach Häufigkeit von 2016 bis 2020, Statista, 5.8.2020: https://de.statista.com/statistik/daten/studie/171231/umfrage/haeufigkeit-des-lesens-von-einem-buch/

272 In *The Western Canon* beklagte der Literaturwissenschaftler Harold Bloom schon in den Neunzigern, dass Shakespeares *Julius Caesar*, einst typische Schullektüre in der Highschool, aus den meisten Lehrplänen verschwunden sei, weil die Schüler nicht mehr die dafür nötige Aufmerksamkeitsspanne mitbringen. (Bloom, Harold: The Western Canon, New York: Riverhead 1995, 520)

273 So zeigen Kinder mit spezifischen Leseschwierigkeiten statistisch öfter auch antisoziale Verhaltensmuster: Maughan, B./Pickles, A./Hagell, A./Rutter, M./Yule, W.: Reading problems and antisocial behaviour: Developmental trends in comorbidity, in: Journal of Child Psychology and Psychiatry 37 (1996), 405–418; doi:10.1111/j.1469–7610.1996.tb01421.x. Das wirkt sich auch auf das spätere Berufsleben aus: Maughan, B./Gray, G./Rutter, M. (1985). Reading retardation and antisocial-behavior – a follow-up into employment, in: Journal of Child Psychology and Psychiatry 26 (1985), 741–758; doi:10.1111/j.1469–7610.1985.tb00588.x

274 Eintrag vom 29.7.1998, vgl. Endnote 246

275 Ein kleiner Überblick: Fundación Tomás de Aquino: S. Thomae de Aquino opera omnia: https://www.corpusthomisticum.org/iopera.html

276 Auf unterschiedliche, aber in beiden Darstellungen packende Weise beschreiben diese dramatische Wendung Jürgen Habermas und Hans Urs von Balthasar. Habermas, Jürgen: Auch eine Geschichte der Philosophie I, Berlin: Suhrkamp 2019, 765ff.; Balthasar, Hans

Urs von: Herrlichkeit, Im Raum der Metaphysik, Altertum, Johannes Verlag Einsiedeln, Freiburg 42021, 371ff.

277 Hume, David: A Treatise of Human Nature, hg. von P. H. Nidditch und L. A. Selby-Bigge, Oxford: Oxford University Press 1978, I–III

278 Die gemeinsame Idee von Hegel und Marx bezüglich der menschlichen Natur fasst Erich Fromm sehr treffend zusammen: »For Spinoza, Goethe, Hegel, as well as for Marx, man is alive only inasmuch as he is productive, inasmuch as he grasps the world outside of himself in the act of expressing his own specific human powers, and of grasping the world with these powers. Inasmuch as man is not productive, inasmuch as he is receptive and passive, he is nothing, he is dead.« (Fromm, Erich: Marx's Concept of Man, London: Continuum 2004, 26)

279 Als »Bildungstrieb« bezeichnet der Naturforscher Johann Friedrich Blumenbach noch 1780 die Eigenschaft lebendiger Organismen, sich höherzuentwickeln und fortzupflanzen.

280 Haeckel, Ernst: Stellung der Welträtsel, in: ders.: Die Welträtsel (=Gemeinverständliche Werke III), Leipzig/Berlin: Kröner und Henschel 1927, 11

281 Ebd. 20

282 Schopenhauer, Arthur: Die Welt als Wille und Vorstellung II, 1 (=ders.: Sämtliche Werke, Bd. 2), hg. von Wolfgang von Löhneysen, Frankfurt a. M.: Suhrkamp 1986

283 Die fröhliche Wissenschaft 125 (Friedrich Nietzsche: KSA III, 480f.)

284 Nietzsche, Friedrich: KSA VI, 81

285 Zur Genealogie der Moral, Vorrede 6 (Nietzsche, Friedrich: KSA V, 253)

286 Freud, Sigmund: Das Unbehagen in der Kultur, 213

287 Mit diesem Satz beginnt das Buch: Camus, Albert: Der Mythos des Sisyphos, Reinbek bei Hamburg: Rowohlt 2000, 11

288 Deleuze, Gilles: Woran erkennt man den Strukturalismus?, Berlin: Merve 1973, 17

289 Deshalb ist der Strukturalismus nach Deleuze »von einem neuen Materialismus, einem neuen Atheismus, einem neuen Antihumanismus nicht zu trennen«. (Ebd. 19) Strukturalismus ist also ein Denken, »welches die Identität des Subjekts bestreitet, es auflöst und von Platz zu Platz gehen lässt, ein Subjekt, das immer Nomade bleibt« (ebd. 55), »weswegen der Mensch und Gott die beiden Krankheiten der Erde sind, das heißt der Struktur« (ebd. 56).

290 Einführend etwa: Foucault, Michel: Die Archäologie des Wissens, Frankfurt a. M.: Suhrkamp 1994

291 Der Abschied des späteren Ludwig Wittgenstein (1889–1951) vom Empirismus des Wiener Kreises, der damit zusammenhängende *linguistic turn* in der Philosophie und die Entstehung der analytischen Philosophie sind hier die wichtigsten Überschriften einer verzweigten, vielfältigen Entwicklung. Den besten Einblick bekommt man vielleicht, wenn man Richard Rortys polemisches, aber packendes Buch »*Der Spiegel der Natur* liest (Rorty, Richard: Der Spiegel der Natur, Frankfurt a. M.: Suhrkamp 1986). Zur Entstehung der analytischen Philosophie: Dummett, Michael: Ursprünge der analytischen Philosophie, Frankfurt a. M.: Suhrkamp 1992. Für die Verbindung zur Wissenschaftstheorie von großer Bedeutung waren das ebenso sehr unterhaltsam zu lesende Buch *Die Struktur wissenschaftlicher Revolutionen* von Thomas S. Kuhn (Frankfurt a. M.: Suhrkamp 1996), sowie die noch radikaleren Schriften Paul Feyerabends (1924–1994), bei dem es endgültig keine wahren oder falschen Theorien mehr gibt.

292 »Der Radikale Konstruktivismus ist unverhohlen instrumentalistisch. Er ersetzt den Begriff der Wahrheit durch den Begriff der Viabilität.« (Glasersfeld, Ernst von: Radikaler Konstruktivismus, Frankfurt a. M.: Suhrkamp 1996, 55). Später bemerkt von Glasersfeld, man könne auch nicht die Frage stellen, ob der Konstruktivismus selbst wahr oder falsch sei, denn er sei selbst nur ein Werkzeug, »dessen Wert sich nur nach seinem Erfolg im Gebrauch bemisst«. Allein: Was bedeutet »Erfolg« und wer definiert das nach welchen Kriterien für welche Gruppe von Menschen?

293 Einführend etwa: Delgado, Richard: Critical Race Theory. An Introduction, New York: New York University Press 2017

294 Zwei der Autoren verwerten die Geschichte zu einem generellen Angriff auf die »critical theories« und das postmoderne Denken allgemein, denen sie logische Unhaltbarkeit und eine zutiefst intolerante, sektenähnliche Diskurspraxis vorwerfen. Empfohlen wird das Buch unter anderem von Richard Dawkins: Lindsay, James/Pluckrose, Helen: Cynical Theories: How Activist Scholarship Made Everything About Race, Gender, and Identity: And Why This Harms Everybody, Durham: Pitchstone 2020

295 »Die Hungersnot von Charkow und die Todesfelder von Kambodscha wurden von Atheisten verschuldet, die den Versuch machten, die erhabensten Ideale menschlicher Vollkommenheit durchzusetzen.« (Taylor: Quellen des Selbst 896)

296 Solschenizyn: Der Archipel GULAG II 593

297 Ebd. 602

298 Ebd. 583

299 Zwei gut lesbare und konzise philosophische Widerlegungen des Relativismus und Konstruktivismus: Boghossian, Paul: Angst vor der Wahrheit, Frankfurt a. M.: Suhrkamp 2013; Nagel, Thomas: Das letzte Wort, Stuttgart: Reclam 1999

300 Zit. nach: Spaemann, Robert: Moralische Grundbegriffe, München: C. H. Beck 2015, 34

301 Lukács, Georg: Was ist orthodoxer Marxismus?, in: ders., Werke II, Neuwied/Berlin: Luchterhand 1968, 69

302 Zum »Expressivismus«: Taylor: Quellen des Selbst 639ff.; zur »Authentizität«: ders.: Ein säkulares Zeitalter 788ff.

303 Diese Entwicklung beleuchtet auf anschauliche Weise: Trueman, Carl R.: The Rise and Triumph of the Modern Self, Wheaton: Crossway 2020

304 »Emotivism is the doctrine that all evaluative judgements and more specifically all moral judgements are nothing but expressions of preference, expressions of attitude or feeling, insofar as they are moral or evaluative in character.« (MacIntyre, Alasdair: After Virtue, London: Duckworth 1985, 11f.)

305 In ihrem Song *Welcome to New York* aus dem Album *1989*.

306 Revers, Matthias/Traunmüller, Richard: Is Free Speech in Danger on University Campus? Evidence from a Most Likely Case. in: Kölner Zeitschrift für Soziologie und Sozialpsychologie 72 (2020), 471–497.

307 So in seinem Essay über Toleranz von 1689, einem der Gründungsdokumente der modernen liberalen Gesellschaft.

308 Statista Research Department: Umfrage zur Meinungsäußerung in Deutschland 2019, Statista, 7.11.2019: https://de.statista.com/statistik/daten/studie/1067107/umfrage/umfrage-zur-meinungsaeusserung-in-deutschland/

309 Selby, Jenn: Bob Dylan: Singer-songwriter charged with incitement to racial hatred in France, in: The Independent, 2.12.2013: https://www.independent.co.uk/arts-entertainment/music/news/bob-dylan-sued-for-alleged-racism-8978039.html

310 Coleman, Paul: Zensiert: Wie europäische »Hassrede«-Gesetze die Meinungsfreiheit bedrohen, Basel: Fontis 2020

311 Sen, Amartya: Die Identitätsfalle, München: dtv 2010, 185

312 Vgl. dazu Komor, Alexis C./Yongjoo, B. Kim (et al.): Programmable Editing of a Target Base in Genomic DNA Without Double-Stranded DNA Cleavage, in: Nature 533 (2016) (Nr. 7603), 420–424: https://doi.org/10.1038/nature17946

313 Vgl. dazu Jinek, Martin/Chylinski, Krzysztof (et al.): A Programmable Dual-RNA-Guided DNA Endonuclease in Adaptive Bacterial Immunity, in: Science 337 (2012) (Nr. 6096), 816–821; doi: 10.1126/science.1225829

314 Einen guten Einstieg in die Denkweise und die Anliegen des zeitgenössischen Transhumanismus bietet die Website von *Humanity+* (https://humanityplus.org), spezifisch die seit 1998 immer wieder aktualisierte *Transhumanist Declaration* (https://humanityplus.org/philosophy/transhumanist-declaration/) und die *Transhumanist FAQ* (https://humanityplus.org/philosophy/transhumanist-faq/). Eine hilfreiche erste Übersicht bietet Bostrom, Nick: A History of Transhumanist Thought, in: Journal of Evolution and Technology 14/1 (2004), 1–25. Apologetische Einführungen in die »Philosophie des Transhumanismus« bieten im amerikanischen Sprachraum More, Max: The Philosophy of Transhumanism, in: ders./Vita-More, Natasha (Hg.), The Transhumanist Reader. Classical and Contemporary Essays on the Science, Technology, and Philosophy of the Human Future. Chichester: Wiley-Blackwell 2013, 3–17 und im deutschen Sprachraum Sorgner, Stefan L.: Transhumanismus. »Die gefährlichste Idee der Welt«?!, Freiburg i. Br.: Herder 2016.

315 Ein gutes Beispiel dafür ist der Versuch, eine »longevity escape velocity« (dt. in etwa: »Fluchtgeschwindigkeit der Lebensdauer«) zu erreichen, wie es der Gerontologe Aubrey de Grey anstrebt – also die Hoffnung, dass die Verlängerung der Lebensdauer durch neuartige biomedizinische Technologien immer größer wird, sodass der Tod heute lebender Menschen immer weiter hinausgezögert werden könnte. Vgl. de Grey, Aubrey/Rae, Michael: Ending Aging. The Rejuvenation Breakthroughs That Could Reverse Human Aging in Our Lifetime. New York: Griffin 2007, bes. 330f. Dieselbe Idee vertritt auch Ray Kurzweil (Kurzweil, Ray/Grossman, Terry: Fantastic Voyage. Live Long Enough to Live Forever. Emmaus: Plume 2005, bes. 1–13)

316 Vgl. Duerr, Oliver: Homo Novus. Zur eschatologischen Transformation des Menschen im Zeitalter des Transhumanismus. Dissertation an der Universität Freiburg (CH), noch unveröffentlicht

317 Ohne Autor: Bundesgerichtshof bestätigt Schuldspruch gegen zwei Frauenärzte, Deutsches Ärzteblatt, 4.1.2021: https://www.aerzteblatt.de/nachrichten/119839/Bundesgerichtshof-bestaetigt-Schuld-spruch-gegen-zwei-Frauenaerzte

318 Die »PID« beschäftigt Ethikkommissionen und Gerichte seit Jahren. Der Trend geht eindeutig in die Richtung einer immer unbegrenzteren Handhabung. Vgl. etwa: Kiworr, Michael/Bauer Axel W. (et al.): Vorgeburtliche Diagnostik. Schritte auf dem Weg zur Eugenik, in: Deutsches Ärzteblatt 6/2017, A255–257)

319 Der britische Biologe und Philosoph Julian Huxley (1887–1975) gilt als Pionier der transhumanistischen Bewegung und war überzeugter Eugeniker. Ein weiterer Vordenker, Joseph Fletcher (1905–1991), schreibt im Hinblick auf Kinder mit körperlichen oder mentalen Einschränkungen (»the mentally ‚handicapped' or retarded, [...] the victims of muscular dystrophy, cystic fibrosis, even spina bifida«): »Morally, honest concern for such unfortunate creatures should be based as much on an effort to prevent their birth as to help them, when they are born anyway.« (Fletcher, Joseph: The Ethics of Genetic Control. Ending Reproductive Roulette, New York: Prometheus 1988, 152f.)

320 Vgl. zum Beispiel: Göcke, Benedikt P./Meier-Hamidi, Frank (Hg.), Designobjekt Mensch. Die Agenda des Transhumanismus auf dem Prüfstand. Freiburg i. Br.: Herder 2018

321 Harari: Homo Deus 445

322 Eine leidenschaftliche Kritik dieses Menschenbilds: Fuchs, Thomas: Verteidigung des Menschen. Grundfragen einer verkörperten Anthropologie, Berlin: Suhrkamp 2020

323 Pascal, Blaise: Les Pensées (Texte de l‹édition Brunschvicg), hg. von Charles-Marc des Granges, Paris: Garnier 1948, Fr. 434

324 Die Tatsache, dass der Mensch nicht alleine auf die Welt kommt, sehen Philosophen ganz unterschiedlicher Ansätze als Grundlage der Ethik. Von Hegel wurde das weiter oben schon gezeigt. Bei Emmanuel Lévinas (1906–1995) ist das die Situation, wenn ein Mensch das Gesicht eines anderen Menschen sieht. Er spürt intuitiv, dass das ein Anderer

ist, den er nicht töten darf. Im Projekt des »nachmetaphysischen Denkens« entwirft Jürgen Habermas (*1929) eine Begründung der Ethik aus der Praxis des Gesprächs. »Autonomie bedeutet eben gerade nicht, sich selbst absolut setzen, sondern Autonomie erweist sich eben darin, dass Mensch sich als ein Wesen versteht, das sich an Gesetzen orientiert, die gelten.« (Habermas: Auch eine Geschichte der Philosophie II, 804f.) Dennoch sieht er zumindest die Gefahr, die Vernunft werde mit dem »Verschwinden jedes Gedankens, der das in der Welt Seiende im Ganzen transzendiert, selbst verkümmern«. (Ebd. 807) Auch nachmetaphysische Vernunft sei also gut beraten, gegenüber der religiösen Bildwelt lernbereit zu bleiben.

325 Delp, Alfred: Gesammelte Schriften, hg. von Roman Bleistein, Bd. 4: Aus dem Gefängnis, Frankfurt a. M.: Knecht 1984, 236

326 Dass es Gott gibt und dass er Person ist, lässt sich natürlich nicht beweisen. Diese Glaubensannahme ist aber in sich logisch und hat gegenüber dem Naturalismus den Vorteil, das Geheimnis der Herkunft menschlicher Personalität erklären zu können. Auf sehr knappe Weise legt diesen Gedankengang dar: Tetens, Holm: Gott denken, Stuttgart: Reclam 2015. Auch keine Beweisführung für den Theismus – aber eine kantige Widerlegung des naturalistischen Reduktionismus aus so prominenter Feder löste hitzigste Debatten aus: Nagel, Thomas: Geist und Kosmos, Berlin: Suhrkamp 2013. Seine Argumentation ist aber ganz ähnlich: Da die Ich-Perspektive des Individuums nicht auf rein Materielles reduzierbar ist, ist eine Vorstellung von der Welt, die sie auf das naturwissenschaftlich Beobachtbare reduziert, notwendig unvollständig.

327 Dem Gedanken der Unverfügbarkeit spürt auf wissenschaftliche und zugleich beinahe poetische Weise nach: Rosa, Hartmut: Unverfügbarkeit, Wien/Salzburg: Residenz 2019

328 Statista Research Department: Welchen Aussagen zum Thema Glauben stimmen Sie nicht zu?, Statista, 20.9.2006: https://de.statista.com/statistik/daten/studie/177273/umfrage/aussagen-zum-thema-glauben-denen-nicht-zugestimmt-wird/

329 Duerr, Oliver: Sie rufen »Friede! Friede!«, aber da ist kein Friede – Eine christliche Kritik des Transhumanismus in Zeiten von COVID-19 (Zeitschrift für Theologie und Philosophie Themenheft Anthropologie der Digitalisierung, 2021)

330 So argumentiert Johannes Hoff im Zusammenhang einer »Anthropologie der digitalen Transformation«: Hoff, Johannes: Verteidigung des Heiligen, Freiburg i. Br.: Herder 2021

331 Ohne Autor: Wir haben deutsche Universitäten nach Hässlichkeit sortiert, VICE Deutschland, 29.10.2018: https://www.vice.com/de/article/negabb/universitaeten-deutschland-nach-haesslichkeit-sortiert332

332 Ebd.

333 Der Verein »Stadtbild Deutschland« hat es sich zur Aufgabe gemacht, solche Beispiele zu sammeln und für den Erhalt oder die Rekonstruktion historischer Altstädte zu kämpfen.

334 Der chilenische Pavillon zur Biennale 2014 zeichnete den Einfluss in der Sowjetunion billig produzierter Elemente für Fertighäuser auf Chile nach: Fredrickson, Trent: Chilean pavilion reflects upon prefabricated past at venice biennale, designboom, 11.6.2014: https://www.designboom.com/architecture/chile-pavilion-prefabricated-past-venice-architecture-biennale-06-11-2014/

335 Vgl. etwa: Göpfert, Claus-Jürgen: Die Inszenierung eines Traums, Frankfurter Rundschau (online), 10.5.2018: https://www.fr.de/frankfurt/inszenierung-eines-traums-10986651.html

336 TED2010, Long Beach, CA, 12.2.2010: https://www.ted.com/talks/denis_dutton_a_darwinian_theory_of_beauty

337 Das wird am deutlichsten an der zeitgleichen Entstehung formeller Bestattung und der Tradition von Grabbeigaben. (Zilhão, João: Lower and Middle Palaeolithic Mortuary Behaviours and the Origins of Ritual Burial, bes. 42)

338 So steigerte sich die Anzahl von Mac-Donalds-Restaurants in den letzten Jahren von 31.000 (2006) auf knapp 39.000 (2019): Graefe, Lena: Entwicklung der Anzahl der Restaurants der McDonald‹s Corporation weltweit von 2006 bis 2020, Statista, 9.8.2021: https://de.statista.com/statistik/daten/studie/244232/umfrage/entwicklung-der-anzahl-der-restaurants-von-mcdonalds/

339 Im »documenta reader« beschreibt der künstlerische Leiter der documenta 14 Adam Szymczyk sein Anliegen in einem langen Artikel als praktisch rein politisch. In einer Welt des erstarkenden Neoliberalismus müsse der Versuch, »das alte, nicht mehr haltbare Konzept einer Welt aus souveränen Nationalstaaten« fortzusetzen, durch Kunst bekämpft werden. Es gehe darum, »radikale Subjektivitäten vollständig zu realisieren«. Das ambitionierte Ziel der documenta 14: »der Versuch einer ganz neuen Existenzweise in unserer Welt«. (Szymczyk, Adam: Iterabilität und Andersheit, in: Latimer, Quinn/Szymczyk, Adam (Hg.): Der documenta 14 Reader, München/London/New York: Prestel 2017, 17–42)

340 Philebos 64e, in: Platon. Werke in acht Bänden, hg. von Gunther Eigler, gr./dt., übers. von Friedrich Schleiermacher (revidiert), Darmstadt: Wissenschaftliche Buchgesellschaft 1977

341 Heisenberg, Werner: Quantentheorie und Philosophie, Stuttgart: Reclam 2016, 98

342 Vgl. Spaemann: Moralische Grundbegriffe 15

343 Die erste ausführliche Auseinandersetzung mit dem Erhabenen findet sich im Neuplatonismus beim anonymen Pseudo-Longinos in seiner überaus einflussreichen Schrift *Über das Erhabene* (*Peri hypsous*) aus dem 1. Jahrhundert. Zum Schönen gehört dort auch die Negativität des Überwältigenden.

344 Hume, David: Of the Standard of Taste (1757), in: The Philosophical Works of David Hume, hg. von T. H. Green und T. H. Grose, 4 Bde., London: Longmans, Green and Co., 1874/75, Bd. 3. (Der Text findet sich auch hier: https://web.csulb.edu/~jvancamp/361r15.html.)

345 Wenn wir dem Gegenstand in bloßer Betrachtung tatsächlich interesselos gegenüberstehen, dann müsste jeder dem Geschmacksurteil zustimmen können. Es wäre also theoretisch objektiv. (In der »Kritik der Urteilskraft« lautet die Überschrift des ersten Paragrafen des Kapitels »Kritik der ästhetischen Urteilskraft«: »Das Geschmacksurteil ist ästhetisch«; Kant, Immanuel: Akademie-Ausgabe (AA), Bd. 5 (Kritik der Urteilskraft) 203

346 »(…) weil der Weg zu dem Kopf durch das Herz muß geöffnet werden. Ausbildung des Empfindungsvermögens ist also das dringendere Bedürfnis der Zeit« schreibt Schiller im 8. Brief über die ästhetische Erziehung des Menschen (Gesammelte Werke in fünf Bänden, hg. von Reinhold Netolitzky, Bielefeld: Bertelsmann 1960, 345).

347 Er greift ihn auf aus Edward Burkes *Abhandlung über das Schöne und das Erhabene* von 1756.

348 Keats, John: Ode on a Grecian Urn, V. 46–50

349 Stendhal: Über die Liebe, Frankfurt a. M.: Insel 1975, 76

350 Nachgelassene Fragmente 1887–1889 (Nietzsche, Friedrich: KSA XIII, 500)

351 Jury, Louise: ›Fountain‹ most influential piece of modern art, The Independent, 2.12.2004: https://www.independent.co.uk/news/uk/this-britain/fountain-most-influential-piece-of-modern-art-673625.html

352 Zit. nach Taylor: Ein säkulares Zeitalter 678

353 Baudelaire, Charles: Die Blumen des Bösen, Stuttgart: Reclam 1992, 105

354 Zit. nach: Liessmann, Konrad Paul: Schönheit, Wien: facultas wuv 2009, 65

355 Vgl. Scruton, Roger: Schönheit, München: Diederichs 2012, 224ff.

356 Homer: Ilias, übers. von Wolfgang Schadewaldt, Frankfurt a. M.: Insel 1975, XXIV, 54

357 Scruton: Schönheit 130

358 Sartre, Jean-Paul: Der Ekel, Reinbek bei Hamburg: Rowohlt 1982, 194f.

359 Loos, Adolf: Sämtliche Schriften in zwei Bänden, hg. von Franz Glück, Wien/München: Herold 1962, Bd. 1, 276–288

360 Wolf, Norbert: Architektur verstehen. Darmstadt: Primus 2012, 13

361 Zur Rezeptions- und Forschungsgeschichte des Bauhauses: Prigge, Walter (Hg.): Ikone der Moderne, Berlin: Jovis 2006

362 Der Begriff »International Style« findet sich erstmals 1932 bei einer Ausstellung in New York. Das Bauhaus gilt dort als Paradigma des neuen Stils (Hitchcock, Henry-Russell/ Johnson, Philip: The International Style, New York: Norton and Co. 1932). Den Begriff »Internationale Architektur« freilich hatte Gropius schon vorher verwendet. Band 1 der Bauhausbücher von 1925 trug diesen Titel.

363 Gropius selbst betonte, dass sich »die Erscheinungsformen der neuen Baukunst folgerichtig und zwangsläufig aus den geistigen, gesellschaftlichen und technischen Voraussetzungen der Zeit logisch entwickelten«. (zit. nach: Schulze, Ulrich: Das Bauhaus in Dessau von Walter Gropius. Die Schönheit der Funktion, in: Marek, Kirstin/Schulz, Martin (Hg.): Kanon Kunstgeschichte III, Paderborn: Fink 2015, 263–284, 271)

364 Marinetti, Filippo Tommaso: Das futuristische Manifest, in: Chipp, Herschel B.: Theories of Modern Art, Berkeley/Los Angeles: University of California Press 1968, 286

365 Es ist kein Zufall, dass Mies van der Rohe bereits 1935 an einem Wettbewerb zur Gestaltung des Deutschen Pavillons auf der Weltausstellung in Brüssel teilnahm: Schon auf seinen ersten Skizzen wehen an prominenter Stelle die Hakenkreuzfahnen. (Welsch, Celina R.: Mies van der Rohe's Compromise with the Nazis: https://doi.org/10.25643/bauhaus-universitaet.1145)

366 Auch hier gab es nicht nur eine zufällige Ähnlichkeit zu Projekten wie die gigantischen Anlagen rings um das Nürnberger »Reichsparteitagsgelände« aus der Feder von Hitlers Lieblingsarchitekt Albert Speer. Eine auf die Funktion reduzierte Ästhetik durchzieht die gesamte Bildsprache der Nazipropaganda. Filme wie *Der Triumph des Willens* von Leni Riefenstahl (1902–2003) zeichnen die Schönheit des athletischen Körpers als perfekt funktionierender Maschine. Die ideale Bildsprache, wenn das Ziel darin besteht, Menschen als Arbeits- und Kampfmaschinen zu funktionalisieren.

367 Sagmeister, Stefan/Walsh, Jessica: Sagmeister & Walsh: Beauty, London: Phaidon 2018 62

368 Die Forderung fand sich 1955 wieder in der Verordnung des Zentralkomitees der KPdSU *Über die Beseitigung der Übermäßigkeit im Planen und Bauen*. Sie stellte den Auftakt dar zum Bauboom der umgangssprachlich auch »Chruschtschowka« genannten, massengefertigten Plattenbauten.

369 Gropius, Walter: Bauhausbauten Dessau, München: Langen 1930 8f.

370 Diese Forderung nach Ehrlichkeit hatte für die Besucher des Bauhauses durchaus auch eine moralische Konnotation. Vgl. Schulze 278

371 Roberto del Signore: Die Strassen von Rom, hg. vom Referat für die Politischen Angelegenheiten im Bereich der Internationalen Förderung des Tourismus, o. D.: https://www.enit.de/uploads/tx_pdforder/latium_die_strassen_von_rom.pdf

372 Brühl, Jannis: Pornhubs dunkelste Nischen, Süddeutsche Zeitung, 7.12.2020: https://www.sueddeutsche.de/digital/vorwuerfe-gegen-porno-webseite-pornhubs-dunkelste-nischen-1.5140263

373 Exodus Cry: https://exoduscry.com/

374 Zahavi, Amotz/Zahavi, Avishag: Signale der Verständigung: Das Handicap-Prinzip, Frankfurt a. M.: Insel 1998

375 Dies belegt mit vielen Beispielen Michael J. Ryan, Professor für Integrative Biologie an der Universität Austin, Texas, in diesem Buch: A Taste for the Beautiful, Princeton: Princeton University Press 2017

376 Prum, Richard O.: The Evolution of Beauty, New York: Doubleday 2017

377 Der Evolutionsbiologe Gil Rosenthal stellt die Annahme, weibliche Tiere wählten ihre Partner nach Kriterien aus, die das Übertragen »guter Gene« wahrscheinlich machen, grundsätzlich in Frage. Er sieht Schönheit ebenfalls als nicht eindeutig zweckgebunden an. Sie entstehe aus einer Vielzahl unterschiedlicher Mechanismen. Rosenthal, Gil G.: Mate Choice. The Evolution of Sexual Decision Making from Microbes to Humans, Princeton: Princeton University Press 2017

378 Dutton, Denis: The Art Instinct, New York/Berlin/London: Bloomsbury 2009, 140

379 Ebd. 141–163

380 »Human nature, so evolutionary aesthetics insists, sets limits on what culture and the arts can accomplish with the human personality and its tastes.« (Dutton: The Art Instinct 206)

381 Wolchover, Natalie: Pie Chart: Humanity‹s Favorite Colors, Livescience, 31.7.2012: https://www.livescience.com/34105-favorite-colors.html

382 Bereits im Winter 1868 äußerte der Physiker und Philosoph Ernst Mach in einem Vortrag im Deutschen Casino zu Prag die Vermutung, die Wahrnehmung von Symmetrie sei die Grundlage der menschlichen Schönheitsempfindung. Das Überleben des Urmenschen habe vom Erkennen wiederkehrender Muster abgehangen. 1871 erschien der Vortrag unter dem Titel *Die Symmetrie*. (Mach, Ernst: Populär-Wissenschaftliche Vorlesungen (=Ernst-Mach-Studienausgabe IV, hg. von Elisabeth Nemeth und Friedrich Stadler), Berlin: Xenomoi 2008

383 Eine radikal relativistische Sicht vertritt Umberto Eco. Er beendet seine *Geschichte der Schönheit* mit der Prognose, spätere Zeiten würden nicht mehr imstande sein, ein für die heutige Gegenwart gültiges ästhetisches Ideal zu identifizieren. Diese postmoderne Indifferenz deutet er als Toleranz. Über den zukünftigen Theoretiker schreibt er: »Vor der Orgie der Toleranz, vor dem totalen Synkretismus, vor dem absoluten und unaufhaltsamen Polytheismus der Schönheit wird er kapitulieren müssen.« (Eco, Umberto: Die Geschichte der Schönheit, München: dtv 2006, 428)

384 Für die Literatur zeigt das: Carroll, Joseph: Literary Darwinism: Evolution, Human Nature, and Literature. New York: Routledge 2004 (bes. 187–206)

385 Dutton: The Art Instinct 248

386 Heisenberg, Werner: Quantentheorie und Philosophie, Stuttgart: Reclam 1979, 28

387 Ebd. 91–114

388 Ebd. 102

389 Feynman, Richard: The Character of Physical Law, Cambridge (MA): MIT Press 1985, 171

390 »I have said that in one respect my mind has changed during the last twenty or thirty years. Up to the age of thirty, or beyond it, poetry of many kinds, such as the works of Milton, Gray, Byron, Wordsworth, Coleridge, and Shelley, gave me great pleasure, and even as a schoolboy I took intense delight in Shakespeare, especially in the historical plays. I have also said that formerly pictures gave me considerable, and music very great delight. But now for many years I cannot endure to read a line of poetry: I have tried lately to read Shakespeare, and found it so intolerably dull that it nauseated me. I have also almost lost my taste for pictures or music. (…) My mind seems to have become a kind of machine for grinding general laws out of large collections of facts, but why this should have caused the atrophy of that part of the brain alone, on which the higher tastes depend, I cannot conceive. A man with a mind more highly organised or better constituted than mine, would not, I suppose, have thus suffered; and if I had to live my life again, I would have made a rule to read some poetry and listen to some music at least once every week; for perhaps the parts of my brain now atrophied would thus have been kept active through use. The loss of these tastes is a loss of happiness, and may possibly be injurious to the intellect, and more probably to the moral character, by enfeebling the emotional part of our nature.« (Darwin, Charles: The Life and Letters of Charles Darwin: Including an Autobiographical

Chapter (=Cambridge Library Collection – Darwin, Evolution and Genetics I), Cambridge: Cambridge University Press 2009, 100–102)

391 Scarry, Elaine: On Beauty and Being Just, Princeton: Princeton University Press 2001

392 Angelus Silesius (Johannes Scheffler): Der Cherubinische Wandersmann (I, 289), Stuttgart: Reclam 1984, 69

393 Nebel, Gerhard: Das Ereignis des Schönen, Stuttgart: Klett-Cotta 1997, 149–156

394 Scruton: Schönheit 93

395 Ebd. 94

396 Balthasar, Hans Urs von: Herrlichkeit, Schau der Gestalt, Johannes Verlag, Einsiedeln [3]1988, 16

397 Ebd. 17

398 Ellard, Collin: Places of the heart: The Psychogeography of Everyday Life, New York: Bellevue Literary Press 2015, 108f.

399 Stahl, Antje: »Schönheit kann Kriminalität untergraben», Neue Züricher Zeitung, 29.11.2018: https://www.nzz.ch/feuilleton/ministerpraesident-edi-rama-verbrechen-und-schoenheit-in-albanien-ld.1438011

400 Hier sieht Habermas eine Parallele zur moralischen Haltung, die sich ebenfalls an Maßstäben anderer messen lassen muss. »Ein Kunstwerk ist kein Zufallsprodukt, und wenn es eins ist, ist doch der Blick, der den bizarren Steinbrocken im Gebirge oder den auffälligen Kiesel am Strand als ästhetischen Gegenstand auszeichnet, an Standards der ästhetischen Erfahrung geschult.« (Habermas: Auch eine Geschichte der Philosophie II, 787)

401 Herder, Johann Gottfried: Von Schulübungen, in: Herders Werke in fünf Bänden, hg. von Regine Otto, Bd. 5, Berlin/Weimar: Aufbau 1969, 257

402 Schopenhauer: Die Welt als Wille und Vorstellung I (=Sämtliche Werke, Bd. 1), 530

403 So die Definition der spanischen Theologen des Karmelordens im 16. Jahrhundert. Richard von St. Viktor definierte die Kontemplation im 12. Jahrhundert als »umfassendes, durchdringendes und liebevolles Schauen«. (Grialou, Marie-Eugen: Ich will Gott schauen, Fribourg: Paulusverlag 1993, 497)

404 Ignatius von Loyola: Geistliche Übungen 2, übers. von Adolf Haas, Freiburg/Basel/Wien 1966, 15

405 Den Begriff prägte Max Weber auf unnachahmliche Weise: »Machen wir uns (…) klar, was denn eigentlich diese intellektualistische Rationalisierung durch Wissenschaft und wissenschaftlich orientierte Technik praktisch bedeutet. (…) Die zunehmende Intellektualisierung und Rationalisierung bedeutet (…) *nicht* eine zunehmende allgemeine Kenntnis der Lebensbedingungen, unter denen man steht. Sondern sie bedeutet etwas anderes: das Wissen davon oder den Glauben daran: dass man, wenn man nur wollte, es jederzeit erfahren könnte, dass es also prinzipiell keine geheimnisvollen unberechenbaren Mächte gebe, die da hineinspielen, dass man vielmehr alle Dinge – im Prinzip – durch *Berechnung beherrschen* könne. Das aber bedeutet: die Entzauberung der Welt.« (Weber, Max: Wissenschaft als Beruf (1919), in: ders.: Gesammelte Aufsätze zur Wissenschaftslehre, hg. von Johannes Winkelmann, Tübingen: Mohr 1988, 582–612, 593)

406 Han: Müdigkeitsgesellschaft 27

407 Gadamer, Hans-Georg: »Die Aktualität des Schönen. Kunst als Spiel, Symbol und Fest«, in: ders.: Ästhetik und Poetik I, Tübingen: Mohr-Siebeck 1993, 136

408 Platon: Nomoi 874c. Vgl. zu dem Thema: Doblhofer, Georg: Vergewaltigung in der Antike, Berlin: de Gruyter 1994

409 Scruton: Schönheit 209. Und weiter: »Diese Entweihung zerstört die Freiheit und leugnet die Liebe. Sie ist der Versuch, die Welt neu zu gestalten als eine Welt, in der es keine Liebe gibt.« (Ebd. 226f.)

410 James, Erika L.: Fifty Shades of Grey, München: Goldmann 2012, 191

411 Han: Agonie des Eros 62
412 Schiller, Friedrich: Über die ästhetische Erziehung des Menschen – 15. Brief, in: ders.: Gesammelte Werke in fünf Bänden (hg. von Reinhold Netolitzky), Bd. 5, Gütersloh: Bertelsmann 1960, 368–374
413 Dazu Byung-Chul Han: »Die Götter freuen sich, wenn die Menschen spielen; die Menschen spielen für Götter. Wenn wir in einer Zeit ohne Fest, in einer festlosen Zeit leben, haben wir keinen Bezug mehr zum Göttlichen.« (Han: Müdigkeitsgesellschaft 90)
414 Bultmann, Rudolf: Glauben und Verstehen II, Tübingen: Mohr 1958, 137
415 Goethe: Werke X 1 (1835) 16
416 Adorno, Theodor W.; Ästhetische Theorie (=Gesammelte Schriften VII), hg. von Rolf Tiedemann, Frankfurt a. M.: Suhrkamp 1972, 401
417 Dazu: Hartl, Johannes: Gott ungezähmt, Freiburg i. Br.: Herder 2016. Eine vollständige Theologiegeschichte des Verlusts des Schönen bietet Hans Urs von Balthasar in seinem monumentalen Werk *Herrlichkeit.*
418 Balthasar, Hans Urs von: Herrlichkeit, Im Raum der Metaphysik, Altertum, Johannes Verlag Einsiedeln, Freiburg [4]2021, 14. Und ganz ähnlich Scruton: »Das Schöne verschwindet aus unserer Welt, weil wir so leben, als hätte es keine Bedeutung; und wir leben so, weil wir verlernt haben, was ein Opfer ist, und stets bemüht sind, jedes Opfer zu vermeiden. Die falsche Kunst unserer Tage, ein Gemisch aus Kitsch und Entweihung, ist ein Zeichen dessen.« (Scruton: Schönheit 244)
419 »Die Offenbarung der biblischen Heilsgeschichte ist eine vor das Auge der Menschheit hingestellte, in der Mitte ihres geschichtlichen Werdens aufgestellte Figur, die jeder Vorübergehende wahrnehmen, deren göttliches Sphinxrätsel er entziffern muss. Die Umrisslinie ist mit solcher Meisterschaft gezogen, dass an ihr nicht das kleinste verrückbar ist, die Gewichte sind so verteilt, dass sie einander ins Unendliche auswiegen und jeder Verlagerung widerstehen. Gottes Kunst in der Mitte der Geschichte ist ohne Tadel, und jede Kritik seines Meisterwerks fällt sogleich auf den Nörgler zurück.« (Balthasar: Herrlichkeit, Schau der Gestalt, Johannes Verlag, Einsiedeln [3]1988, 165)
420 Die Geschichte der analytischen Philosophie kann verstanden werden als der systematische Versuch, alle philosophischen Probleme durch Klärung des Sprachgebrauchs zu lösen. Dabei stand bei Pionieren wie Gottlob Frege (1848–1925), Bertrand Russell (1872–1970) und Rudolf Carnap (1891–1970) die Hoffnung im Vordergrund, in der (mathematischen) Logik ein unverrückbares Fundament für die Sprachklärung zu finden. Mit den späteren Schriften Ludwig Wittgensteins (1889–1951) setzt eine Neuorientierung ein. An die Stelle der Suche nach felsenfester Begründung des Denkens tritt nun die Analyse des Gebrauchs der Sprache. Im Mittelpunkt steht nicht mehr die Frage der Referenz, also wie Sprache sich auf etwas Objektives bezieht, sondern die ihres Gebrauchs. Was ein Wort bedeutet, zeigt sich am Gebrauch. Einen Überblick bietet: Dummett: Ursprünge der analytischen Philosophie. Ein Beispiel, wie aus der Tradition der analytischen Philosophie ein Großteil aller bisherigen philosophischen Probleme (darunter auch die Seinsfrage) als überwunden betrachtet wird: Rorty, Richard: Der Spiegel der Natur, Frankfurt a. M.: Suhrkamp 1981.
421 Das ist grundsätzlich auch im Kontext der analytischen Philosophie möglich. Ein interessantes System der Seinsphilosophie ganz auf den Prämissen des »linguistic turn« entwirft Lorenz B. Puntel. Einführend etwa: Puntel, Lorenz B./Tourpe, Emmanuel: Philosophie als systematischer Diskurs, Freiburg/München: Alber 2014
422 Wittgenstein, Ludwig: Tractatus logico-philosophicus 6.44, in: ders.: Werkausgabe I, Frankfurt a. M.: Suhrkamp 1984, 84
423 Fromm: Haben oder Sein 110
424 Ebd. 157

425 Das enge Zusammenleben verschiedener Stämme machte nicht nur ganz neue kulturelle Erfindungen nötig, es führte wahrscheinlich auch zu schrecklichen Seuchen. Viele erste Städte wurden nach einer Boomphase wieder verlassen. Eine rein anthropologische Lesart der Bibel kann den Turmbau zu Babel als codiertes Menschheitswissen um die Chancen und Gefahren dieser frühen Großsiedlungen lesen. So zum Beispiel: Schaik/Michel: Das Tagebuch der Menschheit, 126–132

426 Diese eher philosophische Auslegung der Babel-Geschichte verdankt sich der viel umfangreicheren Deutung durch Ferdinand Ulrich: Die babylonische Transzendenz. Der eine Logos und die vielen Sprachen, in: ders.: Logo-tokos (=Schriften IV), Freiburg i. Br.: Johannes 2003, 353–505

427 Fratz, Kirstine: Das Buch vom Zeitgeist, Basel: Fontis 2017, 37

428 Ebd. 16

429 Die beiden letzten Zitate sind Blogeintragungen von Kirstine Fratz entnommen: https://www.reflab.ch/der-untergang-naht-zeit-fuer-freigespielte-hoffnung/

430 Berühmt ist der TED-Talk der Schriftstellerin Elisabeth Gilbert (*Eat – Pray – Love*), in der sie den modernen Geniekult kritisiert und stattdessen für die antike Sicht wirbt, nach der der Künstler lediglich der Empfänger der Inspiration durch eine höhere Macht sei. In ihrem Millionen-Bestseller Big Magic hat sie dieses Konzept weiter ausgeführt. Sie glaubt, dass geistige Phänomene aufgrund der Inspiration seitens einer unsichtbaren Macht außerhalb von uns erfolgen.

431 Dies führt Ulrich besonders aus in: Homo Abyssus. Das Wagnis der Seinsfrage, Einsiedeln: Johannes 1998 und Gabe und Vergebung, Einsiedeln: Johannes 2006. Leider sind Ulrichs Werke nicht ganz leicht zu lesen. Als Einführung und Einordnung in den philosophischen Diskurs: Oster, Stefan: Mit-Mensch-Sein, Freiburg/München: Alber 2004

432 Das Kind wandert »durch das elterliche Du in die Landschaft seines Daseins hinein. Es achtet sich, weil es geachtet wird; es nimmt sich an, weil es angenommen ist; es baut sein Leben auf, weil es aufgebaut wird; es gewinnt Ortschaft in der Welt, weil der Ort ihm im Raum des Wohnens, der Wiege und des Hauses vorweg bereitet ist. (…) Seine Zukunft erschließt sich ihm aus der Herzmitte des Du-Wir von Vater und Mutter. (…) Im Licht des Du beginnt die Welt zu reden.« (Ulrich, Ferdinand: Der Mensch als Anfang. Zur philosophischen Anthropologie der Kindheit, Einsiedeln: Johannes 1970, 70) »Das Kind spielt, weil es Symbolos des Anfangs ist: des Entspringens im Ursprung. Es *springt* und *tanzt*.« (Ebd. 129) Die Kindheit ist deshalb der Anfang aller Metaphysik. Für den denkenden Menschen gilt: »Aus der Kindheit heraus hütet und wahrt er das Umsonst der Seinsfrage« (Ebd. 121). »Sich auf die Kindheit einlassen heißt anfangen: ein Mensch zu werden.« (Ebd. 155)